中国青少年事务社会工作者研究报告

(2017)

ANNUAL REPORT ON RESEARCH OF CHINA'S ADOLESCENT SOCIAL WORKERS (2017)

丁少华 等 著

社会科学文献出版社

SOCIAL SCIENCES ACADEMIC PRESS (CHINA)

作者序

作为社会工作人才队伍建设的重要群体，青少年事务社会工作者人才队伍的建设，从2007年开始试点工作到现在，整整过去了十年时间。在过去的十年中，青少年事务社会工作者队伍不断壮大，专业水平不断提高，服务领域已覆盖青少年社会治理、综合服务、重点帮扶、思想引领等诸多方面。随着中国社会进入新时代中国特色社会主义阶段，在实现两个一百年奋斗目标，实现中华民族伟大复兴的中国梦的征程中，青少年事务社会工作者必将以责任担当，以他们对党和国家的忠诚、对青少年的热爱、对专业工作方法的追求，力争为巩固党的青年执政基础、为社会的和谐稳定、为青少年的成长成材做出自己的贡献。

青少年事务社会工作者作为社会工作者的一部分，从专业角度看，他们应该具有与社会工作者同样的专业伦理价值观，应该掌握青少年事务社会工作的专业方法。同时，因为青少年事务社会工作者的服务对象——青少年的特殊性，他们还必须掌握党和政府对青少年发展的政策，明晰党对青少年发展、成长的要求。特别是作为"团干部＋社工＋青年志愿者"模式中的青少年事务社会工作者，他们必须将为新时代中国特色社会主义建设事业培养合格接班人作为自己的第一要务。青少年事务社会工作者要想完成新时代的目标任务和历史使命，能力是最为重要的条件。所以，本研究聚焦青少年事务社会工作者的胜任力，通过基于科学方法制定问卷，通过对调查数据的分析，对当前青少年事务社会工作者的胜任力进行了全面的研究和分析。共青团干部是"团干部＋社工＋青年志愿者"模式中的重要主体，他们是这支队伍中政治方向的把握者和带领者，也是青少年事务社会工作者的工作伙伴，他们对青少年事务社会工作者胜任力的认知、态度，直接影响青少年事务社会工作者胜任力的培养，亦会对两者携手同心推进共青团基层组织建设产生影响。所以，本项目在对青少年事务社会工作者的胜任力进行研究的同时，也就共青团干部从客体角度对青少年事务社会工作者胜任力以及相关内容的认知、态度进行了研究。由于在本项目研究开始前，共青团改革已在进行之中。为了解青少年事务社会工作者和共青团干部对"团干部＋社工＋青年志愿者"模式的认知与态度，本课题组亦对与此相关的问题进行了调查研究。《中长期青年发展规划（2016—2025年）》出台后，本研究团队定睛"引领"这一在规划中出现过49次的热词，亦将思想引领内容作为研究内容进行了调查研究。

本研究团队在调查问卷设计、调查内容信度效度分析确认、问卷的有效性等方面，坚持将科学的态度和方法贯穿于研究的全过程，以保证研究结果的科学性。至于基于调查数据的分析，难免依从个人角度和观点。课题组在坚持正向价值观的前提下，对研究内容所涉及的观点以及对研究中所发现的问题提出的意见和建议，自当文责自负。

十年来，对青少年事务社会工作者胜任力的"高覆盖＋大样本"的研究较为鲜见。对从共青团干部角度认知青少年事务社会工作者胜任力的"高覆盖＋大样本"的研究，本研究或先行一步。

在对青少年事务社会工作者胜任力维度的构建中，本研究耗费大量时间并采用多种工具对诸多探索性因子进行了认真、细致的筛选，最终将青少年事务社会工作者胜任力定格于"理论知识""技能""性格""动机""价值观"五个维度。为较全面地了解青少年事务社会工作者的发展现状，课题组按照普遍性、特殊性原则，从诸多探索性因子中筛选出了"职业认同/态度""职业困惑""职业需求"三个维度。本研究团队认为，了解青少年事务社会工作者、共青团干部对"团干部＋社工＋青年志愿者"模式的认知与态度以及其对思想引领的认知与态度，对共青团改革以及"坚持党管青年原则"具有重要意义，故将两方面内容确定为两个维度。综上所述，本研究对青少年事务社会工作者的研究以"五＋三＋二"构建维度框架。由于本研究主要对象是青少年事务社会工作者，故在对共青团干部的研究内容中减少了"职业认同/态度"维度，以"五＋二＋二"构建维度框架。

在本研究的实施过程中，恰逢中国共产党第十九次全国代表大会胜利召开。习近平总书记在党的十九大会议上的报告，给研究团队以极大鼓舞。本研究团队坚信，青年兴则国家兴，青年强则国家强。青年一代有理想、有本领、有担当，国家就有前途，民族就有希望。中国梦是历史的、现实的，也是未来的；是我们这一代的，更是青年一代的。中华民族伟大复兴的中国梦终将在一代代青年的接力奋斗中变为现实。

本研究是为证明存在而做。通过实证研究证明这些存在，是为了更加全面地了解这些存在的真实性。

本研究是为发现问题而做。通过实证研究发现这些问题，是为了给我们解决这些问题提供"靶向"。

本研究是为解决问题而做。以问题为导向，探求解决这些问题的方法，以有针对性的方法解决问题，才能排除"障碍"继续前行。

本研究立足忠于数据进行分析、以得出结论，尽量杜绝口惠而实不至，然而统改完书稿，我还是觉得有一些内容不尽如人意。本报告在行文中对一些问题的分析和论述可能因心切而言刻，但均无特殊所指，如有不妥之处望批评指正。

丁少华
2017 年 12 月 12 日于北京

目　录
CONTENTS

第一部分　调研的基本情况

第二部分　研究对象的基本状况

第三部分　研究的主要发现

第四部分　问题与对策

第一部分

调研的基本情况

第一章　调研问卷设计

青少年事务社会工作者调研问卷设计过程遵从经典的问卷编制流程，采用文献分析、访谈、主观问题相结合的方式，形成初测问卷，之后进行问卷信度效度分析，最后，确定最终的青少年事务社工调研问卷。

经过专家研讨，确定青少年事务社工调研问卷包含以下七个部分内容：

一、基本信息；

二、青少年事务社会工作者的胜任力；

三、青少年事务社会工作者的职业认同；

四、青少年事务社会工作者的职业问题；

五、青少年事务社会工作者的职业需求；

六、青少年事务社会工作者对"团干部 + 社工 + 青年志愿者"（以下简称"3 +"）工作模式的认知和态度；

七、青少年事务社会工作者的思想引领情况。

第一节　文献分析

目前，国内还没有覆盖全国、较大研究样本的以青少年事务社会工作者作为研究对象的文章发表或书籍出版。因此，在搜集文献的过程中，只有少量、局部区域范围的研究可供参考。由于社工的胜任力与社工的职业认同的框架结构具有普适性，适用于普通社工的框架结构，也能适用于青少年事务社工。因此，本研究针对这两个方面进行了文献搜集。

一　青少年事务社会工作者的胜任力

以往很多研究者都对"胜任力"概念提出了自己的定义。其中，有代表性的定义有以下几种："McLagan（1980）认为，所谓才能，是指一个人在某个角色或职务上有优越绩效的能力，它可能是知识、技能、智慧策略，或综合以上三者的结果；它可以应用在一个或多个工作单位中。胜任力说明的涵盖范围视其希望的用途而定。Spencer（1993）认为，胜任特征是指：能将某一工作（或组织、文化）中表现优异者与表现平平者区分开来的个人潜在的、深层次特征，它可以是动机、特质、自我形象、态度或价值观、某领域的知识、认知或行为技能——任何可以被可靠测量或计数的，并且能显著区分优秀绩效和普通绩效的个体特征。Boyatziis（1982，1994）把胜任力界定为一个人具有的并用来在某个生活角色中产生成功表现的任何特质，这种个体的潜在特征，可能是动机、特质、技能、自我形象或社会角色，或者知识。Hya 集团认为，胜任力指能够把平均水平者与高绩效者区分开来的任何动机、态度、技能、知识、行为或个人特点。Hellye 认为，胜任力常常被用来描述一个广泛的特质群，如从动作技能到人格特征，从安全分离细胞的能力到成功地回应调查报告者提出的问题的能力等①。虽然各位研究者对胜任力的定义不同，但是综合各方观点，有关胜任力的共同点包括："能够衡量个体是否能胜任某一工作，预测其工作成效，并能够区分绩效优异者与一般者的知识、技能、动机、价值观、个性等各种特征"②。本书将沿用此胜任力定义。

发表在《华东理工大学学报》（社会科学版）的《社会工作专业人才职业胜任力模型分析》，为国内研究社工胜任力模型的代表作。文中将社工胜任力模型分为："价值、能力、个性与知识四大要素。其中：①价值要素指的是社会工作者作为一个特定的专业（职业）群体所应坚守和奉行的，关于人性、社会及其他相关问题的基本信念、判断与评价，它指导和规范着社会工作者的一切职业理念和行为。社会工作的核心价值观主要包

---

① 徐建平：《教师胜任力模型与测评研究》，北京师范大学博士学位论文，2004，第 6 页。
② 董云芳：《社会工作专业人才职业胜任力模型分析》，《华东理工大学学报》（社会科学版）2011 年第 5 期，第 42 页。

括五个方面：关于人性；关于社会的发展目标；关于社会的责任与权利；关于个人与社会之间的关系；关于职业使命。②个性要素指的是决定人的独特行为和思想的个人内部的身心系统及动力组织。其中有态度；内驱力；思维方式。③ 能力要素指的是社会工作专业人才运用的价值与知识，或者说将其转化为规范高效的职业行为的过程或工具。包括：基本能力；专业实践能力；文化能力；自我能力；创新能力。④知识要素指社会工作者需要具备的知识基础，主要包括：理论知识；实践知识；事实知识"[1]。

本书将基于该文献，制定访谈提纲，深入考察青少年事务社工胜任力特征。

二　青少年事务社会工作者的职业认同

不少研究者都对"胜任力"概念提出了自己的定义。其中，有代表性的定义有以下几种："Beijaard 认为，职业认同是动态的；随着时间的推移，通过相关的他人、事件和经验而改变；可以通过职业的相关特征来表征。Korthagen 认为，职业认同关于需要、形象、感觉、价值、角色模型、先前的经验和行为倾向的无意识的整体，共同创造了一种认同感"[2]。此外，"Blau 在他的研究中将职业认同定义为：个体喜欢自己所从事的职业，能够保持积极的工作态度、全身心地投入该职业，并且愿意留在该职业领域内。Meyer 等人将职业认同界定为个体认为其所从事的职业与他对自我的定义之间关系紧密，并且对该职业有积极的评价。心理学家 Neimi 认为职业认同是从业者在某一职业领域长期工作的过程中，对该职业的性质、工作内容、个人价值和社会价值都认可的情况下，所形成的自我概念。Moore 和 Hoffinan 指出职业认同是指个体认为职业角色不仅对自己有吸引力和向心力，并且职业角色与个体所承担的其他角色之间是不冲突的"[3]。

---

① 董云芳：《社会工作专业人才职业胜任力模型分析》，《华东理工大学学报》（社会科学版）2011 年第 5 期，第 44～45 页。
② 魏淑华：《教师职业认同研究》，西南大学博士学位论文，2008，第 4 页。
③ 闻书芳：《社区矫正工作人员的职业认同影响因素研究》，华中师范大学硕士学位论文，2016，第 4 页。

安秋玲认为，"职业认同是由认知－情感－目标的连锁反应获得的，个体
在了解职业特性的基础上，投入工作，获得积极的情感体验，最后将自我
发展目标融合到职业发展要求中"①②。综合前人定义，笔者将职业认同定
义为：个体对其所从事的职业表现出相对稳定的态度，包括认知、情感和
行为倾向等方面。

　　目前，国内对社工职业认同调查问卷的文献有多篇，有代表性的包括
以下几篇：高彦梅在研究中将社工职业认同分为三个维度："职业认知、
职业情感以及职业行为倾向。其中职业认知的具体指标有职业知识认知、
职业特性认知、职业角色认知、职业方法认知、职业规范等方面认知；职
业情感的具体指标是对于从事的社工职业感兴趣、乐意告诉别人我是社
工、为从事社工感到自豪、积极向别人宣传社工工作和社工职业、力争捍
卫社工职业尊严；职业行为倾向的具体指标有致力于从事社工、坚定自己
的职业方向、自身有清晰的社工职业规划、推荐社工毕业生从事社工职业
等。"③ 黄珊珊的研究将社工职业认同分为三个方面："职业价值与情感、
职业规范承诺、职业认知。其中职业价值与情感因素反映的是社会工作
人才在群体中的情绪状态与价值体验，如体验到的自我价值以及在工作
中的积极情绪反应；职业规范承诺因素考察的是个体对职业规范的一种
承诺；职业认知因素反映的内容主要是个体对职业特征的认知"④。李倩
男的研究同样将社工职业认同分为三个方面："认知、情感和行为倾向。
其中职业认知维度主要从职业特性认知、职业价值观认知、职业角色认
知、职业技能认知和职业前景认知等几个方面来研究社会工作者对自身职
业的认知程度。职业情感维度从社会化的角度来讲，可以表述成个体与社
会互动过程中逐渐形成的一种职业归属感，即逐渐适应社会生活的状态。
职业行为倾向（维度）主要从社工自身的职业规划以及对他人职业生涯规

① 安秋玲：《社会工作者职业认同的影响因素》，《华东理工大学学报》（社会科学版）2010
　　年第5期，第39页。
② 李倩男：《深圳民间社工机构中社会工作者的职业认同研究》，华中农业大学硕士学位论
　　文，2012，第7页。
③ 高彦梅：《社会工作者自我职业认同研究》，郑州大学硕士学位论文，2014，第11页。
④ 黄珊珊：《北京市民办NGO社会工作者职业认同及其影响因素研究》，中国社会科学院研
　　究生院硕士学位论文，2012，第10页。

划的影响来研究。"①

根据文献，本书将按照"职业认知、职业情感、职业行为倾向"三个方面，制定访谈提纲，深入考察青少年事务社工职业认同。

第二节　访谈

课题组根据文献整理，咨询专家，编制访谈提纲。为获得更全面的信息，访谈采用360度模式，除了访谈青少年事务社工本人以外，同时还访谈了共青团领导干部、与青少年事务社工密切接触的团干部、志愿者，以及青少年事务社工的服务对象。

一　对青少年事务社会工作者的访谈

在北京市团市委的支持下，课题组共访谈青少年事务社工7人。其中东城区4人；西城区1人；怀柔区2人（督导岗位社工、居委会社区工作者各1人）。访谈提纲编制过程及内容如下。

（一）青少年事务社会工作者胜任力访谈提纲

采用最普遍的构建胜任力的"行为事件访谈法"来编制访谈提纲。"行为事件访谈法"是一种开放式的行为回顾式探察技术，通过了解受访者对自己过去职业活动中发生的某些行为事件的详尽描述，揭示当事人的胜任力，特别是那些潜在的个人特质，能够对当事人未来的行为及其绩效产生预期，并发挥指导作用②。它的基本原理是：不能相信人们对于自己动机、态度以及技能的描述，只能依赖人们在关键事件中的行为表现。它通过一系列"剥洋葱式"的深入提问，让被访谈者梳理自己的工作职责，收集被访者在任职期间对所做的成功和不成功的事件描述，挖掘影响他们工作绩效的细节行为。之后对收集到的具体事件和行为进行汇总、分类、

① 李倩男：《深圳民间社工机构中社会工作者的职业认同研究》，华中农业大学硕士学位论文，2012，第16~18页。

② 徐建平：《教师胜任力模型与测评研究》，北京师范大学博士学位论文，2004，第24页。

编码，然后找到目标岗位的核心素质①。访谈内容包括：①介绍所从事的青少年事务社工工作的内容；②被访谈者所认为的青少年事务社工的工作职责；③为胜任青少年事务社工的职责，被访谈者认为一个合格的青少年事务社工应该具备哪些方面的特征？每一方面具体包括些什么？如知识、技能、性格、动机、价值观等，并追问为什么重要；④从事青少年事务社工工作过程中，最成功的一件事是什么？当时您遇到了什么情况？是如何思考的？如何做的？有什么感受？必要时追问，导致这一事件发生的原因是什么？当时的情境如何？被访谈者在其中起到什么作用？事件中还有什么人参与？这些人与其他人的关系？在整个事件中做了什么？说了什么？当时的想法和感受？是否遇到困难？是如何克服困难的？事件的结果如何？对这一结果有什么感受？等等；⑤从事青少年事务社工工作过程中，最不成功的一件事是什么？当时遇到了什么情况？是如何思考的？如何做的？有什么感受？

（二）青少年事务社会工作者职业认同访谈提纲

根据文献资料和与专家咨询的结果，将青少年事务社工职业认同分为三个方面：认知、情感和行为倾向。但是，通过访谈课题组会获得更加丰富且深入的内容。因此，访谈提纲包括这三个方面，又不仅仅限于这三个方面。访谈内容包含：①当初选择做青少年事务社工的原因，是否还有其他选择；②在青少年事务社工工作中的情感体验以及原因（该题目旨在了解青少年事务社工从事该工作的直观情感感受）；③从事青少年事务社工工作中的收获、意义和价值（该题目旨在了解青少年事务社工对该工作的深层情感认同）；④是否胜任青少年事务社工工作？如果是，是在哪些方面胜任（该题目旨在了解青少年事务社工本人对该工作内容、职责的认知，以及对自己能否胜任该工作的认知）；⑤未来的职业规划及原因（该题目旨在了解青少年事务社工的未来行为倾向，以及对该职业的承诺程度）；⑥最在乎谁对自己职业的评价？他人如何看待青少年事务社工的职业。

---

① 张黛琪：《风险投资经理胜任力模型构建与评价研究》，暨南大学硕士学位论文，2016，第 24 页。

（三）青少年事务社会工作者职业问题访谈提纲

由于职业问题是与工作的具体内容和职责息息相关的，因此主要通过访谈的方式获得资料。访谈采用比较宽泛、不设限制的方式，请被访者畅所欲言，即询问青少年事务社工在工作中遇到过的困难和困惑。

（四）青少年事务社会工作者职业需求访谈提纲

由于职业需求与工作的具体内容和职责息息相关，因此主要通过访谈的方式式获得资料。访谈采用比较宽泛、不设限制的方式，请被访者畅所欲言，即询问青少年事务社工对未来工作的需求，比如：政府、组织层面的协助；工作环境层面的改善；职业发展层面的构建；收入层面的提升；以及对青少年事务社工培训的期待和希望设置的课程等。

（五）青少年事务社会工作者对"团干部＋社工＋青年志愿者"工作模式态度访谈提纲

通过走访团中央相关部门团干部，了解团中央对"3＋"工作模式的规划，课题组编制了青少年事务社工对"3＋"工作模式认识的访谈提纲。提纲包括以下内容：①对共青团提出的"3＋"工作模式的了解程度，以及对这个方案的态度，并具体说明；②在"团干部＋社工＋志愿者"三者合作方面曾做过的工作、工作方式以及工作成效；③在青少年事务社工工作中，与团干部的关系，以及期望团干部提供哪些方面的支持；④在青少年事务社工工作中与志愿者有怎样的关系，以及期望志愿者提供哪些方面的支持。

二 对与青少年事务社工工作相关的共青团干部的访谈

在北京市团市委的支持下，共访谈与青少年事务社工工作相关的团干部7人。其中东城区3人，西城区2人，怀柔区2人。

在团中央社会联络部的支持下，项目组研究人员在全国青少年井冈山革命传统教育基地共访谈共青团领导干部12人（包括团省委书记、副书记、团地市委书记、副书记等）。其中北京市1人，天津市1人，四川省1

人，云南省２人，江西省１人，黑龙江省１人，辽宁省１人，福建省１人，广东省２人，宁夏回族自治区１人。访谈提纲编制过程及内容如下。

（一）共青团干部对青少年事务社会工作者胜任力认识的访谈提纲

基于青少年事务社工胜任力"社工版"的访谈提纲，课题组改编了"团干部版"访谈提纲，即从与青少年事务社工工作相关的团干部角度，考察青少年事务社工应具备哪些胜任力。访谈内容包括：①简要介绍与青少年事务社工工作相关的内容；②工作中与青少年事务社工的接触频率，与青少年事务社工的关系；③所认为的青少年事务社工工作职责；④认为一个合格的青少年事务社工应备的特质，每一方面的具体内容，如知识、技能、性格、动机、价值观等。

（二）共青团干部对青少年事务社会工作者工作的评价访谈提纲

为获得对青少年事务社工的全面认识，本研究从团干部角度考察其对青少年事务社工工作的评价。访谈内容包括：①应从哪些方面评价青少年事务社工的工作表现，每一方面的具体内容；②对青少年事务社工工作满意的方面；③对青少年事务社工工作不满意的方面。

（三）共青团干部对青少年事务社会工作者职业问题认识的访谈提纲

为获得对青少年事务社工工作中存在问题的全面认识，本研究从团干部角度进行考察。

该部分访谈内容包括：①现在青少年事务社工工作存在的问题；②针对以上问题的改进策略。

（四）共青团干部对"团干部＋社工＋青年志愿者"工作模式态度的访谈提纲

通过走访团中央相关部门团干部，了解团中央对"３＋"工作模式的规划，课题组编制了团干部对"３＋"工作模式认识的访谈提纲，提纲包括以下内容：①对共青团提出的"3+"工作模式了解程度以及对这个方案的态度，并具体说明。②"团干部+社工+志愿者"三者合作方面曾做过的工作、工作方式以及工作成效。

三 对与青少年事务社会工作者工作相关的青年志愿者的访谈

在北京市团市委的支持下，课题组共访谈与青少年事务社工工作相关的青年志愿者6人，其中东城区1人，西城区3人，怀柔区2人。访谈提纲编制过程及内容如下。

（一）青年志愿者对青少年事务社会工作者胜任力认识的访谈提纲

基于青少年事务社工胜任力"社工版"的访谈提纲，课题组改编了"青年志愿者版"访谈提纲，即从与青少年事务社工工作相关的志愿者角度，考察青少年事务社工应具备哪些胜任力。访谈内容包括：①简要介绍与青少年事务社工工作相关的内容；②工作中与青少年事务社工的接触频率，与青少年事务社工的关系；③所认为的青少年事务社工工作职责；④认为一个合格的青少年事务社工应备的特质，每一方面的具体内容，如知识、技能、性格、动机、价值观等。

（二）青年志愿者对青少年事务社会工作者工作的评价访谈提纲

为获得对青少年事务社工的全面认识，本研究从青年志愿者角度考察其对青少年事务社工工作的评价。访谈内容包括：①应从哪些方面评价青少年事务社工的工作表现，以及每一方面的具体内容；②对青少年事务社工工作满意的方面；③对青少年事务社工工作不满意的方面。

（三）青年志愿者对青少年事务社会工作者职业问题认识的访谈提纲

为获得对青少年事务社工工作中存在问题的全面认识，本研究从志愿者角度进行考察。访谈内容包括：①现在青少年事务社工工作存在的问题；②针对以上问题的改进策略。

（四）青年志愿者对"团干部＋社工＋青年志愿者"工作模式态度的访谈提纲

通过走访共青团中央战线部门团干部，了解团中央对"3＋"工作模式的规划，课题组编制了青年志愿者对"3＋"工作模式认识的访谈提纲。访谈内容包括：①对共青团提出的"3＋"工作模式的了解程度以及对这个方案的态度，并具体说明；②"3＋"模式中在三者合作方面曾做过的工作、工作方式以及工作成效。

四　对青少年事务社会工作者服务对象的访谈

在北京市团市委的支持下，课题组共访谈青少年事务社工服务对象3人，其中东城区1人，西城区1人，怀柔区1人。访谈提纲编制过程及内容如下。

为获得对青少年事务社工的全面认识，本研究从服务对象角度考察其对青少年事务社工工作的评价。访谈内容包括：①介绍曾遇到的问题，青少年事务社工的帮助过程、结果、感受；②服务过程中的不足，改进措施；③一个能提供优质服务的青少年事务社工应具备的特质以及每一方面具体内容，如知识、能力、性格、动机、价值观等；④应从哪些方面评价青少年事务社工的工作表现，以及每一方面的具体内容。

第三节　主观问卷

虽然访谈获得的资料较为全面，对问题了解较为深入，但是时间成本高，样本量小。为获得更为广泛的资料，本研究还结合了主观问卷的方法，短时间内收取大量资料。全团社会联络工作培训班2017年3月在全国青少年井冈山革命传统教育基地举办。这是从宏观层面来了解青少年事务社工工作的绝佳机会，因此在培训过程中，研究人员发放了主观问卷，共有70名共青团领导干部参与了主观问卷调查，其中包括来自省（自治区）的26人，直辖市的8人，地市的35人（1人未填写），覆盖了我国东部、中部、西部地区；其中男性42名，女性28名；副局级3名，正处级27

名，副处级 24 名，科级 11 名（有 5 人未填写）。

一 基本信息

基本信息采用选择题与填空题的方式获得，内容主要包括以下四个方面。

（1）人口统计学信息：①性别；②年龄；③民族；④文化程度；⑤婚姻状况。

（2）共青团工作相关信息：①工作年限，从事共青团工作年限，工作部门，在该部门工作年限，从事青少年事务社工工作的年限；②职级；③工作地点。

（3）"团干部 + 社工 + 青年志愿者"工作模式相关信息：①工作中与青少年事务社工接触的频率；②在工作中与青年志愿者接触的频率；③对《共青团中央改革方案》提出的"3 +"工作模式了解程度；④团干部是否需要与青少年事务社工、志愿者合作，以充实基层工作力量；⑤对"3 +"工作模式作用的认识；⑥以后工作中推进"3 +"工作模式的行为倾向。

（4）所在辖区青少年事务社会工作者相关信息：①所在辖区青少年事务社工人数；②所在辖区青少年事务社工工作的经费是否纳入财政预算；③所在辖区青少年事务社工工作的经费来源；④所在辖区青少年事务社工的主要服务类型；⑤所在辖区青少年事务社工的主要服务对象；⑥所在辖区青少年事务社工存在的主要困难；⑦所在辖区青少年事务社工是否建立了绩效评估制度及内容；⑧所在辖区青少年事务社工的主要购买方式；⑨所在辖区青少年事务社工的身份；⑩所在辖区青少年事务社工的招聘、薪酬、考核等日常管理情况。

二 青少年事务社会工作者的胜任力

根据文献资料和访谈内容，课题组初步整理出"青少年事务社工胜任力"的调查问卷，以在共青团领导干部中进行考察，请共青团领导干部评价每一个"胜任力"的重要程度，并提出建议。问卷包括以下五部分内容。

（一）知识

知识，是指一个人在特定领域的专业知识，它反映在知识所及的范围，具体包含以下题目：1. 理论知识：指与社会工作相关的社会学、心理学、行为学等理论知识；2. 实践知识：指通过专业训练以及实务过程中积累的经验知识；3. 事实知识：指有关服务对象身心特点和需求或某一特定问题发展现状的知识；4. 政策知识：指与社会工作有关的制度、政策等方面的知识；5. 请补充胜任青少年事务社工还需要哪些其他的知识。

（二）技能

技能，指一个人执行任务所需要的能力，具体包含以下题目：1. 基本能力：指听说读写、数学运算、综合分析、逻辑思维等任何一种职业都需要的基础性能力；2. 组织能力：指项目执行过程中，调动、赋权、协商、影响、倡导、带领等能力；3. 共情能力：指与服务对象感同身受的能力；4. 洞察能力：指对服务对象的语言、行为、情绪、态度保持敏感，并能洞察其背后原因的能力；5. 沟通能力：指与人建立或保持友好关系及良好沟通的能力；6. 争取资源能力：指主动争取社会、机构、个人资源支持社工工作的能力；7. 请补充胜任青少年事务社工还需要哪些其他的技能。

（三）性格

性格，指一个人稳定的思维方式和行为风格，具体包含以下题目：1. 开放：指富有想象力和创造力，好奇，具有艺术敏感性，兴趣广泛；2. 坚韧：指面对任何困难与压力都能用有弹性、有智慧的方式坚守专业价值，并完成任务；3. 勇敢：指勇于面对各种挑战与压力，勇于承担专业使命与社会责任；4. 外向：指喜欢社交活动；5. 责任：指负责任，值得信赖，持之以恒；6. 随和：指易于相处，对人友善；7. 情绪稳定：指平和，有安全感，情绪波动小；8. 合作：指愿意与他人合作，作为团队的一分子共同完成任务；9. 请补充胜任青少年事务社工还需要哪些其他的性格。

（四）动机

动机，指驱使一个人选择某种职业的动力，或选择该职业满足了他/

她哪些需求，具体包含以下题目：1. 职业兴趣：指热爱社工工作，有发自内心的兴趣；2. 成就动机：指希望工作杰出，不仅仅是完成任务，而是超出优秀标准；3. 主动性：指积极主动地去承担、解决工作中的一切问题；4. 请补充胜任青少年事务社工还需要哪些其他的动机。

（五）价值观

价值观指人对事物价值及其重要性的判断，具体包含以下内容：①爱心：指同情怜悯、关怀、爱护他人；②助人：指在给予他人帮助中获得价值；③平等：指尊重和保障人权，人人享有平等参与、平等发展的权利；④公正：指社会公平和正义；⑤诚信：指诚实劳动、信守承诺、诚恳待人；⑥请补充胜任青少年事务社工还需要哪些其他的价值观。

三 有关青少年事务社会工作者工作的主观开放问题

根据以往访谈提纲和团领导干部的工作性质，课题组编制了主观开放题目，具体包括：1. 列举推进"3+"工作模式运行的建议；2. 列举"3+"工作模式运行过程中可能出现的问题，并列出解决方法；3. 列举在"3+"工作模式的运行过程中期望上级团组织提供的支持；4. 列举青少年事务社工应履行的职能（职责）；5. 列举所在辖区青少年事务社工工作的项目并另列出其中的特色项目，且说明项目内容；6. 列举所在辖区实际工作中基层团干部对青少年事务社工提供的支持；7. 列举应从哪些方面评价当下青少年事务社工的工作表现/工作绩效，并列举满意和不满意的方面及其原因；8. 列举所在辖区青少年事务社工在工作中存在的问题，并列出改进措施。

第四节 初测问卷编制

结合文献资料、访谈资料和主观问卷资料，课题组编制了初测问卷，并咨询了社会工作相关专家，经过三轮修改，确定了青少年事务社工的初测问卷，问卷分为青少年事务"社工版"与"团干部版"两个版本。

一 青少年事务社会工作者调研初测问卷——社工版

问卷分为七大部分，分别为基本信息、青少年事务社工的胜任力、青少年事务社工的职业认同、青少年事务社工的职业问题、青少年事务社工的职业需求、青少年事务社工对"３＋"工作模式的态度和青少年事务社工思想引领情况。

（一）基本信息

以单选题、多选题与填空题的方式了解调查对象的基本信息，具体包括两部分：①人口统计学信息。具体包含性别；年龄；工作所在地；文化程度；所学专业。②青少年事务社工工作相关的基本信息。具体包含从事青少年事务社工之前半年的就业情况；从事青少年事务社工工作年限；目前的职务；考试认证情况；平均每月税后收入；主要服务对象；主要服务类型；主要服务领域；所在辖区是否建立了对青少年事务社工绩效的评估制度（及名称）；是否曾被评选为优秀青少年事务社工。

（二）青少年事务社会工作者的胜任力

请调查对象评价，青少年事务社工应具备哪些能力才能胜任这一工作，并对每一项胜任力的重要程度进行打分。采用５点量表的形式：１代表非常不重要，２代表……５代表非常重要。题目涉及五个方面。

1. 理论知识

具体包含：①基础理论，包括马克思主义，毛泽东思想，邓小平理论，"三个代表"重要思想，科学发展观，习近平重要讲话，社会主义核心价值观等；②专业理论，包括社会工作理论，心理学理论及与社会工作相关的其他学科理论知识；③相关政策，包括与社会工作、青年工作相关的政策、规划、纲要等方面的知识，如履行促进青少年社会融入的职责，履行维护青少年合法权益的职责，履行预防青少年违法犯罪的职责；④实践知识，指通过专业训练以及实务过程中积累的经验知识，以及小组、个案、社区工作的方法；⑤传统文化，中国优秀传统文化知识。

2. 技能

具体包含：①基础技能，包括听说读写，综合分析，逻辑思维等任何一种职业都需要的基础性能力；②专业技能，包括运用专业技巧服务带领各类小组、个案、社区活动的能力，如带领发展型、成长型小组；带领行为修改、治疗型小组；运用个案方法；组织各类社区活动；③洞察能力，指对服务对象的语言、行为、情绪、态度保持敏感并能洞察其背后原因的能力；④共情能力，指使服务对象感受到同理关怀的能力；⑤沟通能力，与他人建立或保持友好关系，准确传递信息、表达意愿、控制不良情绪的能力；⑥思想引领能力，指引领青少年跟党走的能力，如把握最新思想工作重点，设计具有思想引领作用的活动，洞察青少年思想动态；⑦反思与改进能力，指针对服务对象具体情况能够反思和总结、提升和改进的能力。

3. 性格

具体包含：①开放，包括富有想象力与好奇心，兴趣广泛；②外向，包括喜欢社交；③坚韧，包括坚守专业价值，克服困难完成工作任务；④责任，包括负责任，值得信赖，持之以恒；⑤随和，包括易于相处，待人友善；⑥情绪稳定，包括平和，有安全感，情绪波动小；⑦包容，包括宽容、谅解、接纳尊重不同观点和思想；⑧积极向上，包括不论何种情况下，都能积极正向地思考，乐观主动地承担与解决各种问题。

4. 动机

具体包含：①职业兴趣，包括热爱社工工作，有发自内心的兴趣；②成就动机，不仅仅是完成任务，而且要达到优秀标准；③驱动力，包括驱使从事青少年事务社工工作的动力，如因社会责任感而选择做青少年事务社工，因喜欢青少年而选择做青少年事务社工，因工作清闲而选择做青少年事务社工工作，因待遇可接受，而选择做青少年事务社工，因有很好的发展前景而选择做青少年事务社工。

5. 价值观

具体包含：①党管青年，包括"党管青年"对青年发展的价值；②爱党爱国，包括热爱中国共产党，热爱祖国；③公平正义，包括坚守专业伦理，主持公平、正义；④人道人本，包括坚守专业伦理，以人道、人本的价值观面对被服务者；⑤尊重接纳，指坚信每一个人都必须得到尊重和人权保障，对每个人存在的价值给予无条件接纳；⑥平等爱心，指坚信人人享有平等参与、平等发展的权利，同情怜悯、关怀服务对象；⑦助人自助，指无私帮助需要帮助的人并从中获得价值感。

（三）青少年事务社会工作者的职业认同

请调查对象评价青少年事务社工在工作过程中遇到或体验到的想法或感受。采用 5 点量表的形式：1 代表题目描述非常不符合自身情况，5 代表非常符合。题目涉及三个方面。

1. 认知方面

具体包含的题目有：1. 我了解青少年事务社工的职业伦理；2. 我了解青少年事务社工的工作模式；3. 我掌握了青少年事务社工的专业技能和方法；4. 我知道自己适合青少年事务社工的工作。

2. 情感方面

具体包含的题目有：1. 青少年事务社工工作，让我有成就感；2. 青少年事务社工工作，让我的能力得到提升；3. 我乐意告诉别人我是青少年事务社工。

3. 行为倾向方面

具体包含的题目有：1. 我将长期从事青少年事务社工工作；2. 我会推荐社工毕业生从事青少年事务社工工作；3. 如果有机会，我会积极参加针对青少年事务社工的培训；4. 我目前做了清晰的青少年事务社工职业规划。

（四）青少年事务社会工作者的职业问题

列举青少年事务社工工作中可能遇到的事件，请调查对象评价每一事件对其影响程度。采用 5 点量表的形式：1 代表该事件影响极小，5 代表该事件影响极大。共有 14 道题目：1. 开展活动经费不足，支持不够；2. 工资待遇低；3. 工作任务重；4. 晋升空间不足；5. 少有参加培训的机会；6. 培训不够系统；7. 青少年事务社工的工作范围不明确；8. 工作绩效考核标准不合理；9. 行政事务性工作多，所学专业荒废；10. 社会对青少年事务社工工作的认同不够；11. 基层团干部支持不够；12. 国家出台了促进青少年事务社工队伍建设的相关文件，但落实不到位；13. 考取社会工作者职业水平证书太难；14. 家人对我的工作不认可。

（五）青少年事务社会工作者的职业需求

列举青少年事务社工工作的改进措施，请调查对象评价每项措施是否符合其需求。采用5点量表的形式：1代表完全不需要，5代表非常需要。共有13道题目：1. 加大活动经费投入；2. 提高工资待遇；3. 提供更多晋升机会，拓宽职业发展空间；4. 提供系统长期的培训；5. 提供社工职业资格证书考试辅导；6. 组织青少年事务社工到其他地区调研交流；7. 明晰青少年事务社工工作范围；8. 完善青少年事务社工考核评估体系；9. 建立青少年事务社工的激励奖励机制；10. 基层团干部加大对青少年事务社工支持力度；11. 大力宣传青少年事务社工工作；12. 增加青少年事务社工岗位数量；13. 减轻青少年事务社工的行政事务工作量。

（六）青少年事务社会工作者对"团干部+社工+青年志愿者"工作模式的认知与态度

青少年事务社工对"3+"工作模式的认知与态度，包含两部分。

1. 对"3+"模式的认知

具体包含5个题目：1. 是否了解《共青团中央改革方案》（以下简称《改革方案》）提出的"3+"队伍和充实基层工作力量的内容；2. "3+"工作模式是否必要；3. "3+"工作模式是否有积极作用；4. 在工作中，基层团干部对于青少年事务社工工作给予的支持程度；5. 在以后工作中是否会与团干部、青年志愿者一起推进"3+"工作模式。

2. 对团干部、青少年事务社工、志愿者在"3+"模式中所扮演角色的认识

具体包含7道题目：1. 团干部起到思想引领的作用；2. 团干部起到监督的作用；3. 团干部负责争取政府、社会资源；4. 社工负责组织开展活动、提供专业服务；5. 社工在"3+"队伍起到承上启下的作用；6. 社工按照共青团的要求带领志愿者开展活动；7. 社工按照党和国家的需要服务

青少年；8. 志愿者扩充工作队伍，执行活动。

（七）青少年事务社会工作者思想引领情况

对青少年事务社工思想引领的调查包括四个部分，一共 11 个题目，分别考察了青少年事务社工对思想引领职能的认知、执行思想引领职能的行为、进行思想引领的动机以及青少年事务社工对思想引领职能开展情况的评价与思考，围绕"是什么？做了什么？为什么？怎么样？"设问，通过这个完整的闭合逻辑了解青少年事务社会工作者在思想引领职能方面的综合开展情况。具体来讲，认知部分包括"据您所知，共青团有哪些基本职能？""据您所知，共青团与共产党的关系是怎样的？""您认为下列哪种说法最准确地描述了您和共青团的关系？""您认为思想引导的内容有哪些？"4 个问题。行为部分包括"您是如何在工作中对青年进行思想引导的？""您在活动设计中有关青年思想引导的内容频率如何？""您在活动实施中对青年思想进行引导的频率如何？"3 个问题。动机部分直接询问"您为什么在活动设计中加入青年思想引导的元素？"评价与思考部分包括"按照百分制，您认为您个人对青少年进行思想引导的工作可以打多少分？""您认为您辖区的青少年事务社工在实际工作中对青年思想进行引导的效果如何？""您认为导致您在活动设计或实施中没有对青年进行思想引导的可能原因是什么？"3 个问题。

二 青少年事务社会工作者调研初测问卷——团干部版

团干部版本在青少年事务社工版本上稍作修改。

（一）基本信息

以单选题、多选题与填空题的方式了解调查对象的基本信息，具体包括三部分：①人口统计学信息，具体包含性别、年龄、民族、文化程度、婚姻状况。②工作相关信息，具体包含工作所在地、工作年限、职级。③青少年事务社工相关工作的基本信息，具体包含工作中与青少年事务社工接触的频率、工作中与志愿者接触的频率、所在辖区青少年事务社工人数。所在辖区青少年事务社工工作的经费是否纳入财政预算、所在辖区青少年事务社工工作的经费来源、所在辖区青少年事务社工的主要服务类型、所在辖区青少年事务社工主要服务对象、所在辖区青少年事务社工主要服务领域、所在辖区青少年事务社工存在的主要困难、所在辖区青少年事务社工是否建立了绩效评估制度（及名称）、所在辖区青少年事务社工服务主要购买方式、所在辖区青少年事务社工的身份类型、所在辖区青少年事务社工的招聘和薪酬及考核等日常管理的管理部门。

（二）青少年事务社会工作者的胜任力

同"青少年事务社工工作调研初测问卷——社工版"的胜任力部分。

（三）青少年事务社会工作者的职业问题

列举青少年事务社工工作中可能遇到的事件，请调查对象从团干部角度评价每一事件对青少年事务社工的影响程度。采用5点量表的形式：1代表该事件影响极小，5代表该事件影响极大。具体题目同"青少年事务社工工作调研初测问卷——社工版"的职业问题部分。

（四）青少年事务社会工作者的职业需求

列举青少年事务社工工作的改进措施，请调查对象从团干部角度评价每项措施是否符合青少年事务社工的需求。采用5点量表的形式：1代表完全不需要，5代表非常需要。具体题目同"青少年事务社工工作调研初测问卷——社工版"的职业需求部分。

（五）青少年事务社会工作者对"团干部＋社工＋青年志愿者"工作模式的认知与态度

具体题目同"青少年事务社工工作调研初测问卷——社工版"的"3＋"工作模式认知与态度部分。

（六）青少年事务社会工作者思想引领情况

针对青少年事务社工思想引领工作，采用多选题的形式进行深入调查，具体包含7道题目：1. 思想引导的内容；2. 所在辖区青少年事务社工在工作中对青年进行思想引导的方式；3. 所在辖区青少年事务社工在活动设计中对有关青年思想引导的内容频率；4. 所在辖区青少年事务社工在活动实施中对青年思想进行引导的频率；5. 所在辖区青少年事务社工在活动设计中加入青年思想引导元素的原因；6. 所在辖区青少年事务社工在活动设计或实施中没有对青年进行思想引导的原因；7. 所在辖区青少年事务社工对青年思想进行引导的效果。

第二章 调研问卷信度与效度分析

在网络上向青少年事务社工发放问卷 562 份，进行初测，将问卷随机分为两部分。一部分 274 份问卷，使用 SPSS 软件（Statistical Product and Service Solutions）做项目分析和探索性因子分析；另一部分 288 份问卷，使用 MPLUS 软件做验证性因子分析。

第一节 青少年事务社工胜任力量表

一 项目分析

（一）临界比值法

临界比值法是项目分析中最常用的判别指标，又称极端值法，主要目的是求出问卷中每个条目的决断值（CR 值）。具体做法是：首先求出量表的总分并按照从高到低的顺序排序，以 27% 为标准，前 27% 被试的得分记为高分组，后 27% 被试的得分记为低分组，再采用独立样本 t 检验求出每个题目高分组和低分组被试得分平均数的差异显著性。

由于青少年事务社工胜任力总分累积频率的前 27% 对应的分数为 126，累积频率的后 27%（100% − 27% = 73%）对应的分数为 144，则青少年事务社工胜任力总分低于 126 分为低分组，高于 144 分为高分组，将调查对象分为两组进行独立样本 t 检验，考察两组在各个题目上的差异是否显著。分析结果如表 2 − 1 所示。

表 2-1 青少年事务社工高低分组各题目得分 t 检验

题 目		方差齐性检验		t 检验				
		F	p	t	自由度	p	平均差	平均差标准误
知识								
1. 基础理论	方差齐性	39.012	0.000	-11.110	154	0.000	-1.372	0.123
	方差不齐			-9.938	84.956	0.000	-1.372	0.138
2. 专业理论	方差齐性	95.198	0.000	-11.596	154	0.000	-1.306	0.113
	方差不齐			-9.766	67.513	0.000	-1.306	0.134
3. 相关政策	方差齐性	76.196	0.000	-11.321	154	0.000	-1.147	0.101
	方差不齐			-9.592	68.977	0.000	-1.147	0.120
4. 实践知识	方差齐性	75.695	0.000	-9.388	154	0.000	-1.053	0.112
	方差不齐			-7.743	62.781	0.000	-1.053	0.136
5. 传统文化	方差齐性	8.553	0.004	-9.607	154	0.000	-1.000	0.104
	方差不齐			-8.905	98.369	0.000	-1.000	0.112
技能								
1. 基础技能	方差齐性	41.468	0.000	-11.737	154	0.000	-1.136	0.097
	方差不齐			-10.130	73.853	0.000	-1.136	0.112
2. 专业技能	方差齐性	60.414	0.000	-11.424	154	0.000	-1.184	0.104
	方差不齐			-9.589	66.688	0.000	-1.184	0.124
3. 洞察能力	方差齐性	52.318	0.000	-11.431	154	0.000	-1.100	0.096
	方差不齐			-9.582	66.380	0.000	-1.100	0.115
4. 共情能力	方差齐性	57.758	0.000	-11.407	154	0.000	-1.153	0.101
	方差不齐			-9.585	66.957	0.000	-1.153	0.120
5. 沟通能力	方差齐性	92.978	0.000	-8.921	154	0.000	-0.937	0.105
	方差不齐			-7.331	62.000	0.000	-0.937	0.128
6. 思想引领能力	方差齐性	95.445	0.000	-12.568	154	0.000	-1.274	0.101
	方差不齐			-10.513	65.911	0.000	-1.274	0.121
7. 反思与改进能力	方差齐性	70.253	0.000	-11.951	154	0.000	-1.137	0.095
	方差不齐			-9.923	64.203	0.000	-1.137	0.115
性格								
1. 开放	方差齐性	3.784	0.054	-8.855	154	0.000	-1.008	0.114
	方差不齐			-8.516	114.724	0.000	-1.008	0.118
2. 外向	方差齐性	2.702	0.102	-8.043	154	0.000	-0.926	0.115
	方差不齐			-7.780	117.481	0.000	-0.926	0.119
3. 坚韧	方差齐性	45.088	0.000	-11.063	154	0.000	-1.141	0.103
	方差不齐			-9.436	70.682	0.000	-1.141	0.121

续表

题 目		方差齐性检验		t 检验				
		F	p	t	自由度	p	平均差	平均差标准误
4. 责任	方差齐性	113.236	0.000	-10.384	154	0.000	-1.111	0.107
	方差不齐			-8.533	62.000	0.000	-1.111	0.130
5. 随和	方差齐性	90.206	0.000	-12.066	154	0.000	-1.226	0.102
	方差不齐			-10.221	68.927	0.000	-1.226	0.120
6. 情绪稳定	方差齐性	48.033	0.000	-11.658	154	0.000	-1.041	0.089
	方差不齐			-9.859	68.508	0.000	-1.041	0.106
7. 包容	方差齐性	77.295	0.000	-10.597	154	0.000	-1.105	0.104
	方差不齐			-8.783	63.821	0.000	-1.105	0.126
8. 积极向上	方差齐性	84.406	0.000	-12.767	154	0.000	-1.164	0.091
	方差不齐			-10.551	63.191	0.000	-1.164	0.110
动机								
1. 职业兴趣	方差齐性	83.690	0.000	-13.618	154	0.000	-1.422	0.104
	方差不齐			-11.561	69.479	0.000	-1.422	0.123
2. 成就动机	方差齐性	55.168	0.000	-14.466	154	0.000	-1.500	0.104
	方差不齐			-12.558	75.509	0.000	-1.500	0.119
3. 驱动力	方差齐性	69.130	0.000	-13.088	154	0.000	-1.379	0.105
	方差不齐			-11.266	73.109	0.000	-1.379	0.122
价值观								
1. 党管青年	方差齐性	18.032	0.000	-12.277	154	0.000	-1.419	0.116
	方差不齐			-11.223	92.885	0.000	-1.419	0.126
2. 爱党爱国	方差齐性	139.003	0.000	-14.394	154	0.000	-1.365	0.095
	方差不齐			-12.012	65.362	0.000	-1.365	0.114
3. 公平正义	方差齐性	94.173	0.000	-13.676	154	0.000	-1.190	0.087
	方差不齐			-11.446	66.038	0.000	-1.190	0.104
4. 人道人本	方差齐性	51.631	0.000	-12.632	154	0.000	-1.058	0.084
	方差不齐			-10.520	64.880	0.000	-1.058	0.101
5. 尊重接纳	方差齐性	65.959	0.000	-11.274	154	0.000	-1.005	0.089
	方差不齐			-9.319	63.247	0.000	-1.005	0.108
6. 平等爱心	方差齐性	58.167	0.000	-12.416	154	0.000	-1.032	0.083
	方差不齐			-10.204	62.000	0.000	-1.032	0.101
7. 助人自助	方差齐性	73.935	0.000	-11.519	154	0.000	-1.016	0.088
	方差不齐			-9.466	62.000	0.000	-1.016	0.107

表 2 - 1 t 检验结果显示，青少年事务社工胜任力量表所有题目的临界比检验达到显著性水平（p ＜ 0.05），且所有题目的 CR 值大于 3，说明具有良好的区分度。

由于本研究包含题目："您是否曾被评选为优秀青少年事务社工"，选择"是"选项之后，又细分为：省级，市级与县级优秀社工。该题目亦可作为"是否胜任青少年事务社工工作"的鉴别指标。将曾被评为省级或市级优秀青少年事务社工的划入高分组（共 51 名），未被评选为优秀青少年事务社工的划入低分组（共 204 名）。由于高分组与低分组人数并不匹配，为方便比较两组间的差异，现从低分组（未获奖被试）中随机抽取 51 名被试，与高分组的人数匹配后，再计算两组间差异是否显著。由于表 2 - 1 显示，青少年事务社工胜任力量表所有题目均具有良好的区分度，且"是否曾被评为优秀青少年事务社工"，其影响因素众多，情况复杂。此处仅将"是否获奖"作为辅助核查的指标，因此将 p 值放宽至 0.8，即临界比检验的显著性水平界限为 0.8，如果 p 大于 0.8，则删除该题目。

表 2 - 2　青少年事务社工胜任力是否得奖分组 t 检验

题　目		方差齐性检验		t 检验				
		F	p	t	自由度	p	平均差	平均差标准误
知识								
1. 基础理论	方差齐性	0.125	0.724	- 0.656	100	0.513	- 0.118	0.179
	方差不齐			- 0.656	99.850	0.513	- 0.118	0.179
2. 专业理论	方差齐性	1.695	0.196	- 0.923	100	0.358	- 0.137	0.149
	方差不齐			- 0.923	99.189	0.358	- 0.137	0.149
3. 相关政策	方差齐性	0.691	0.408	- 0.708	100	0.481	- 0.098	0.138
	方差不齐			- 0.708	99.127	0.481	- 0.098	0.138
	方差不齐			- 0.720	88.128	0.474	- 0.098	0.136
4. 实践知识	方差齐性	6.710	0.011	- 1.273	100	0.206	- 0.157	0.123
	方差不齐			- 1.273	72.401	0.207	- 0.157	0.123
5. 传统文化	方差齐性	0.357	0.551	- 2.761	100	0.007	- 0.392	0.142
	方差不齐			- 2.761	98.570	0.007	- 0.392	0.142
技能								
1. 基础技能	方差齐性	4.991	0.028	- 1.842	100	0.068	- 0.235	0.128
	方差不齐			- 1.842	87.610	0.069	- 0.235	0.128

续表

题 目		方差齐性检验		t 检验				
		F	p	t	自由度	p	平均差	平均差标准误
2. 专业技能	方差齐性	22.197	0.000	-2.592	100	0.011	-0.333	0.129
	方差不齐			-2.592	70.403	0.012	-0.333	0.129
	方差不齐			-1.011	95.673	0.315	-0.137	0.136
3. 洞察能力	方差齐性	5.130	0.026	-1.522	100	0.131	-0.196	0.129
	方差不齐			-1.522	88.914	0.132	-0.196	0.129
4. 共情能力	方差齐性	7.313	0.008	-1.988	100	0.050	-0.255	0.128
	方差不齐			-1.988	87.880	0.050	-0.255	0.128
5. 沟通能力	方差齐性	8.960	0.003	-1.641	100	0.104	-0.196	0.119
	方差不齐			-1.641	78.754	0.105	-0.196	0.119
6. 思想引领能力	方差齐性	5.921	0.017	-1.452	100	0.150	-0.216	0.149
	方差不齐			-1.452	85.077	0.150	-0.216	0.149
	方差不齐			-0.655	96.122	0.514	-0.078	0.120
7. 反思与改进能力	方差齐性	9.046	0.003	-1.926	100	0.057	-0.255	0.132
	方差不齐			-1.926	82.477	0.058	-0.255	0.132
性格								
1. 开放	方差齐性	3.687	0.058	-1.033	100	0.304	-0.157	0.152
	方差不齐			-1.033	98.699	0.304	-0.157	0.152
2. 外向	方差齐性	0.618	0.434	-0.129	100	0.898	-0.020	0.152
	方差不齐			-0.129	99.731	0.898	-0.020	0.152
3. 坚韧	方差齐性	0.073	0.788	0.000	100	1.000	0.000	0.139
	方差不齐			0.000	97.454	1.000	0.000	0.139
4. 责任	方差齐性	7.046	0.009	-1.575	100	0.118	-0.216	0.137
	方差不齐			-1.575	83.239	0.119	-0.216	0.137
5. 随和	方差齐性	0.253	0.616	-0.122	100	0.903	-0.020	0.160
	方差不齐			-0.122	95.802	0.903	-0.020	0.160
6. 情绪稳定	方差齐性	3.171	0.078	-1.145	100	0.255	-0.137	0.120
	方差不齐			-1.145	94.526	0.255	-0.137	0.120
7. 包容	方差齐性	0.315	0.576	-0.425	100	0.672	-0.059	0.138
	方差不齐			-0.425	97.073	0.672	-0.059	0.138
8. 积极向上	方差齐性	2.512	0.116	-0.744	100	0.459	-0.098	0.132
	方差不齐			-0.744	92.085	0.459	-0.098	0.132

续表

题　目		方差齐性检验		t检验				
		F	p	t	自由度	p	平均差	平均差标准误
动机								
1. 职业兴趣	方差齐性	2.459	0.120	-1.119	100	0.266	-0.157	0.140
	方差不齐			-1.119	90.113	0.266	-0.157	0.140
2. 成就动机	方差齐性	1.418	0.237	-0.379	100	0.706	-0.059	0.155
	方差不齐			-0.379	91.432	0.706	-0.059	0.155
3. 驱动力	方差齐性	4.470	0.037	-1.237	100	0.219	-0.196	0.158
	方差不齐			-1.237	81.385	0.220	-0.196	0.158
价值观								
1. 党管青年	方差齐性	0.005	0.944	0.996	100	0.322	0.196	0.197
	方差不齐			0.996	99.921	0.322	0.196	0.197
2. 爱党爱国	方差齐性	0.065	0.799	-0.643	100	0.521	-0.098	0.152
	方差不齐			-0.643	97.121	0.522	-0.098	0.152
3. 公平正义	方差齐性	1.489	0.225	-0.846	100	0.400	-0.098	0.116
	方差不齐			-0.846	99.250	0.400	-0.098	0.116
4. 人道人本	方差齐性	10.653	0.002	-1.914	100	0.059	-0.216	0.113
	方差不齐			-1.914	92.804	0.059	-0.216	0.113
5. 尊重接纳	方差齐性	3.638	0.059	-1.143	100	0.256	-0.118	0.103
	方差不齐			-1.143	98.829	0.256	-0.118	0.103
6. 平等爱心	方差齐性	9.724	0.002	-1.685	100	0.095	-0.176	0.105
	方差不齐			-1.685	92.638	0.095	-0.176	0.105
7. 助人自助	方差齐性	14.225	0.000	-1.966	100	0.052	-0.196	0.100
	方差不齐			-1.966	88.169	0.052	-0.196	0.100

表2-2 t检验结果显示，外向、随和、坚韧等三道题目未达到显著性水平（$p < 0.8$），说明其区分度低，因此将这三道题目删除。

（二）同质性检验

采用题总相关法进行同质性检验，题总相关是计算每个条目与量表总分的相关，用鉴别力指数 D 来表示，美国测验专家 L. Ebel 认为：$D \geq 0.400$ 时，项目评价很好；$0.300 \leq D \leq 0.390$ 时，项目评价良好，修改后会更佳；$0.200 \leq D \leq 0.290$ 时，项目尚可，但需修改；$D < 0.200$ 时，项目

评价差，必须淘汰。本书以 0.4 为标准筛选题目。

由表 2－3 可见，青少年事务社工胜任力量表各个题目与总分的相关均高于 0.4，说明题目鉴别力良好。

表 2－3　青少年事务社工职业题目与总分统计

题　目	题总相关	题　目	题总相关
知识		4. 责任	0.790
1. 基础理论	0.526	5. 随和	0.661
2. 专业理论	0.653	6. 情绪稳定	0.735
3. 相关政策	0.680	7. 包容	0.776
4. 实践知识	0.726	8. 积极向上	0.813
5. 传统文化	0.573	动机	
技能		1. 职业兴趣	0.722
1. 基础技能	0.697	2. 成就动机	0.690
2. 专业技能	0.758	3. 驱动力	0.760
3. 洞察能力	0.782	价值观	
4. 共情能力	0.792	1. 党管青年	0.452
5. 沟通能力	0.766	2. 爱党爱国	0.612
6. 思想引领能力	0.757	3. 公平正义	0.701
7. 反思与改进能力	0.774	4. 人道人本	0.699
性格		5. 尊重接纳	0.746
1. 开放	0.539	6. 平等爱心	0.726
2. 外向	0.498	7. 助人自助	0.719
3. 坚韧	0.743		

（三）探索性因子分析

1. 自动提取因子

对青少年事务社工胜任力问卷全部条目进行探索性因子分析（exploratory factor analysis，EFA），KMO 值为 0.951，Bartlett 球形检验显著，X^2（435）＝7677，$p < 0.001$，适合做因子分析。

以特征值大于 1 为标准，由程序自动提取因子，表 2－4 呈现自动提取因子后的共同度，以 0.2 为标准，即如果共同度小于 0.2，则删除该题目。

表 2 - 4 共同度（青少年事务社工胜任力）

题 目	共同度		共同度
知识		4. 责任	0.699
1. 基础理论	0.622	5. 随和	0.650
2. 专业理论	0.625	6. 情绪稳定	0.677
3. 相关政策	0.548	7. 包容	0.787
4. 实践知识	0.716	8. 积极向上	0.732
5. 传统文化	0.456	动机	
技能		1. 职业兴趣	0.655
1. 基础技能	0.605	2. 成就动机	0.684
2. 专业技能	0.742	3. 驱动力	0.681
3. 洞察能力	0.764	价值观	
4. 共情能力	0.786	1. 党管青年	0.691
5. 沟通能力	0.785	2. 爱党爱国	0.727
6. 思想引领能力	0.675	3. 公平正义	0.810
7. 反思与改进能力	0.747	4. 人道人本	0.822
性格		5. 尊重接纳	0.873
1. 开放	0.591	6. 平等爱心	0.828
2. 外向	0.654	7. 助人自助	0.818
3. 坚韧	0.705		

由表 2 - 4 可见，每道题目的共同度均高于 0.4，即每个原始变量方差中能被共同因子解释的部分高于 40%，故无须删题。

由表 2 - 5 可见，有四个因子的特征值大于 1，分别为：15.794、2.350、1.769、1.244，且四个因子可解释的总变异量为 70.521%。

表 2 - 5 解释的总变异量——提取四个因子（青少年事务社工胜任力）

单位:%

因子	初始特征值			提取负荷平方和			旋转后负荷平方和
	总数	解释率	累积解释率	总数	解释率	累积解释率	总数
1	15.794	52.647	52.647	15.794	52.647	52.647	13.919
2	2.350	7.833	60.480	2.350	7.833	60.480	11.696
3	1.769	5.896	66.375	1.769	5.896	66.375	11.115
4	1.244	4.145	70.521	1.244	4.145	70.521	3.766
5	0.979	3.264	73.785				
6	0.870	2.901	76.686				
7	0.722	2.405	79.091				
8	0.613	2.044	81.135				
9	0.538	1.793	82.928				

续表

因子	初始特征值			提取负荷平方和			旋转后负荷平方和
	总数	解释率	累积解释率	总数	解释率	累积解释率	总数
10	0.519	1.731	84.659				
11	0.437	1.456	86.116				
12	0.381	1.269	87.385				
13	0.365	1.218	88.602				
14	0.350	1.166	89.768				
15	0.316	1.053	90.821				
16	0.300	0.999	91.820				
17	0.267	0.892	92.712				
18	0.251	0.836	93.548				
19	0.231	0.769	94.316				
20	0.224	0.747	95.063				
21	0.215	0.716	95.779				
22	0.202	0.673	96.452				
23	0.187	0.623	97.075				
24	0.163	0.543	97.618				
25	0.154	0.514	98.131				
26	0.141	0.471	98.602				
27	0.127	0.422	99.024				
28	0.119	0.396	99.420				
29	0.100	0.333	99.753				
30	0.074	0.247	100.000				

斜交旋转后的因子负荷如表 2-6 所示，设置因子负荷 0.4 以下不显示。如果存在多重负荷，且在不同因子上的负荷相差小于 0.2，则删除该题目。

表 2-6 模式矩阵（青少年事务社工胜任力）

题 目	因 子			
	1. 知识技能	2. 性格与动机	3. 价值观	4. 党的作用
知识				
1. 基础理论	0.915	-0.421		
2. 专业理论	0.903			
3. 相关政策	0.694			
4. 实践知识	0.920			
5. 传统文化	0.643			
技能				
1. 基础技能	0.761			
2. 专业技能	0.915			

题　目	因　子			
	1. 知识技能	2. 性格与动机	3. 价值观	4. 党的作用
3. 洞察能力	0.731			
4. 共情能力	0.765			
5. 沟通能力	0.791			
6. 思想引领能力	0.691			
7. 反思与改进能力	0.809			
性格				
1. 开放		0.906		
2. 外向		1.025		
3. 坚韧		0.630		
4. 责任	0.426	0.429		
5. 随和		0.780		
6. 情绪稳定		0.649		
7. 包容		0.641		
8. 积极向上		0.439		
动机				
1. 职业兴趣	0.504			
2. 成就动机				0.487
3. 驱动力		0.404		
价值观				
1. 党管青年				0.734
2. 爱党爱国			0.581	0.518
3. 公平正义			0.860	
4. 人道人本			0.917	
5. 尊重接纳			0.902	
6. 平等爱心			0.879	
7. 助人自助			0.880	

　　自动提取四个因子后，第一个因子包含的题目有：1. 基础理论；2. 专业理论；3. 相关政策；4. 实践知识；5. 传统文化。1. 基础技能；2. 专业技能；3. 洞察能力；4. 共情能力；5. 沟通能力；6. 思想引领能力；7. 反思与改进能力。4. 责任。1. 职业兴趣，共14个题目，根据题目内容，将该因子命名为知识技能。第二个因子包含的题目有：1. 开放；2. 外向；3. 坚韧；4. 责任；5. 随和；6. 情绪稳定；7. 包容；8. 积极向上。3. 驱动力。共9个题目，根据题目内容，将该因子命名为性格与动机。第三个因子包含的题目有：2. 爱党爱国；3. 公平正义；4. 人道人本；5. 尊重接

纳；6. 平等爱心；7. 助人自助。共 6 个题目，根据题目内容，将该因子命名为价值观。第四个因子包含的题目有：2. 成就动机；1. 党管青年；2. 爱党爱国。共 3 个题目。根据题目内容，将该因子命名为党的作用。

其中"4. 责任"在第一和第二个因子上均有负荷，分别为 0.426 与 0.429，相差为 0.003，小于 0.2，因此视为多重负荷；且"2. 爱党爱国"在第三和第四个因子上均有负荷，分别为：0.581 和 0.518，相差 0.063，小于 0.2，也视为多重负荷，按照标准，两道题目均应删除。但是根据编制问卷的文献分析和访谈材料，编制者假设分为五个维度，根据假设强制提取五个因子。

2. 强制提取五个因子

对青少年事务社工胜任力量表全部题目强制提取五个因子。表 2 - 7 显示共同度，以 0.2 为标准，即如果共同度小于 0.2，则删除该题目。

表 2 - 7　共同度（青少年事务社工胜任力）

题　　目	共同度	题　　目	共同度
知识		4. 责任	0.739
1. 基础理论	0.647	5. 随和	0.651
2. 专业理论	0.633	6. 情绪稳定	0.677
3. 相关政策	0.593	7. 包容	0.796
4. 实践知识	0.722	8. 积极向上	0.762
5. 传统文化	0.495	动机	
技能		1. 职业兴趣	0.782
1. 基础技能	0.653	2. 成就动机	0.816
2. 专业技能	0.743	3. 驱动力	0.771
3. 洞察能力	0.773	价值观	
4. 共情能力	0.789	1. 党管青年	0.723
5. 沟通能力	0.785	2. 爱党爱国	0.747
6. 思想引领能力	0.677	3. 公平正义	0.818
7. 反思与改进能力	0.750	4. 人道人本	0.822
性格		5. 尊重接纳	0.880
1. 开放	0.774	6. 平等爱心	0.830
2. 外向	0.756	7. 助人自助	0.822
3. 坚韧	0.709		

由表 2 - 7 可见，每道题目的共同度均高于 0.4，即每个原始变量方差中能被共同因子解释的部分高于 40%，故无须删题。

表 2-8 解释的总变异量——提取五因子（青少年事务社工胜任力）

单位：%

因子	初始特征值			提取负荷平方和			旋转后负荷平方和
	总数	解释率	累积解释率	总数	解释率	累积解释率	总数
1	15.794	52.647	52.647	15.794	52.647	52.647	13.306
2	2.350	7.833	60.480	2.350	7.833	60.480	12.479
3	1.769	5.896	66.375	1.769	5.896	66.375	10.283
4	1.244	4.145	70.521	1.244	4.145	70.521	12.308
5	0.979	3.264	73.785	0.979	3.264	73.785	2.384
6	0.870	2.901	76.686				
7	0.722	2.405	79.091				
8	0.613	2.044	81.135				
9	0.538	1.793	82.928				
10	0.519	1.731	84.659				
11	0.437	1.456	86.116				
12	0.381	1.269	87.385				
13	0.365	1.218	88.602				
14	0.350	1.166	89.768				
15	0.316	1.053	90.821				
16	0.300	0.999	91.820				
17	0.267	0.892	92.712				
18	0.251	0.836	93.548				
19	0.231	0.769	94.316				
20	0.224	0.747	95.063				
21	0.215	0.716	95.779				
22	0.202	0.673	96.452				
23	0.187	0.623	97.075				
24	0.163	0.543	97.618				
25	0.154	0.514	98.131				
26	0.141	0.471	98.602				
27	0.127	0.422	99.024				
28	0.119	0.396	99.420				
29	0.100	0.333	99.753				
30	0.074	0.247	100.000				

由表 2-8 可见，五个因子的特征值分别为：15.794、2.350、1.769、1.244、0.979，且五个因子可解释的总变异量为 73.785%。

斜交旋转后的因子负荷如表 2-9 所示，设置因子负荷 0.4 以下不显示。如果存在多重负荷，且在不同因子上的负荷相差小于 0.2，则删除该题目。

表2-9　模式矩阵（青少年事务社工胜任力）

题　目	因　子				
	1. 知识技能	2. 价值观	3. 性格	4. 动机	5. 党的作用
知识					
1. 基础理论	0.916				
2. 专业理论	0.862				
3. 相关政策	0.761				
4. 实践知识	0.744				
5. 传统文化	0.708				
技能					
1. 基础技能	0.824				
2. 专业技能	0.782				
3. 洞察能力	0.711				
4. 共情能力	0.718				
5. 沟通能力	0.710				
6. 思想引领能力	0.607				
7. 反思与改进能力	0.744				
性格					
1. 开放			1.145		
2. 外向			1.145		
3. 坚韧			0.408		
4. 责任				0.480	
5. 随和			0.576		
6. 情绪稳定			0.470		
7. 包容			0.400		
8. 积极向上				0.407	
动机					
1. 职业兴趣				0.976	
2. 成就动机				1.094	
3. 驱动力				0.870	
价值观					
1. 党管青年					0.794
2. 爱党爱国		0.610			0.600
3. 公平正义		0.954			
4. 人道人本		1.036			
5. 尊重接纳		1.037			
6. 平等爱心		1.003			
7. 助人自助		1.010			

　　强制提取五个因子后，第一个因子包含的题目有：1. 基础理论；
2. 专业理论；3. 相关政策；4. 实践知识；5. 传统文化；1. 基础技能；
2. 专业技能；3. 洞察能力；4. 共情能力；5. 沟通能力；6. 思想引领能

力；7. 反思与改进能力，共 12 个题目，根据题目内容，将该因子命名为
知识技能。第二个因子包含的题目有：2. 爱党爱国；3. 公平正义；4. 人
道人本；5. 尊重接纳；6. 平等爱心；7. 助人自助，共 6 个题目。根据题
目内容，将该因子命名为价值观。第三个因子包含的题目有：1. 开放；
2. 外向；3. 坚韧；5. 随和；6. 情绪稳定；7. 包容，共 6 个题目。根据题目
内容，将该因子命名为性格。第四个因子包含的题目有：4. 责任；8. 积
极向上；1. 职业兴趣；2. 成就动机；3. 驱动力，共 5 个题目。根据题目
内容，将该因子命名为动机。第五个因子包含的题目有：1. 党管青年；
2. 爱党爱国。根据题目内容，将该因子命名为党的作用。

3. 强制提取五个因子——删除题目后

以是否获奖作为区分度指标，对青少年事务社工胜任力问卷剩余题目
进行探索性因子分析，KMO 值为 0.95，Bartlett 球形检验显著，X^2（351）
= 6919，p < 0.001，适合做因子分析。

以特征值大于 1 为标准，由程序自动提取因子，表 2 - 10 呈现自动提取
因子后的共同度，以 0.2 为标准，即如果共同度小于 0.2，则删除该题目。

表 2 - 10 共同度（青少年事务社工胜任力——删题后）

题 目	共同度	题 目	共同度
知识		4. 责任	0.724
1. 基础理论	0.689	6. 情绪稳定	0.674
2. 专业理论	0.724	7. 包容	0.808
3. 相关政策	0.574	8. 积极向上	0.763
4. 实践知识	0.748	动机	
5. 传统文化	0.565	1. 职业兴趣	0.774
技能		2. 成就动机	0.834
1. 基础技能	0.663	3. 驱动力	0.767
2. 专业技能	0.753	价值格	
3. 洞察能力	0.796	1. 党管青年	0.786
4. 共情能力	0.805	2. 爱党爱国	0.783
5. 沟通能力	0.800	3. 公平正义	0.819
6. 思想引领能力	0.696	4. 人道人本	0.821
7. 反思与改进能力	0.772	5. 尊重接纳	0.896
性格		6. 平等爱心	0.853
1. 开放	0.551	7. 助人自助	0.837

由表 2 - 10 可见，每道题目的共同度均高于 0.5，即每个原始变量方差中能被共同因子解释的部分高于 50%，故无须删题。

由表 2 - 11 可见，五个因子可解释的总变异量为 75.101%。

表 2 - 11　解释的点变异量（青少年事务社工胜任力——删题后）

单位：%

因子	初始特征值			提取负荷平方和			旋转后负荷平方和
	总数	解释率	累积解释率	总数	解释率	累积解释率	总数
1	14.525	53.795	53.795	14.525	53.795	53.795	11.590
2	2.329	8.625	62.420	2.329	8.625	62.420	10.209
3	1.330	4.927	67.347	1.330	4.927	67.347	10.950
4	1.182	4.378	71.725	1.182	4.378	71.725	8.584
5	0.912	3.376	75.101	0.912	3.376	75.101	3.124
6	0.797	2.951	78.052				
7	0.643	2.382	80.434				
8	0.596	2.206	82.641				
9	0.513	1.900	84.540				
10	0.457	1.693	86.233				
11	0.432	1.598	87.831				
12	0.361	1.337	89.168				
13	0.350	1.298	90.466				
14	0.296	1.097	91.563				
15	0.273	1.010	92.573				
16	0.240	0.888	93.461				
17	0.229	0.849	94.309				
18	0.224	0.831	95.141				
19	0.206	0.763	95.904				
20	0.189	0.698	96.602				
21	0.176	0.654	97.256				
22	0.166	0.614	97.870				
23	0.144	0.533	98.403				
24	0.130	0.483	98.887				
25	0.122	0.452	99.338				
26	0.104	0.384	99.723				
27	0.075	0.277	100.000				

斜交旋转后的因子负荷如表 2-13 所示，设置因子负荷 0.4 以下不显示。如果存在多重负荷，且在不同因子上的负荷相差小于 0.2，则删除该题目。

自动提取五个因子后，第一个因子包含的题目有：1. 基础理论；2. 专业理论；2. 专业技能；4. 实践知识；1. 基础技能；3. 相关政策；5. 传统文化；7. 反思与改进能力。4. 共情能力；6. 思想引领能力；3. 洞察能力，5. 沟通能力，共 12 个题目。根据题目内容，将该因子命名为知识技能。第二个因子包含的题目有：5. 尊重接纳；6. 平等爱心；7. 助人自助；4. 人道人本；3. 公平正义；2. 爱党爱国，共 6 个题目。根据题目内容，将该因子命名为价值观。第三个因子包含的题目有：1. 开放；7. 包容；6. 情绪稳定；3. 洞察能力；5. 沟通能力；8. 积极向上；4. 责任，共 7 个题目。根据题目内容，将该因子命名为性格。第四个因子包含的题目有：2. 成就动机；1. 职业兴趣；3. 驱动力，共 3 个题目。根据题目内容，将该因子命名为动机。第五个因子包含的题目有：1. 党管青年；2. 爱国爱党。共 2 个题目。根据题目内容，将该因子命名为党的作用。

其中"7. 反思与改进能力"在第一个和第三个因子上均有负荷，分别为 0.561 与 0.485，相差 0.076，小于 0.2，因此视为多重负荷；"4. 共情能力"在第一个和第三个因子上均有负荷，分别为 0.541 与 0.503，相差 0.038，小于 0.2，也视为多重负荷。"3. 洞察能力"在第一个和第三个因子上均有负荷，分别为 0.529 与 0.538，相差 0.009，小于 0.2，因此视为多重负荷；"5. 沟通能力"在第一个和第三个因子上均有负荷，分别为 0.534 与 0.536，相差为 0.002，小于 0.2。按照标准，这四道题目均应删除。"2. 爱党爱国"在第二个和第五个因子上均有负荷，分别为 0.402 与 0.602，相差 0.2，因此该题目可保留。以下进行验证性因子分析，从三个模型中选出最有模型，作为青少年事务社工胜任力量表的计分方式。

表 2-12　模式矩阵（青少年事务社工胜任力——删题后）

题　目	因　子				
	1. 知识技能	2. 价值观	3. 性格	4. 动机	5. 党的作用
1. 基础理论	0.944		-0.494		
2. 专业理论	0.846				

题 目	因 子				
	1. 知识技能	2. 价值观	3. 性格	4. 动机	5. 党的作用
2. 专业技能	0.742				
4. 实践知识	0.718				
1. 基础技能	0.679				
3. 相关政策	0.643				
5. 传统文化	0.641				
7. 反思与改进能力	0.561		0.485		
4. 共情能力	0.541		0.503		
6. 思想引领能力	0.509				
5. 尊重接纳		0.928			
6. 平等爱心		0.906			
7. 助人自助		0.901			
4. 人道人本		0.887			
3. 公平正义		0.791			
1. 开放			0.854		
7. 包容			0.728		
6. 情绪稳定			0.659		
3. 洞察能力	0.529		0.538		
5. 沟通能力	0.534		0.536		
8. 积极向上			0.504		
4. 责任			0.500		
2. 成就动机				0.876	
1. 职业兴趣				0.732	
3. 驱动力				0.653	
1. 党管青年					0.802
2. 爱党爱国		0.402			0.602

二 效度分析——结构效度

(一) 四因子模型

图 2-1 中的 f 1 代表青少年事务社工胜任力量表的知识技能维度，f 2 代表青少年事务社工胜任力量表的性格和动机维度，f 3 代表青少年事务社工胜任力量表的价值观维度，f 4 代表青少年事务社工胜任力量表的党的作用维度。

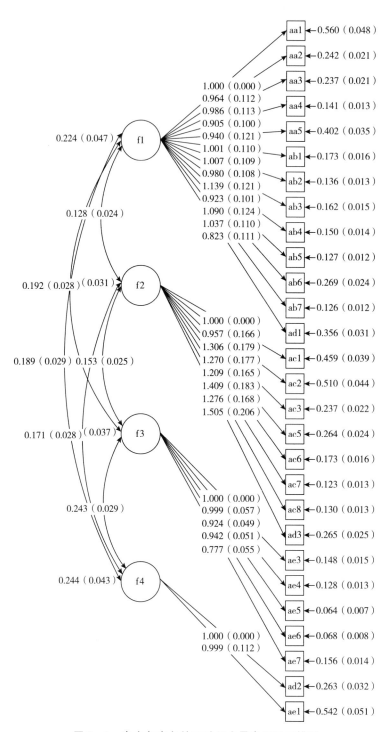

图 2 - 1　青少年事务社工胜任力量表四因子模型

(二) 五因子模型 1

图 2-2 中的 f1 代表青少年事务社工胜任力量表的知识技能维度，f2

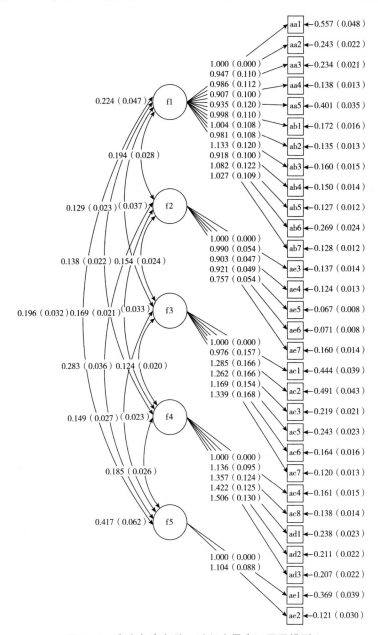

图 2-2　青少年事务社工胜任力量表五因子模型 1

代表青少年事务社工胜任力量表的价值观维度，f3 代表青少年事务社工胜任力量表的性格维度，f4 代表青少年事务社工胜任力量表的动机维度，f5 代表青少年事务社工胜任力量表的党的作用维度。

（三）五因子模型 2 ——删题后

图 2-3 中的 f1 代表青少年事务社工胜任力量表的知识技能维度，f2

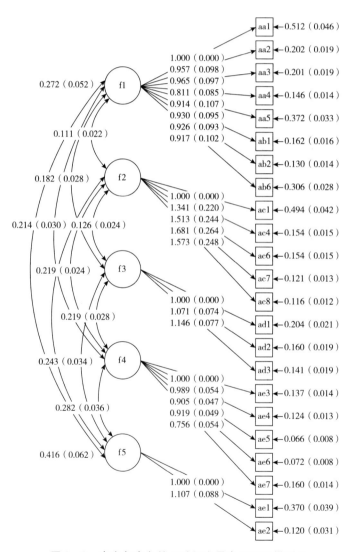

图 2-3　青少年事务社工胜任力量表五因子模型 2

代表青少年事务社工胜任力量表的价值观维度，f 3 代表青少年事务社工胜任力量表的性格维度，f 4 代表青少年事务社工胜任力量表的动机维度，f 5 代表青少年事务社工胜任力量表的党的作用维度。

（四）模型比较

表 2 - 13　青少年事务社工胜任力量表模型拟合指数比较

模型	卡方	df	CFI	TLI（NNFI）	RMSEA	RMSEA 置信区间	SRMR
四因子	1214. 472	344	0. 839	0. 824	0. 094	0. 088，0. 099	0. 067
五因子—1	1244. 093	395	0. 857	0. 843	0. 086	0. 081，0. 092	0. 060
五因子—2	579. 969	220	0. 916	0. 904	0. 075	0. 068，0. 083	0. 050

青少年事务社工职业认同量表的五因子模型 2 卡方自由度比值为 2. 64，小于四因子模型（3. 53）和五因子模型 1（3. 15）；五因子模型 2 的 CFI 值为 0. 916，大于 0. 9，高于四因子模型的 0. 839 与五因子模型 1 的 0. 857；五因子模型 2 的 NNFI 值为 0. 904，大于 0. 9，且高于四因子模型的 0. 824 与五因子模型 1 的 0. 843；五因子模型 2 的 RMSEA 值为 0. 075，小于 0. 8，也小于四因子模型的 0. 094 与五因子模型 1 的 0. 086。由此可见，五因子模型 2 无论在卡方自由度比值，还是 CFI 与 NNFI 和 RMSEA 值方面，都优于其他两个模型。因此后续分析中使用五因子模型 2。

三　信度分析——五因子模型 2

（一）知识技能

青少年事务社工胜任力的知识技能信度为 0. 908，说明题目内部一致性良好。再进一步分析题目与总分之间的关系，各题目与总分的相关度均高于 0. 5，且题目删除后的信度系数变化不大。因此，此维度内各个题目内部一致性良好（见表 2 - 14）。

表 2 - 14　青少年事务社工胜任力知识技能维度题目与总分统计

题　目	题目删除后的维度平均分	题目删除后的维度标准差	题总相关	题目删除后的Cronbach's Alpha信度值
1. 基础理论	31.65	17.664	0.667	0.901
2. 专业理论	31.41	17.884	0.740	0.893
3. 相关政策	31.38	18.787	0.707	0.896
4. 实践知识	31.23	18.678	0.764	0.891
5. 传统文化	31.66	19.346	0.586	0.906
1. 基础技能	31.41	18.726	0.705	0.896
2. 专业技能	31.31	18.385	0.795	0.889
6. 思想引领能力	31.43	18.480	0.708	0.896

（二）性格

青少年事务社工胜任力的性格信度为 0.890，说明题目内部一致性良好。再进一步分析题目与总分之间的关系，各题目与总分的相关度均高于 0.5，且题目删除后的信度系数变化不大。因此，维度内各个题目内部一致性良好（见表 2 - 15）。

表 2 - 15　青少年事务社工胜任力性格维度题目与总分统计

题　目	题目删除后的维度平均分	题目删除后的维度标准差	题总相关	题目删除后的Cronbach's Alpha信度值
1. 开放	18.40	6.160	0.529	0.916
4. 责任	17.82	5.837	0.752	0.861
6. 情绪稳定	17.97	5.919	0.767	0.859
7. 包容	17.94	5.513	0.846	0.839
8. 积极向上	17.91	5.798	0.805	0.850

（三）动机

青少年事务社工胜任力的动机信度为 0.894，说明题目内部一致性良好。再进一步分析题目与总分之间的关系，各题目与总分的相关度均高于0.7，且题目删除后的信度系数变化不大。因此，此维度内各个题目内部一致性良好（见表2-16）。

表2-16 青少年事务社工胜任力动机维度题目与总分统计

题 目	题目删除后的维度平均分	题目删除后的维度标准差	题总相关	题目删除后的Cronbach's Alpha信度值
1. 职业兴趣	8.59	2.316	0.788	0.853
2. 成就动机	8.72	2.254	0.814	0.830
3. 驱动力	8.62	2.442	0.775	0.864

（四）价值观

青少年事务社工胜任力的价值观信度为0.951，说明题目内部一致性良好。再进一步分析题目与总分之间的关系，各题目与总分的相关度均高于0.8，且题目删除后的信度系数变化不大。因此，此维度内各个题目内部一致性良好（见表2-17）。

表2-17 青少年事务社工胜任力价值观维度题目与总分统计

题 目	题目删除后的维度平均分	题目删除后的维度标准差	题总相关	题目删除后的Cronbach's Alpha信度值
3. 公平正义	18.69	5.349	0.835	0.946
4. 人道人本	18.64	5.484	0.859	0.941
5. 尊重接纳	18.57	5.470	0.907	0.933
6. 平等爱心	18.58	5.549	0.880	0.938
7. 助人自助	18.54	5.626	0.855	0.942

（五）党的作用

青少年事务社工胜任力党的作用信度为0.804，说明题目内部一致性良好。再进一步分析题目与总分之间的关系，各题目与总分的相关性均高于0.6，且题目删除后的信度系数变化不大。因此，此维度内各个题目内部一致性良好（见表2-18）。

表2-18　青少年事务社工胜任力党的作用维度题目与总分统计

题　目	题目删除后的维度平均分	题目删除后的维度标准差	题总相关	题目删除后的Cronbach's Alpha信度值
1. 党管青年	4.44	0.672	0.680	0. ª
2. 爱党爱国	4.09	0.901	0.680	0. ª

（六）包含子题目量表的信度检验

1. 相关政策

青少年事务社工胜任力的相关政策子题目量表信度为0.912，说明题目内部一致性良好。再进一步分析题目与总分之间的关系，各题目与总分的相关性均高于0.7，且题目删除后的信度系数变化不大。因此，此维度内各个题目内部一致性良好（见表2-19）。

表2-19　青少年事务社工胜任力相关政策题目与总分统计

题　目	题目删除后的维度平均分	题目删除后的维度标准差	题总相关	题目删除后的Cronbach's Alpha信度值
3.1 履行促进青少年社会融入的职责	9.24	1.651	0.823	0.883
3.2 履行维护青少年合法权益的职责	9.15	1.827	0.873	0.833
3.3 履行预防青少年违法犯罪的职责	9.06	2.063	0.793	0.901

2. 专业技能

青少年事务社工胜任力的专业技能子题目量表的信度为0.908，说明题目内部一致性良好。再进一步分析题目与总分之间的关系，各题目与总分的相关性均高于0.7，且题目删除后的信度系数变化不大。因此，此维度内各个题目内部一致性良好（见表2-20）。

表 2 - 20　青少年事务社工胜任力专业技能题目与总分统计

题　目	题目删除后的维度平均分	题目删除后的维度标准差	题总相关	题目删除后的信度值
2.1 带领发展、成长型小组	13.38	4.142	0.870	0.864
2.2 带领行为修改治疗型小组	13.43	4.188	0.838	0.875
2.3 运用个案方法	13.35	4.163	0.808	0.887
2.4 组织各类社区活动	13.30	4.824	0.702	0.921

3. 思想引领能力

青少年事务社工胜任力的思想引领子题目量表信度为 0.920，说明题目内部一致性良好。再进一步分析题目与总分之间的关系，各题目与总分的相关性均高于 0.7，且题目删除后的信度系数变化不大。因此，此维度内各个题目内部一致性良好（见表 2 - 21）。

表 2 - 21　青少年事务社工胜任力思想引领能力题目与总分统计

题　目	题目删除后的维度平均分	题目删除后的维度标准差	题总相关	题目删除后的信度值
6.1 把握最新思想工作重点	9.10	1.935	0.835	0.886
6.2 设计具有思想引领作用的活动	9.11	1.778	0.883	0.845
6.3 洞察青少年思想动态	9.01	2.022	0.796	0.917

4. 驱动力

青少年事务社工胜任力驱动力子量表信度为 0.723，说明题目内部一致性良好。再进一步分析题目与总分之间的关系，由表 2 - 22 可见，题目"3.3 因工作清闲"与该子量表总分相关为 0.406，相关度较低，影响该子量表内部一致性，因此将该题目删除之后再计算信度值。

表 2 - 22　青少年事务社工胜任力驱动力子量表题目与总分统计

题　目	题目删除后的维度平均分	题目删除后的维度标准差	题总相关	题目删除后的信度值
3.1 因社会责任感	13.37	11.172	0.339	0.416
3.2 因喜欢青少年	13.46	10.425	0.429	0.425
3.3 因工作清闲	14.84	8.997	0.406	0.376
3.4 因待遇可接受	14.40	7.824	0.636	0.523
3.5 因有很好的发展前景	13.95	8.536	0.641	0.443

青少年事务社工胜任力的驱动力——删题后子题目量表信度为 0.717，说明题目内部一致性良好。再进一步分析题目与总分之间的关系，由表 2-23 可见，各题目与总分的相关性均高于 0.4，因此，此维度内各个题目内部一致性良好。

表 2-23　青少年事务社工胜任力驱动力题目与总分统计

题　目	题目删除后的维度平均分	题目删除后的维度标准差	题总相关	题目删除后的信度值
3.1 因社会责任感	10.71	6.427	0.451	0.409
3.5 因有很好的发展前景	11.29	4.851	0.631	0.438
3.2 因喜欢青少年	10.80	5.899	0.525	0.424
3.4 因待遇可接受	11.74	4.978	0.455	0.366

第二节　青少年事务社工职业认同量表

一　项目分析

（一）临界比值法

首先求出青少年事务社工职业认同的总分，并按照从高到低的顺序排序，以 27% 为标准，前 27% 的得分记为高分组，后 27% 的得分记为低分组。如表 2-24 所示。

表 2-24　青少年事务社工的职业认同总分频率分布

单位：%

得分	频率	百分数	累积百分数
13	1	0.4	0.4
22	1	0.4	0.8
25	2	0.7	1.5
26	1	0.4	1.9
27	3	1.1	3.0
28	1	0.4	3.4
29	2	0.7	4.1
30	2	0.7	4.8

续表

得分	频率	百分数	累积百分数
31	4	1.5	6.3
32	1	0.4	6.7
33	9	3.3	10.0
34	3	1.1	11.1
35	2	0.7	11.8
36	8	2.9	14.7
37	7	2.6	17.3
38	7	2.6	19.9
39	5	1.8	21.7
40	8	2.9	24.6
41	12	4.4	29.0
42	12	4.4	33.4
43	16	5.8	39.2
44	29	10.6	49.8
45	11	4.0	53.8
46	11	4.0	57.8
47	10	3.6	61.4
48	12	4.4	65.8
49	16	5.8	71.6
50	12	4.4	76.0
51	10	3.6	79.6
52	12	4.4	84.0
53	13	4.7	88.7
54	8	2.9	91.6
55	23	8.4	100.0
总　　数	274	100.0	

由于青少年事务社工职业认同总分累积频率的前 27% 对应的分数为 40，累积频率的后 27%（100% - 27% = 73%）对应的分数为 49，则青少年事务社工职业认同总分低于 40 分为低分组，高于 49 分为高分组。将调查对象分为两组进行独立样本 t 检验，考察两组在各个题目上的差异是否

显著。分析结果如表２－25所示。

表２－25　青少年事务社工职业认同高低分组各题目得分 t 检验

题　目		方差齐性检验		t 检验				
		F	p	t	自由度	p	平均差	平均差标准误
1. 我了解青少年事务社工的职业伦理	方差齐性	10.934	0.001	−11.425	159	0.000	−1.199	0.105
	方差不齐			−10.698	106.441	0.000	−1.199	0.112
2. 我了解青少年事务社工的工作模式	方差齐性	15.180	0.000	−10.961	159	0.000	−1.169	0.107
	方差不齐			−10.139	100.356	0.000	−1.169	0.115
3. 我掌握了青少年事务社工的专业技能和方法	方差齐性	2.593	0.109	−10.073	159	0.000	−1.089	0.108
	方差不齐			−9.655	118.963	0.000	−1.089	0.113
4. 我知道自己适合青少年事务社工工作	方差齐性	8.935	0.003	−15.684	159	0.000	−1.495	0.095
	方差不齐			−14.585	102.985	0.000	−1.495	0.103
5. 青少年事务社工工作，让我有成就感	方差齐性	16.909	0.000	−16.522	159	0.000	−1.753	0.106
	方差不齐			−14.860	87.773	0.000	−1.753	0.118
6. 青少年事务社工工作，让我的能力得到提升	方差齐性	40.409	0.000	−15.622	159	0.000	−1.646	0.105
	方差不齐			−13.809	81.012	0.000	−1.646	0.119
7. 我乐意告诉别人我是青少年事务社工	方差齐性	60.358	0.000	−20.351	159	0.000	−1.977	0.097
	方差不齐			−17.513	71.890	0.000	−1.977	0.113
8. 我将长期从事青少年事务社工工作	方差齐性	26.037	0.000	−22.586	159	0.000	−2.071	0.092
	方差不齐			−20.580	93.367	0.000	−2.071	0.101
9. 我会推荐社工毕业生从事青少年事务社工工作	方差齐性	59.405	0.000	−22.578	159	0.000	−2.273	0.101
	方差不齐			−20.230	86.242	0.000	−2.273	0.112
10. 如果有机会，我会积极参加针对青少年事务社工的培训	方差齐性	118.237	0.000	−16.388	159	0.000	−1.599	0.098
	方差不齐			−14.044	70.635	0.000	−1.599	0.114
11. 我目前做了清晰的青少年事务社工职业规划	方差齐性	0.687	0.409	−14.671	159	0.000	−1.705	0.116
	方差不齐			−14.694	143.099	0.000	−1.705	0.116

表 2 - 25 t 检验结果显示，青少年事务社工职业认同量表所有题目的
临界比值检验达到显著性水平（p < 0.05），且所有题目的 CR 值均大于 3，
说明具有良好的区分度。

（二）同质性检验

采用题总相关法进行同质性检验，青少年事务社工职业认同的题总相
关如表 2 - 26 所示。

表 2 - 26　青少年事务社工职业认同题目与总分相关

题　目	题总相关
1. 我了解青少年事务社工的职业伦理	0.603
2. 我了解青少年事务社工的工作模式	0.640
3. 我掌握了青少年事务社工的专业技能和方法	0.569
4. 我知道自己适合青少年事务社工的工作	0.730
5. 青少年事务社工工作，让我有成就感	0.774
6. 青少年事务社工工作，让我的能力得到提升	0.785
7. 我乐意告诉别人我是青少年事务社工	0.812
8. 我将长期从事青少年事务社工工作	0.815
9. 我会推荐社工毕业生从事青少年事务社工工作	0.800
10. 如果有机会，我会积极参加针对青少年事务社工的培训	0.731
11. 我目前做了清晰的青少年事务社工职业规划	0.678

由表 2 - 26 可见，青少年事务社工职业认同量表各个题目与总分的相
关性均高于 0.4，说明题目鉴别力良好。

（三）探索性因子分析

1. 自动提取因子

在对青少年事务社工的职业认同量表进行探索性因子分析之前，首先
执行检验，结果显示：KMO 值为 0.93，且 Bartlett 球形检验显著，X^2
(55) = 2322，p < 0.001，也说明数据适合进行因子分析。因此本文继续
对青少年事务社工职业认同量表进行因子分析。

以特征值大于 1 为标准，由程序自动提取因子，表 2 - 27 呈现自动提取
因子后的共同度，以 0.2 为标准，即如果共同度小于 0.2，则删除该题目。

表 2 - 27　共同度（青少年事务社工的职业认同）

题　目	共同度
1. 我了解青少年事务社工的职业伦理	0.763
2. 我了解青少年事务社工的工作模式	0.797
3. 我掌握了青少年事务社工的专业技能和方法	0.751
4. 我知道自己适合青少年事务社工的工作	0.717
5. 青少年事务社工工作，让我有成就感	0.742
6. 青少年事务社工工作，让我的能力得到提升	0.751
7. 我乐意告诉别人我是青少年事务社工	0.814
8. 我将长期从事青少年事务社工工作	0.771
9. 我会推荐社工毕业生从事青少年事务社工工作	0.782
10. 如果有机会，我会积极参加针对青少年事务社工的培训	0.642
11. 我目前做了清晰的青少年事务社工职业规划	0.593

由表 2 - 27 可见，每道题目的共同度均高于 0.5，即每个原始变量方差中能被共同因子解释的部分高于 50%，故无须删题。

由表 2 - 28 可见，有两个因子的特征值大于 1，分别为 6.642 和 1.480，且两个因子可解释的总变异量为 73.832%。

表 2 - 28　解释的总变异量——提取两个因子（青少年事务社工的职业认同）

单位：%

因子	初始特征值			提取负荷平方和			旋转后负荷平方和
	总数	解释率	累计解释率	总数	解释率	累计解释率	总数
1	6.642	60.380	60.380	6.642	60.380	60.380	6.213
2	1.480	13.451	73.832	1.480	13.451	73.832	4.682
3	0.586	5.330	79.161				
4	0.422	3.841	83.002				
5	0.410	3.728	86.730				
6	0.323	2.932	89.663				
7	0.288	2.619	92.282				
8	0.260	2.365	94.646				
9	0.243	2.213	96.859				
10	0.176	1.596	98.456				
11	0.170	1.544	100.000				

　　自动提取出两个因子，第一个因子包含的题目有：7. 我乐意告诉别人我是青少年事务社工；9. 我会推荐社工毕业生从事青少年事务社工工作；5. 青少年事务社工工作，让我有成就感；6. 青少年事务社工工作，让我的能力得到提升；8. 我将长期从事青少年事务社工工作；11. 我目前做了清晰的青少年事务社工职业规划；10. 如果有机会，我会积极参加针对青少年事务社工的培训。根据这 7 道题目叙述，将该因子命名为"情感与行为"。第二个因子包含的题目有：3. 我掌握了青少年事务社工的专业技能和方法；1. 我了解青少年事务社工的职业伦理；2. 我了解青少年事务社工的工作模式；4. 我知道自己适合青少年事务社工的工作。根据这 4 道题目的叙述，将该因子命名为"认知"。

　　由于编制青少年事务社工职业认同量表的理论假设为：该量表分为三个方面，即认知、情感和行为倾向。因此尝试强制提取三个因子，比较实际模型与理论假设的异同，并比较两因子模型与三因子模型的优劣，选择数据拟合程度最优的模型作为量表的维度划分依据。

表 2-29　模式矩阵——提取两个因子（青少年事务社工的职业认同）

题　目	因子	
	1. 情感与行为	2. 认知
7. 我乐意告诉别人我是青少年事务社工	0.926	
9. 我会推荐社工毕业生从事青少年事务社工工作	0.900	
5. 青少年事务社工工作，让我有成就感	0.871	
6. 青少年事务社工工作，让我的能力得到提升	0.861	
8. 我将长期从事青少年事务社工工作	0.844	
11. 我目前做了清晰的青少年事务社工职业规划	0.785	
10. 如果有机会，我会积极参加针对青少年事务社工的培训	0.751	
3. 我掌握了青少年事务社工的专业技能和方法		0.915
1. 我了解青少年事务社工的职业伦理		0.893
2. 我了解青少年事务社工的工作模式		0.890
4. 我知道自己适合青少年事务社工的工作		0.647

2. 强制提取三个因子

　　每道题目的共同度均高于 0.6，即每个原始变量方差中能被共同因子解释的部分高于60%，故无须删题。

表2－30　共同度（青少年事务社工职业认同）

题　目	共同度
1. 我了解青少年事务社工的职业伦理	0.770
2. 我了解青少年事务社工的工作模式	0.799
3. 我掌握了青少年事务社工的专业技能和方法	0.829
4. 我知道自己适合青少年事务社工的工作	0.746
5. 青少年事务社工工作，让我有成就感	0.754
6. 青少年事务社工工作，让我的能力得到提升	0.812
7. 我乐意告诉别人我是青少年事务社工	0.826
8. 我将长期从事青少年事务社工工作	0.774
9. 我会推荐社工毕业生从事青少年事务社工工作	0.830
10. 如果有机会，我会积极参加针对青少年事务社工的培训	0.696
11. 我目前做了清晰的青少年事务社工职业规划	0.875

由表2－31可见，三个因子累计解释率达79.161%。

表2－31　解释的总变异量——强制提取三个因子（青少年事务社工职业认同）

单位:%

因子	初始特征值			提取负荷平方和			旋转后负荷平方和
	总数	解释率	累计解释率	总数	解释率	累计解释率	总数
1	6.642	60.380	60.380	6.642	60.380	60.380	5.985
2	1.480	13.451	73.832	1.480	13.451	73.832	4.550
3	0.586	5.330	79.161	0.586	5.330	79.161	3.835
4	0.422	3.841	83.002				
5	0.410	3.728	86.730				
6	0.323	2.932	89.663				
7	0.288	2.619	92.282				
8	0.260	2.365	94.646				
9	0.243	2.213	96.859				
10	0.176	1.596	98.456				
11	0.170	1.544	100.000				

表2-32 模式矩阵——强制提取三个因子（青少年事务社工的职业认同）

题　目	因子		
	1. 情感	2. 认知	3. 行为倾向
6. 青少年事务社工工作，让我的能力得到提升	0.944		
7. 我乐意告诉别人我是青少年事务社工	0.860		
10. 如果有机会，我会积极参加针对青少年事务社工的培训	0.843		
5. 青少年事务社工工作，让我有成就感	0.815		
8. 我将长期从事青少年事务社工工作	0.639		
9. 我会推荐社工毕业生从事青少年事务社工工作	0.517		0.510
3. 我掌握了青少年事务社工的专业技能和方法		0.911	
1. 我了解青少年事务社工的职业伦理		0.872	
2. 我了解青少年事务社工的工作模式		0.872	
4. 我知道自己适合青少年事务社工的工作	0.427	0.627	
11. 我目前做了清晰的青少年事务社工职业规划			0.863

强制提取三个因子后，第一个因子包含的题目有：6. 青少年事务社工工作，让我的能力得到提升，7. 我乐意告诉别人我是青少年事务社工，10. 如果有机会，我会积极参加针对青少年事务社工的培训，5. 青少年事务社工工作，让我有成就感，8. 我将长期从事青少年事务社工工作，9. 我会推荐社工毕业生从事青少年事务社工工作，4. 我知道自己适合青少年事务社工的工作，共7个题目；第二个因子包含的题目有：3. 我掌握了青少年事务社工的专业技能和方法，1. 我了解青少年事务社工的职业伦理，2. 我了解青少年事务社工的工作模式，4. 我知道自己适合青少年事务社工的工作，共4个题目；第三个因子包含的题目有：11. 我目前做了清晰的青少年事务社工职业规划，9. 我会推荐社工毕业生从事青少年事务社工工作，共2个题目。根据各个因子所包含的题目，将第一个因子命名情感，但是"10. 如果有机会，我会积极参加针对青少年事务社工的培训，8. 我将长期从事青少年事务社工工作"，这两个题目的内容与情感并不相符，第二个因子命名为认知，第三个因子命名为行为倾向。

其中"9. 我会推荐社工毕业生从事青少年事务社工工作"，在第一个和第三个因子上均有负荷，且相差为0.007，小于0.2，因此视为多重负荷，且"4. 我知道自己适合青少年事务社工的工作"，在第一个和第二个因子上均有负荷，且相差等于0.2，也视为多重负荷，按照标准，两道题目均应删除。

考虑到青少年事务社工职业认同量表的探索性因子分析存在多重负

载，以及题目与维度不符等问题，结合文献分析、访谈材料，编者按编之初的假设，对其作出调整，调整后各维度包含题目为：情感维度：5. 青少年事务社工工作，让我感受到成就感，6. 青少年事务社工工作，让我的能力得到提升，7. 我乐意告诉别人我是青少年事务社工；认知维度：1. 我了解青少年事务社工的职业伦理，2. 我了解青少年事务社工的工作模式，3. 我掌握了青少年事务社工的专业技能和方法，4. 我知道自己适合青少年事务社工的工作；行为倾向维度：8. 我将长期从事青少年事务社工工作，9. 我会推荐社工毕业生从事青少年事务社工工作，10. 如果有机会，我会积极参加针对青少年事务社工的培训，11. 我目前做了清晰的青少年事务社工职业规划。为最大限度保留问卷信息，并遵循编制的假设，以下将根据调整后的维度考察结构效度。

二　效度分析——结构效度

（一）两因子模型

图 2 - 4 中的 f 1 代表青少年事务社工职业认同量表的认知维度，f 2 代表青少年事务社工职业认同量表的情感和行为维度。

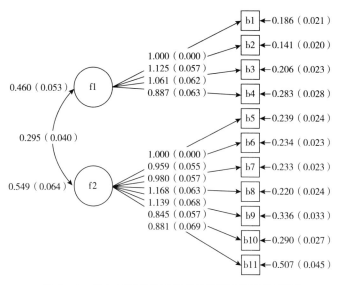

图 2 - 4　青少年事务社工职业认同量表两因子模型

（二）三因子模型

图 2-5 中的 f 1 代表青少年事务社工职业认同量表的认知维度，f 2 代表青少年事务社工职业认同量表的情感维度，f 3 代表青少年事务社工职业认同量表的行为维度。

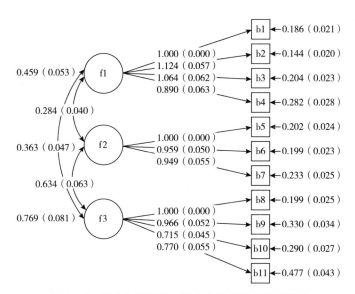

图 2-5　青少年事务社工职业认同量表三因子模型

（三）模型比较

由于青少年事务社工职业认同量表的三因子模型卡方自由度比值为 5.533，小于两因子模型的 5.730，且 CFI 与 NNFI 值均高于两因子模型，但 RMSEA 值小于两因子模型，因此后续分析中使用三因子模型，并与建立问卷时的假设相同。

表 2-33　青少年事务社工职业认同量表两因子与三因子模型的拟合指数比较

模型	卡方	df	CFI	TLI（NNFI）	RMSEA	RMSEA 置信区间	SRMR
两因子	246.376	43	0.916	0.893	0.128	[0.113, 0.144]	0.083
三因子	226.843	41	0.923	0.897	0.125	[0.110, 0.142]	0.083

三 信度分析——三因子模型信度分析

青少年事务社工职业认同的认知维度信度为 0.89，说明题目内部一致性良好。再进一步分析题目与总分之间的关系，由表 2－34 可见，各题目与总分的相关性均高于 0.7，且题目删除后的信度系数变化不大。因此，此维度内各个题目内部一致性良好。

表 2－34　青少年事务社工职业认同认知维度的题目与总分统计

题　　目	题目删除后的维度平均分	题目删除后的维度标准差	题总相关	复相关系数平方	题目删除后Cronbach's Alpha 信度值
1. 我了解青少年事务社工的职业伦理	12.13	4.056	0.753	0.568	0.850
2. 我了解青少年事务社工的工作模式	12.10	3.924	0.793	0.629	0.834
3. 我掌握了青少年事务社工的专业技能和方法	12.27	4.126	0.732	0.547	0.858
4. 我知道自己适合青少年事务社工的工作	12.13	4.017	0.718	0.522	0.864

青少年事务社工职业认同的情感维度信度为 0.91，说明题目内部一致性良好。再进一步分析题目与总分之间的关系，由表 2－35 可见，各题目与总分的相关性均高于 0.8，且题目删除后的信度系数变化不大。因此，此维度内各个题目内部一致性良好。

表 2－35　青少年事务社工职业认同情感维度题目与总分统计

题　　目	题目删除后的维度平均分	题目删除后的维度标准差	题总相关	复相关系数平方	题目删除后Cronbach's Alpha 信度值
5. 青少年事务社工工作，让我感受到成就感	8.32	2.916	0.801	0.645	0.878
6. 青少年事务社工工作，让我的能力得到提升	8.19	2.973	0.838	0.702	0.850
7. 我乐意告诉别人我是青少年事务社工	8.21	2.724	0.811	0.663	0.873

青少年事务社工职业认同的行为维度信度为 0.89，说明题目内部一致性良好。再进一步分析题目与总分之间的关系，由表 2-36 可见，各题目与总分的相关性均高于 0.68，且题目删除后的信度系数变化不大。因此，此维度内各个题目内部一致性良好。

表 2-36 青少年事务社工职业认同行为维度题目与总分统计

题 目	题目删除后的维度平均分	题目删除后的维度标准差	题总相关	复相关系数平方	题目删除后Cronbach's Alpha 信度值
8. 我将长期从事青少年事务社工工作	11.96	6.295	0.799	0.679	0.834
9. 我会推荐社工毕业生从事青少年事务社工工作	12.09	5.710	0.837	0.725	0.819
10. 如果有机会，我会积极参加针对青少年事务社工的培训	11.66	7.396	0.678	0.466	0.881
11. 我目前做了清晰的青少年事务社工职业规划	12.16	6.717	0.706	0.519	0.870

第三节　青少年事务社工职业问题量表

一　项目分析

（一）临界比值法

首先求出青少年事务社工职业问题的总分，并按照从高到低的顺序排序，以 27% 为标准，前 27% 的得分记为高分组，后 27% 的得分记为低分组。

由于青少年事务社工职业问题总分累积频率的前 27% 对应的分数为 41，累积频率的后 27%（100% - 27% = 73%）对应的分数为 55，则青少年事务社工职业问题总分低于 41 分为低分组，高于 55 分为高分组。将调查对象分为两组进行独立样本 t 检验，考察两组在各个题目上的差异是否显著。分析结果如表 2-37 所示。

表 2－37　青少年事务社工职业问题高低分组各题目得分 t 检验

题　目		方差齐性检验		t 检验				
		F	p	t	自由度	p	平均差	平均差标准误
1. 开展活动经费不足，支持不够	方差齐性	29.505	0.000	－9.258	146	0.000	－1.423	0.154
	方差不齐			－8.648	94.427	0.000	－1.423	0.165
2. 工资待遇低	方差齐性	32.562	0.000	－12.186	146	0.000	－1.664	0.137
	方差不齐			－11.128	82.295	0.000	－1.664	0.150
3. 工作任务重	方差齐性	33.585	0.000	－11.098	146	0.000	－1.444	0.130
	方差不齐			－10.282	89.825	0.000	－1.444	0.140
4. 晋升空间不足	方差齐性	46.641	0.000	－13.940	146	0.000	－1.783	0.128
	方差不齐			－12.558	75.889	0.000	－1.783	0.142
5. 少有参加培训的机会	方差齐性	0.415	0.520	－12.777	146	0.000	－2.047	0.160
	方差不齐			－12.583	127.196	0.000	－2.047	0.163
6. 培训不够系统	方差齐性	2.780	0.098	－15.612	146	0.000	－2.261	0.145
	方差不齐			－15.081	115.119	0.000	－2.261	0.150
7. 青少年事务社工的工作范围不明确	方差齐性	0.134	0.715	－22.039	146	0.000	－2.712	0.123
	方差不齐			－21.809	130.017	0.000	－2.712	0.124
8. 工作绩效考核标准不合理	方差齐性	0.726	0.395	－16.759	146	0.000	－2.221	0.133
	方差不齐			－16.519	127.721	0.000	－2.221	0.134
9. 行政事务性工作多，所学专业荒废	方差齐性	4.152	0.043	－15.154	146	0.000	－2.120	0.140
	方差不齐			－14.818	122.824	0.000	－2.120	0.143
10. 社会对青少年事务社工工作的认同不够	方差齐性	28.390	0.000	－13.699	146	0.000	－1.936	0.141
	方差不齐			－12.757	92.711	0.000	－1.936	0.152
11. 基层团干部支持不够	方差齐性	0.707	0.402	－12.794	146	0.000	－2.205	0.172
	方差不齐			－13.163	145.454	0.000	－2.205	0.167
12. 国家出台了加强青少年事务社工工作专业人才队伍建设的相关文件，但落实不到位	方差齐性	5.886	0.016	－16.741	146	0.000	－2.176	0.130
	方差不齐			－16.243	117.904	0.000	－2.176	0.134
13. 考取社会工作者职业水平证书太难	方差齐性	7.876	0.006	－5.542	146	0.000	－1.120	0.202
	方差不齐			－5.765	145.917	0.000	－1.120	0.194
14. 家人对我的工作不认可	方差齐性	10.010	0.002	－8.691	146	0.000	－1.655	0.190
	方差不齐			－9.108	145.015	0.000	－1.655	0.182

表 2 - 37 t 检验结果显示，青少年事务社工职业问题量表所有题目的临界比检验都达到显著性水平（$p < 0.05$），且所有题目的 CR 值均大于 3，说明具有良好的区分度。

（二）同质性检验

采用题总相关法进行同质性检验，青少年事务社工职业问题的题总相关如表 2 - 38 所示。

表 2 - 38　青少年事务社工职业问题各题目与总分统计

题　目	题总相关
1. 开展活动经费不足，支持不够	0.478
2. 工资待遇低	0.589
3. 工作任务重	0.580
4. 晋升空间不足	0.667
5. 少有参加培训的机会	0.585
6. 培训不够系统	0.658
7. 青少年事务社工的工作范围不明确	0.740
8. 工作绩效考核标准不合理	0.696
9. 行政事务性工作多，所学专业荒废	0.694
10. 社会对青少年事务社工工作的认同不够	0.656
11. 基层团干部支持不够	0.563
12. 国家出台了加强青少年事务社工工作专业人才队伍建设的相关文件，但落实不到位	0.724
13. 考取社会工作者职业水平证书太难	0.328
14. 家人对我的工作不认可	0.468

由表 2 - 38 可见，青少年事务社工职业问题量表的 "13. 考取社会工作者职业水平证书太难"，该题目与总分相关为 0.328，小于 0.4，鉴别力较差，因此删除该题目。其余各题目与总分的相关均高于 0.4，题目鉴别力良好。

(三) 探索性因子分析

自动提取因子, 对青少年事务社工职业问题量表全部题目进行探索性因子分析, KMO 值为 0.91, Bartlett 球形检验显著, X^2 (78) = 1909, $p < 0.001$, 说明适合做因子分析。

以特征值大于 1 为标准, 由程序自动提取因子, 表 2 - 39 呈现自动提取因子后的共同度, 以 0.2 为标准, 即如果共同度小于 0.2, 则删除该题目。

表 2 - 39 共同度 (青少年事务社工职业问题)

题 目	共同度
1. 开展活动经费不足, 支持不够	0.558
2. 工资待遇低	0.760
3. 工作任务重	0.682
4. 晋升空间不足	0.753
5. 少有参加培训的机会	0.769
6. 培训不够系统	0.744
7. 青少年事务社工的工作范围不明确	0.719
8. 工作绩效考核标准不合理	0.665
9. 行政事务性工作多, 所学专业荒废	0.608
10. 社会对青少年事务社工工作的认同不够	0.643
11. 基层团干部支持不够	0.624
12. 国家出台了加强青少年事务社工工作专业人才队伍建设的相关文件, 但落实不到位	0.759
14. 家人对我的工作不认可	0.504

由表 2 - 39 可见, 每道题目的共同度均高于 0.5, 即每个原始变量方差中能被共同因子解释的部分高于 50%, 无须删题。

由表 2 - 40 可见, 有三个因子的特征值大于 1, 分别为: 6.266、1.423 和 1.100, 且三个因子可解释的总变异量为 67.605%。

表 2-40　青少年事务社工职业问题解释的总变异量

单位:%

因子	初始特征值			提取负荷平方和			旋转后负荷平方和
	总数	解释率	累积解释率	总数	解释率	累积解释率	总数
1	6.266	48.197	48.197	6.266	48.197	48.197	4.677
2	1.423	10.947	59.143	1.423	10.947	59.143	4.426
3	1.100	8.462	67.605	1.100	8.462	67.605	4.762
4	0.769	5.919	73.524				
5	0.608	4.675	78.200				
6	0.534	4.111	82.310				
7	0.494	3.804	86.114				
8	0.391	3.010	89.124				
9	0.325	2.499	91.623				
10	0.316	2.429	94.051				
11	0.300	2.310	96.361				
12	0.267	2.051	98.413				
13	0.206	1.587	100.000				

　　斜交旋转后的因子负荷如表 2-41 所示,设置因子负荷 0.4 以下不显示。如果存在多重负荷,且在不同因子上的负荷相差小于 0.2,则删除该题目。

表 2-41　模式矩阵 (社工职业问题)

题　目	因子		
	1. 制度	2. 资源	3. 社会
5. 少有参加培训的机会	0.949		
6. 培训不够系统	0.842		
8. 工作绩效考核标准不合理	0.654		
7. 青少年事务社工的工作范围不明确	0.640		
2. 工资待遇低		0.882	
3. 工作任务重		0.799	
4. 晋升空间不足		0.783	
1. 开展活动经费不足,支持不够		0.630	

题　目	因子		
	1. 制度	2. 资源	3. 社会
11. 基层团干部支持不够			0.850
12. 国家出台了加强青少年事务社工工作专业人才队伍建设的相关文件，但落实不到位			0.801
10. 社会对青少年事务社工工作的认同不够			0.640
14. 家人对我的工作不认可			0.595
9. 行政事务性工作多，所学专业荒废			0.504

　　自动提取三个因子后，第一个因子包含的题目有：5. 少有参加培训的机会；6. 培训不够系统；8. 工作绩效考核标准不合理；7. 青少年事务社工的工作范围不明确，共 4 个题目。根据题目内容，将该因子命名为制度。第二个因子包含的题目有：2. 工资待遇低；3. 工作任务重；4. 晋升空间不足；1. 开展活动经费不足，支持不够，共 4 个题目。根据题目内容，将该因子命名为资源。第三个因子包含的题目有：11. 基层团干部支持不够；12. 国家出台了加强青少年事务社工工作专业人才队伍建设的相关文件，但落实不到位；10. 社会对青少年事务社工工作的认同不够；14. 家人对我的工作不认可；9. 行政事务性工作多，所学专业荒废，共 5 个题目。根据题目内容，将该因子命名为社会。

二　效度分析——结构效度

　　图 2-6 中 f 1 代表青少年事务社工职业问题的资源维度，f 2 代表青少年事务社工职业问题的制度维度，f 3 代表青少年事务社工职业问题的社会维度。

　　青少年事务社工职业问题量表的三因子模型拟合指数为，卡方值为211.468，自由度为 62，RMSEA 为 0.091，接近 0.08。CFI 和 TLI 值分别为0.924 与 0.904，均大于 0.09，拟合指标良好。因此本研究使用三因子模型对青少年事务社工职业问题量表进行分析。

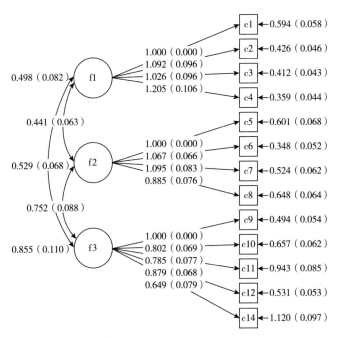

图 2-6　青少年事务社工职业问题量表三因子模型

三　信度分析

青少年事务社工职业问题量表资源维度的信度为 0.828，说明题目内部一致性良好。再进一步分析题目与总分之间的关系，由表 2-42 可见，各题目与总分的相关度均高于 0.5，且题目删除后的信度系数变化不大。因此，此维度内各个题目内部一致性良好。

表 2-42　青少年事务社工职业资源维度的题目与总分统计

题　目	题目删除后的维度平均分	题目删除后的维度标准差	题总相关	复相关系数平方	题目删除后Cronbach's Alpha 信度值
1. 开展活动经费不足，支持不够	12.23	6.784	0.518	0.287	0.845
2. 工资待遇低	12.14	5.993	0.736	0.559	0.743
3. 工作任务重	12.20	6.762	0.640	0.459	0.790
4. 晋升空间不足	12.19	6.047	0.737	0.586	0.744

青少年事务社工职业问题量表的制度维度信度为 0.871，说明题目内部一致性良好。再进一步分析各题目与总分之间的关系，由表 2-43 可见，各题目与总分的相关性均高于 0.6，且题目删除后的信度系数变化不大。因此，此维度内各个题目内部一致性良好。

表 2-43　青少年事务社工职业问题制度维度的题目与总分统计

题　　目	题目删除后的维度平均分	题目删除后的维度标准差	题总相关	复相关系数平方	题目删除后 Cronbach's Alpha 信度值
5. 少有参加培训的机会	9.87	10.408	0.735	0.619	0.831
6. 培训不够系统	9.72	10.282	0.763	0.642	0.820
7. 青少年事务社工的工作范围不明确	9.88	10.014	0.718	0.540	0.839
8. 工作绩效考核标准不合理	9.78	11.049	0.686	0.502	0.850

青少年事务社工职业问题社会维度的信度为 0.814，说明题目内部一致性良好。再进一步分析题目与总分之间的关系，由表 2-44 可见，各题目与总分的相关度均高于 0.4，且题目删除后的信度系数变化不大。因此，此维度内各个题目内部一致性良好。

表 2-44　青少年事务社工职业问题社会维度的题目与总分统计

题　　目	题目删除后的维度平均分	题目删除后的维度标准差	题总相关	复相关系数平方	题目删除后 Cronbach's Alpha 信度值
9. 行政事务性工作多，所学专业荒废	13.05	13.847	0.633	0.416	0.768
10. 社会对青少年事务社工工作的认同不够	12.62	14.272	0.637	0.470	0.769
11. 基层团干部支持不够	13.42	13.343	0.580	0.406	0.787
12. 国家出台了加强青少年事务社工工作专业人才队伍建设的相关文件，但落实不到位	12.89	13.494	0.742	0.586	0.738
14. 家人对我的工作不认可	13.91	14.728	0.457	0.232	0.822

第四节 青少年事务社工职业需求量表

一 项目分析

(一) 临界比值法

首先求出青少年事务社工职业需求的总分，并按照从高到低的顺序排序，以 27% 为标准，前 27% 的得分记为高分组，后 27% 的得分记为低分组。

由于青少年事务社工职业需求总分累积频率的前 27% 对应的分数为 54，累积频率的后 27%（100% – 27% = 73%）对应的分数为 64，则青少年事务社工职业需求总分低于 54 分为低分组，高于 64 分为高分组。将调查对象分为两组进行独立样本 t 检验，考察两组在各个题目上的差异是否显著。分析结果如表 2 – 45 所示。

表 2 – 45 青少年事务社工职业需求高低分分组各题目 t 检验

题 目		方差齐性检验		t 检验				
		F	p	t	自由度	p	平均差	平均差标准误
1. 加大活动经费投入	方差齐性	43.057	0.000	– 12.150	169	0.000	– 0.981	0.081
	方差不齐			– 10.347	78.465	0.000	– 0.981	0.095
2. 提高工资待遇	方差齐性	222.628	0.000	– 10.149	169	0.000	– 0.838	0.083
	方差不齐			– 8.234	67.000	0.000	– 0.838	0.102
3. 提供更多晋升机会，拓宽职业发展空间	方差齐性	101.024	0.000	– 12.742	169	0.000	– 0.941	0.074
	方差不齐			– 10.338	67.000	0.000	– 0.941	0.091
4. 提供系统长期的培训	方差齐性	145.439	0.000	– 14.651	169	0.000	– 1.304	0.089
	方差不齐			– 12.008	69.161	0.000	– 1.304	0.109
5. 提供社工职业资格证书考试辅导	方差齐性	137.204	0.000	– 16.521	169	0.000	– 1.255	0.076
	方差不齐			– 13.784	73.226	0.000	– 1.255	0.091

题　目		方差齐性检验		t 检验				
		F	p	t	自由度	p	平均差	平均差标准误
6. 组织青少年事务社工到其他地区调研交流	方差齐性	273.127	0.000	-17.876	169	0.000	-1.397	0.078
	方差不齐			-14.502	67.000	0.000	-1.397	0.096
7. 明晰青少年事务社工工作范围	方差齐性	181.276	0.000	-17.270	169	0.000	-1.358	0.079
	方差不齐			-14.103	68.379	0.000	-1.358	0.096
8. 完善青少年事务社工考核评估体系	方差齐性	302.680	0.000	-21.577	169	0.000	-1.368	0.063
	方差不齐			-17.506	67.000	0.000	-1.368	0.078
9. 建立青少年事务社工的激励奖励机制	方差齐性	217.948	0.000	-19.153	169	0.000	-1.382	0.072
	方差不齐			-15.538	67.000	0.000	-1.382	0.089
10. 基层团干部加大对青少年事务社工支持力度	方差齐性	150.940	0.000	-16.930	169	0.00	-1.206	0.071
	方差不齐			-13.735	67.000	0.000	-1.206	0.088
11. 大力宣传青少年事务社工工作	方差齐性	115.521	0.000	-17.881	169	0.000	-1.162	0.065
	方差不齐			-14.507	67.000	0.000	-1.162	0.080
12. 增加青少年事务社工岗位数量	方差齐性	197.028	0.000	-18.973	169	0.000	-1.397	0.074
	方差不齐			-15.743	71.913	0.000	-1.397	0.089
13. 减轻青少年事务社工的行政事务工作量	方差齐性	184.662	0.000	-15.722	169	0.000	-1.363	0.087
	方差不齐			-12.893	69.283	0.000	-1.363	0.106

表 2-45 t 检验结果显示，青少年事务社工职业需求量表所有题目的临界比值检验达到显著性水平（$p<0.05$），且所有题目的 CR 值均大于 3，说明具有良好的区分度。

（二）同质性检验

采用题总相关法进行同质性检验，由表 2-46 可见，青少年事务社工职业需求量表各个题目与总分的相关度均高于 0.4，说明题目鉴别力良好。

表 2 - 46　青少年事务社工职业需求各题目与总分相关

	题总相关
1. 加大活动经费投入	0.617
2. 提高工资待遇	0.674
3. 提供更多晋升机会，拓宽职业发展空间	0.770
4. 提供系统长期的培训	0.610
5. 提供社工职业资格证书考试辅导	0.573
6. 组织青少年事务社工到其他地区调研交流	0.745
7. 明晰青少年事务社工工作范围	0.671
8. 完善青少年事务社工考核评估体系	0.740
9. 建立青少年事务社工的激励奖励机制	0.789
10. 基层团干部加大对青少年事务社工支持力度	0.784
11. 大力宣传青少年事务社工工作	0.793
12. 增加青少年事务社工岗位数量	0.587
13. 减轻青少年事务社工的行政事务工作量	0.601

（三）探索性因子分析

1. 自动提取因子

对青少年事务社工职业需求量表全部题目进行探索性因子分析，KMO值为 0.92，Bartlett 球形检验显著，X^2（78）= 2347，p < 0.001，达到显著水平，适合做因子分析。

以特征值大于 1 为标准，由程序自动提取因子，表 2 - 47 呈现自动提取因子后的共同度，以 0.2 为标准，即如果共同度小于 0.2，则删除该题目。

表 2 - 47　共同度（青少年事务社工职业需求）

题　目	共同度
1. 加大活动经费投入	0.752
2. 提高工资待遇	0.783
3. 提供更多晋升机会，拓宽职业发展空间	0.755
4. 提供系统长期的培训	0.608
5. 提供社工职业资格证书考试辅导	0.426

题　目	共同度
6. 组织青少年事务社工到其他地区调研交流	0.664
7. 明晰青少年事务社工工作范围	0.544
8. 完善青少年事务社工考核评估体系	0.698
9. 建立青少年事务社工的激励奖励机制	0.742
10. 基层团干部加大对青少年事务社工支持力度	0.699
11. 大力宣传青少年事务社工工作	0.695
12. 增加青少年事务社工岗位数量	0.423
13. 减轻青少年事务社工的行政事务工作量	0.455

由表 2-47 可见，每道题目的共同度均高于 0.4，即每个原始变量方差中能被共同因子解释的部分高于 40%，故无须删题。

由表 2-48 可见，有两个因子的特征值大于 1，分别为 7.243 和 1.001，且两个因子可解释的总变异量为 63.412%。

表 2-48　青少年事务社工职业需求解释的总变异量——提取两个因子

单位:%

因子	初始特征值			提取负荷平方和			旋转后负荷平方和
	总数	解释率	累积解释率	总数	解释率	累积解释率	总数
1	7.243	55.716	55.716	7.243	55.716	55.716	6.681
2	1.001	7.696	63.412	1.001	7.696	63.412	5.793
3	0.914	7.027	70.440				
4	0.629	4.835	75.274				
5	0.569	4.379	79.654				
6	0.547	4.206	83.860				
7	0.514	3.957	87.817				
8	0.399	3.073	90.890				
9	0.349	2.686	93.576				
10	0.285	2.192	95.769				
11	0.226	1.738	97.506				
12	0.174	1.341	98.848				
13	0.150	1.152	100.000				

斜交旋转后的因子负荷如表 2-49 所示，设置因子负荷 0.4 以下不显示。

如果存在多重负荷，且在不同因子上的负荷相差小于0.2，则删除该题目。

表2-49　模式矩阵——提取两个因子（青少年事务社工职业需求）

题　目	因子	
	1. 制度支持	2. 资源支持
4. 提供系统长期的培训	0.933	
8. 完善青少年事务社工考核评估体系	0.867	
9. 建立青少年事务社工的激励奖励机制	0.823	
6. 组织青少年事务社工到其他地区调研交流	0.771	
5. 提供社工职业资格证书考试辅导	0.631	
7. 明晰青少年事务社工工作范围	0.629	
11. 大力宣传青少年事务社工工作	0.561	
12. 增加青少年事务社工岗位数量	0.531	
10. 基层团干部加大对青少年事务社工支持力度	0.497	0.412
1. 加大活动经费投入		0.982
2. 提高工资待遇		0.951
3. 提供更多晋升机会，拓宽职业发展空间		0.714
13. 减轻青少年事务社工的行政事务工作量		0.454

　　自动提取两个因子后，第一个因子包含的题目有：4. 提供系统长期的培训；8. 完善青少年事务社工考核评估体系；9. 建立青少年事务社工的激励奖励机制；6. 组织青少年事务社工到其他地区调研交流；5. 提供社工职业资格证书考试辅导；7. 明晰青少年事务社工工作范围；11. 大力宣传青少年事务社工工作；12. 增加青少年事务社工岗位数量；10. 基层团干部加大对青少年事务社工支持力度。共9个题目。根据题目内容，将该因子命名为制度因子。第二个因子包含的题目有：10. 基层团干部加大对青少年事务社工支持力度；1. 加大活动经费投入；2. 提高工资待遇；3. 提供更多晋升机会，拓宽职业发展空间；13. 减轻青少年事务社工的行政事务工作量。共4个题目。根据题目内容，将该因子命名为资源因子。

　　其中"10. 基层团干部加大对青少年事务社工支持力度"在第一个和第二个因子上均有负荷，分别为0.497与0.412，相差0.085，小于0.2，因此视为多重负荷，应删除该题目。

由于青少年事务社工职业问题分为三个方面，因此在考察青少年事务社工职业需求时，也应考虑尝试提取三个因子，比较两因子模型与三因子模型的优劣，选择数据拟合程度最优的模型作为量表维度的划分依据。

2. 强制提取三个因子

由表 2-50 可见，青少年事务社工职业需求每道题目的共同度均高于0.6，即每个原始变量方差中能被共同因子解释的部分高于60%，故无须删题。

表 2-50 共同度——提取三个因子（青少年事务社工职业需求）

题 目	共同度
1. 加大活动经费投入	0.755
2. 提高工资待遇	0.862
3. 提供更多晋升机会，拓宽职业发展空间	0.828
4. 提供系统长期的培训	0.732
5. 提供社工职业资格证书考试辅导	0.510
6. 组织青少年事务社工到其他地区调研交流	0.667
7. 明晰青少年事务社工工作范围	0.544
8. 完善青少年事务社工考核评估体系	0.705
9. 建立青少年事务社工的激励奖励机制	0.742
10. 基层团干部加大对青少年事务社工支持力度	0.749
11. 大力宣传青少年事务社工工作	0.806
12. 增加青少年事务社工岗位数量	0.685
13. 减轻青少年事务社工的行政事务工作量	0.571

由表 2-51 可见，三个因子累积解释率达70.440%。

表 2-51 青少年事务社工职业需求解释的总变异量——提取三个因子

单位：%

因子	初始特征值			提取负荷平方和			旋转后负荷平方和
	总数	解释率	累积解释率	总数	解释率	累积解释率	总数
1	7.243	55.716	55.716	7.243	55.716	55.716	6.075
2	1.001	7.696	63.412	1.001	7.696	63.412	5.902
3	0.914	7.027	70.440	0.914	7.027	70.440	5.249
4	0.629	4.835	75.274				
5	0.569	4.379	79.654				

因子	初始特征值			提取负荷平方和			旋转后负荷平方和
	总数	解释率	累积解释率	总数	解释率	累积解释率	总数
6	0.547	4.206	83.860				
7	0.514	3.957	87.817				
8	0.399	3.073	90.890				
9	0.349	2.686	93.576				
10	0.285	2.192	95.769				
11	0.226	1.738	97.506				
12	0.174	1.341	98.848				
13	0.150	1.152	100.000				

强制提取三个因子后，第一个因子包含的题目有：4. 提供系统长期的培训；8. 完善青少年事务社工考核评估体系；5. 提供社工职业资格证书考试辅导；6. 组织青少年事务社工到其他地区调研交流；9. 建立青少年事务社工的激励奖励机制；7. 明晰青少年事务社工工作范围，共 6 个题目。根据题目内容，将该因子命名为制度激励。第二个因子包含的题目有：12. 增加青少年事务社工岗位数量；11. 大力宣传青少年事务社工工作；13. 减轻青少年事务社工的行政事务工作量；10. 基层团干部加大对青少年事务社工支持力度，共 4 个题目。根据题目内容，将该因子命名为社会支持。第三个因子包含的题目有：2. 提高工资待遇；1. 加大活动经费投入；3. 提供更多晋升机会，拓宽职业发展空间，共 3 个题目。根据题目内容，将该因子命名为资源保障。

表 2-52 模式矩阵——提取三个因子（青少年事务社工职业需求）

题 目	因子		
	1. 制度激励	2. 社会支持	3. 资源保障
4. 提供系统长期的培训	1.038		
8. 完善青少年事务社工考核评估体系	0.728		
5. 提供社工职业资格证书考试辅导	0.721		
6. 组织青少年事务社工到其他地区调研交流	0.624		
9. 建立青少年事务社工的激励奖励机制	0.619		

续表

题　目	因子		
	1. 制度激励	2. 社会支持	3. 资源保障
7. 明晰青少年事务社工工作范围	0.456		
12. 增加青少年事务社工岗位数量		0.979	
11. 大力宣传青少年事务社工工作		0.799	
13. 减轻青少年事务社工的行政事务工作量		0.737	
10. 基层团干部加大对青少年事务社工支持力度		0.642	
2. 提高工资待遇			0.970
1. 加大活动经费投入			0.880
3. 提供更多晋升机会，拓宽职业发展空间			0.737

二　效度分析——结构效度

（一）两因子模型

图 2 - 7 中 f 1 代表青少年事务社工职业需求的制度支持维度，f 2 代表青少年事务社工职业需求的资源支持维度。

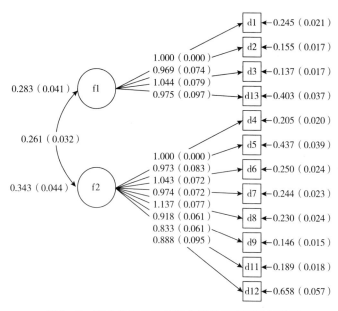

图 2 - 7　青少年事务社工职业需求量表两因子模型

（二）三因子模型

图 2 - 8 中，f 1 代表青少年事务社工职业需求的资源保障维度，f 2 代表青少年事务社工职业需求的制度激励维度，f 3 代表青少年事务社工职业需求的社会支持维度。

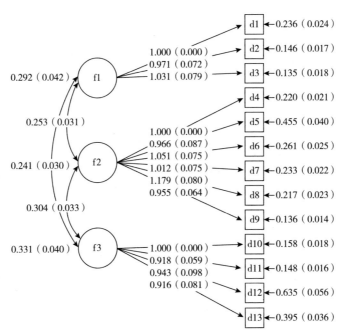

图 2 - 8　青少年事务社工职业需求量表三因子模型

（三）模型比较

由于青少年事务社工职业需求量表的三因子模型卡方自由度比值为 4.615，小于两因子模型的 4.756，且 CFI 与 NNFI 值均高于两因子模型，RMSEA 值也小于两因子模型，因此后续分析中使用三因子模型。

表 2 - 53　青少年事务社工职业需求量表两因子与三因子模型的拟合指数比较

模型	卡方	df	CFI	TLI（NNFI）	RMSEA	RMSEA 置信区间	SRMR
两因子	252.091	53	0.903	0.879	0.114	[0.100, 0.129]	0.050
三因子	286.124	62	0.904	0.880	0.112	[0.099, 0.125]	0.048

三　信度分析——三因子模型信度分析

青少年事务社工职业需求量表制度激励维度的信度为 0.878，说明题目内部一致性良好。再进一步分析题目与总分之间的关系，由表 2 - 54 可见，各题目与总分的相关度均高于 0.5，且题目删除后的信度系数变化不大。因此，此维度内各个题目内部一致性良好。

表 2 - 54　青少年事务社工职业需求制度激励维度的题目与总分统计

题　目	题目删除后的维度平均分	题目删除后的维度标准差	题总相关	复相关系数平方	题目删除后 Cronbach's Alpha 信度值
4. 提供系统长期的培训	22.49	9.753	0.664	0.490	0.860
5. 提供社工职业资格证书考试辅导	22.52	10.206	0.570	0.329	0.876
6. 组织青少年事务社工到其他地区调研交流	22.47	9.832	0.725	0.534	0.850
7. 明晰青少年事务社工工作范围	22.49	10.126	0.644	0.473	0.863
8. 完善青少年事务社工考核评估体系	22.49	9.723	0.751	0.604	0.845
9. 建立青少年事务社工的激励奖励机制	22.39	9.961	0.769	0.619	0.844

青少年事务社工职业需求量表社会支持维度的信度为 0.832，说明题目内部一致性良好。再进一步分析题目与总分之间的关系，由表 2 - 55 可见，各题目与总分的相关均高于 0.5，且题目删除后的信度系数变化不大。因此，此维度内各个题目内部一致性良好。

表 2 - 55　青少年事务社工职业需求社会支持维度的题目与总分统计

题　目	题目删除后的维度平均分	题目删除后的维度标准差	题总相关	复相关系数平方	题目删除后 Cronbach's Alpha 信度值
10. 基层团干部加大对青少年事务社工支持力度	13.46	3.993	0.718	0.652	0.771

题　目	题目删除后的维度平均分	题目删除后的维度标准差	题总相关	复相关系数平方	题目删除后Cronbach's Alpha信度值
11. 大力宣传青少年事务社工工作	13.45	3.984	0.796	0.710	0.748
12. 增加青少年事务社工岗位数量	13.69	3.460	0.620	0.404	0.818
13. 减轻青少年事务社工的行政事务工作量	13.64	3.637	0.596	0.365	0.824

　　青少年事务社工职业需求量表资源保障维度的信度为 0.865，说明题目内部一致性良好。再进一步分析题目与总分之间的关系，由表 2-56 可见，各题目与总分的相关度均高于 0.6，且题目删除后的信度系数变化不大。因此，此维度内各个题目内部一致性良好。

表 2-56　青少年事务社工职业需求资源保障维度的题目与总分统计

题　目	题目删除后的维度平均分	题目删除后的维度标准差	题总相关	复相关系数平方	题目删除后Cronbach's Alpha信度值
1. 加大活动经费投入	9.48	1.218	0.674	0.465	0.898
2. 提高工资待遇	9.30	1.311	0.821	0.716	0.744
3. 提供更多晋升机会，拓宽职业发展空间	9.32	1.419	0.767	0.671	0.798

第三章　最终版问卷及施测过程

第一节　最终问卷及维度

一　青少年事务社会工作者调研最终问卷——社工版

根据初测问卷信效度检验的结果，确定最终版问卷及维度。具体包括七大部分。

（一）基本信息

同"青少年事务社会工作者调研初测问卷——社工版"的基本信息部分。

（二）青少年事务社会工作者的胜任力

请调查对象评价青少年事务社工应具备哪些能力才能胜任这一工作，并对每一项胜任力的重要程度进行打分。题目涉及 5 个方面。

1. **知识技能**

具体包含：①基础理论；②专业理论；③相关政策；④实践知识；⑤传统文化；⑥基础技能；⑦专业技能；⑧思想引领能力。

2. **性格**

具体包含：①开放；②责任；③情绪稳定；④包容；⑤积极向上。

3. **动机**

具体包含：①职业兴趣；②成就动机；③驱动力包括因社会责任感，而选择做青少年事务社工；因喜欢青少年，而选择做青少年事务社工；因待遇可接受，而选择做青少年事务社工；因有很好的发展前景，而选择做青少年事务社工。

4. 价值观

具体包含：①公平正义；②人道人本；③尊重接纳；④平等爱心；⑤助人自助。

5. 党的作用

具体包含：①党管青年；②爱党爱国。

（三）青少年事务社会工作者的职业认同

同"青少年事务社会工作者调研初测问卷——社工版"的职业认同部分，分为认知、情感和行为倾向三个方面。

（四）青少年事务社会工作者的职业问题

列举青少年事务社工工作中可能遇到的事件，请调查对象评价每一事件对其影响程度。共有 13 道题目，分为三个方面。资源方面，具体包括 4 个题目：1. 开展活动经费不足，支持不够；2. 工资待遇低；3. 工作任务重；4. 晋升空间不足。制度方面，具体包括 4 个题目：5. 少有参加培训的机会；6. 培训不够系统；7. 青少年事务社工的工作范围不明确；8. 工作绩效考核标准不合理。社会方面，具体包括 5 个题目：9. 行政事务性工作多，所学专业荒废；10. 社会对青少年事务社工工作的认同不够；11. 基层团干部支持不够；12. 国家出台了促进青少年事务社工队伍建设的相关文件，但落实不到位；13. 家人对我的工作不认可。

（五）青少年事务社会工作者的职业需求

列举青少年事务社工工作的改进措施，请调查对象评价每一措施是否符合其需求。共有 13 道题目，分为三个方面。资源保障方面，具体包括 3 个题目：1. 加大活动经费投入；2. 提高工资待遇；3. 提供更多晋升机会，拓宽职业发展空间。制度激励方面，具体包括 6 个题目：4. 提供系统长期的培训；5. 提供社工职业资格证书考试辅导；6. 组织青少年事务社工到其他地区调研交流；7. 明晰青少年事务社工工作范围；8. 完善青少年事务社工考核评估体系；9. 建立青少年事务社工的激励奖励机制。社会支持方面，具体包括 4 个题目：10. 基层团干部加大对青少年事务社工支持力度；11. 大力宣传青少年事务社工工作；12. 增加青少年事务社工岗位数量；13. 减轻青少年事务社工的行政事务工作量。

（六）青少年事务社会工作者对"团干部＋社工＋青年志愿者"工作模式的认知与态度

同"青少年事务社会工作者调研初测问卷——社工版"的"团干部＋社工＋青年志愿者"工作模式的认知与态度部分。

（七）青少年事务社会工作者思想引领情况

同"青少年事务社会工作者调研初测问卷——社工版"的思想引领情况部分。

二 青少年事务社会工作者调研最终问卷——团干部版

团干部版本在青少年事务社会工作者版本上稍作修改。

（一）基本信息

同"青少年事务社会工作者调研初测问卷——团干部版"的基本信息部分。

（二）青少年事务社会工作者的胜任力

同"青少年事务社会工作者调研最终问卷——社工版"的胜任力部分。

（三）青少年事务社会工作者的职业问题

同"青少年事务社工工作者调研最终问卷——社工版"的职业问题部分。

（四）青少年事务社会工作者的职业需求

同"青少年事务社工工作者调研最终问卷——社工版"的职业需求

部分。

（五）青少年事务社会工作者对"团干部＋社工＋青年志愿者"工作模式的认知与态度

同"青少年事务社工工作调研最终问卷——社工版"的"团干部＋社工＋青年志愿者"工作模式认知与态度部分。

（六）青少年事务社会工作者思想引领情况

同"青少年事务社工工作调研初测问卷——团干部版"的思想引领情况部分。

第二节　问卷施测过程

青少年事务社工调研问卷最终回收"社工版"问卷共895份，其中网络版问卷回收808份，占比90.3%，纸质版问卷回收87份，占比9.7%。纸质版问卷分别在北京、西安青少年事务社工培训班上课间发放、填写，完成后回收。网络版问卷采用电子版方式，在"问卷星（企业版）"上发放。由项目研究人员通过手机上的微信，将问卷发放给各地团干部，再由团干部转发给青少年事务社工。青少年事务社工答题完毕后直接上传"问卷星"。

选取青少年事务社工调研最终"社工版"问卷的第三部分至第六部分。以"缺失率"35%、"重复作答率"35%为标准，若问卷"缺失率"或"重复作答率"大于35%，则被视为无效问卷。结果剔除无效问卷95份，保留有效问卷800份，问卷有效率为89.4%。

青少年事务社工调研问卷最终回收"团干部版"问卷共317份，其中网络版问卷回收97份，占比30.6%，纸质问卷回收220份，占比69.4%。纸质版问卷分别在北京（团中央组织部举办的团地市委书记、团县委书记培训班）、西安共青团干部培训班上课间发放、填写，完成后回收。北京网络版问卷采用电子版方式，在"问卷星（企业版）"上发放。由项目研究人员通过手机上的微信，将问卷发放给各地共青团领导干部，再由他们转发给团干部。团干部答题完毕后直接上传"问卷星"。

　　选取青少年事务社工调研最终"团干部版"问卷的第三部分至第五部分。以"缺失率"35%、"重复作答率"35%为标准，若"缺失率"或"重复作答率"大于35%的问卷，则被视为无效。结果剔除无效问卷68份，保留有效问卷249份，问卷有效率为78.5%。

第二部分

研究对象的基本状况

本研究项目访谈的对象是共青团干部、青少年事务社会工作者、青年志愿者；问卷调查的对象是共青团干部和青少年事务社会工作者。基本状况主要包括两类人员的基本信息以及本研究者认为有必要了解的相关内容。

第一章 青少年事务社会工作者的基本信息

本研究项目共发放"社工版"问卷 895 份，其中网络版 808 份，纸质版 87 份。有效问卷的筛选以"缺失率"35%、"重复作答率"35% 为标准，剔除无效问卷 95 份，保留有效问卷 800 份。以下数据均由 800 份有效问卷生成。

一 性别

从青少年事务社会工作者的性别构成看，男性占 21.6%，女性占 78.4%。女性占比远高于男性占比。

二 年龄

从青少年事务社会工作者的年龄构成分布看，年龄最小的 19 岁，年龄最大的 58 岁。绝大部分青少年事务社会工作者年龄在 23~36 岁。

三 工作所在地

从青少年事务社会工作者的工作所在地区分布看，调查对象覆盖中国内地 15 个省（自治区、直辖市）。人数排在前三位的是上海 277 人，北京 265 人，天津 86 人。三地区合计人数占所调查青少年事务社会工作者的 78.5%，其他占 21.5%。

四 文化程度

从青少年事务社会工作者的文化程度分布看，高中以下占 1.1%；高职、专科占 6.3%；大学本科占 90.4%；硕士占 2.1%；博士占 0.1%。其中，大学本科文化程度占比最高。

五　所学专业

从青少年事务社会工作者的所学专业分布看，社会工作专业占29.4%；社会学专业占4.3%；心理学专业占8.0%；其他专业占64.6%。非社会工作专业合计占比远高于社会工作专业。因个人在接受学历教育过程中，从低学历到高学历所学专业可能不同。所以，本问题设置为多选，故合计总百分比高于100%（以下同）。

六　从事青少年事务社工工作之前半年的就业情况

从青少年事务社会工作者从事本工作之前半年的就业情况构成看，企事业单位占34.3%；党政机关占5.8%；高校应届毕业生占24.7%；其他占35.2%。其中，其他占比最高。

七　从事青少年事务社工工作年限

从青少年事务社会工作者从事本工作年限构成看，6个月以内的占20.8%；6～12个月的占14.5%；1～3年的占29.9%；3～5年的占13.0%；5年以上的占21.7%。其中，1年以内的合计占35.3%，占比最高。

八　当前职务

从青少年事务社会工作者现任职务构成看，一线社工岗位占83.9%；督导岗位占5.0%；管理岗位占7.6%；指导岗位占1.1%；其他占2.4%。其中，一线社工岗位占比最高。

九　考试认证情况

从青少年事务社会工作者的考试认证方面看，社会工作师占19.4%；助理社会工作师占24.0%；备考中占45.9%；无考证打算占10.8%。其中，备考中占比最高。

十　收入状况

从青少年事务社会工作者的月收入分布情况看，1000～3000 元占 48.2%、3001～5000 元占 37.7%、5001～7000 元占 12.0%、7001～10000 元占 1.8%、10000 元以上占 0.3%。其中收入 1000～3000 元占比最高。

十一　服务对象

从青少年事务社会工作者的服务对象构成看，普通青年占 43.8%；普通少年占 16.3%；"五需青少年"占 29.8%；其他占 11.1%。其中，服务对象为普通青年占比最高。

十二　主要服务类型

从青少年事务社会工作者的服务类型构成看，治疗型占 2.3%、预防型占 22.5%、发展型占 13.4%、综合型占 59.3%、其他型占 3.1%。综合型占比远高于其他四种服务类型。

十三　主要服务领域

从青少年事务社会工作者的服务领域分布看，青少年思想道德领域占 55.2%、青少年教育领域占 55.3%、青少年健康领域占 50.9%、青少年婚恋领域占 30.2%、青少年创业就业领域占 42.0%、青少年文化领域占 43.4%、青少年社会融入与社会参与领域占 64.6%、维护青少年合法权益领域占 44.0%、预防青少年违法犯罪领域占 57.5%、青少年社会保障领域占 28.6%。其中，青少年社会融入与社会参与领域占比最高，青少年社会保障领域占比最低，其他各个服务领域占比差距不大。

十四　工作所在地建立青少年事务社会工作者的绩效评估制度情况

从青少年事务社会工作者的工作所在地是否建立青少年事务社工绩效评估制度情况看，回答"是"的占 48.2%、回答"否"的占 51.8%。

十五　被评为优秀青少年事务社会工作者的情况

从青少年事务社会工作者是否被评选为优秀青少年事务社工情况看，回答"是"的占 25.0%；回答"否"的占 75.0%。其中，未被评为优秀青少年事务社会工作者的比例远高于被评为优秀青少年事务社会工作者的比例。

第二章　共青团干部的基本信息

本研究项目共回收"团干部版"问卷317份，其中网络版97份，纸质版220份。有效问卷的筛选以"缺失率"35%、"重复作答率"35%为标准，剔除无效问卷68份，保留有效问卷249份。以下数据均由249份有效问卷生成。

一　性别

从共青团干部的性别构成看，男性占54.4%、女性占45.6%。其中，男性占比高于女性。

二　年龄

从共青团干部的年龄构成分布看，年龄最小的为18岁，年龄最大的为50岁。其中，绝大部分共青团干部年龄在29~36岁。

三　工作所在地

从共青团干部的工作所在地区分布看，调查对象覆盖中国内地29个省（自治区、直辖市）。人数排在前三位的是陕西37人，福建25人，辽宁21人。

四　文化程度

从共青团干部的文化程度分布看，高职专科占4.5%、大学本科占73.1%、硕士占20.0%、博士占2.4%。其中，大学本科文化程度占比最高。

五　职级

从共青团干部的职级构成看，科级占 71.4%、副处级占 16.3%、处级占 11.3%、副局级占 0.5%、局级占 0.5%。科级占比远高于其他职级。

六　从事共青团工作年限；所在工作部门工作年限；从事青少年事务社会工作者管理工作年限

从共青团干部从事共青团工作年限情况看，人数排在前三位的是从事共青团工作 1 年 56 人，从事共青团工作不到 1 年 48 人，从事共青团工作 2 年 28 人。从事共青团工作年限 13 年及 13 年以上的人数只有 9 人。

从共青团干部所在工作部门工作年限情况看，人数排在前三位的是所在部门工作不到 1 年 90 人，所在部门工作 1 年 53 人，所在部门工作 4 年 19 人。所在部门工作年限 11 年及 11 年以上的人数较少。

从共青团干部从事青少年事务社工管理工作年限情况看，人数排在前三位的是从事青少年事务社工管理工作不到 1 年 121 人，从事青少年事务社工管理工作 1 年 57 人，从事青少年事务社工管理工作 2 年 30 人。从事青少年事务社工管理工作不到 1 年的人最多。

七　在工作中与青少年事务社会工作者接触的频率

从共青团干部与青少年事务社工在工作中接触的频率构成看，接触频率非常少的占 11.5%、接触频率比较少的占 23.0%、接触频率一般的占 32.8%、比较多的占 26.2%、非常多的占 6.6%。其中，一般占比最高。

八　在工作中与青年志愿者接触的频率

从共青团干部在工作中与青年志愿者接触的频率分布看，接触频率非常少的占 1.6%、接触频率比较少的占 4.9%、一般占 21.1%、比较多占 46.6%、非常多占 25.9%。其中，比较多占比远高于其他。

九　对工作所在地社会工作者人数的了解

从共青团干部对工作所在地青少年事务社工人数的了解情况看，不了解占46.9%、了解占53.1%。两者差距比较小。

十 青少年事务社工工作的经费是否纳入财政预算

从共青团干部所在辖区的青少年事务社工工作的经费是否纳入财政预算看，肯定的占34.6%；否定的占65.4%。认为没有纳入财政预算的占比高于认为纳入财政预算的占比。

十一 青少年事务社工工作的经费来源

从共青团干部所在辖区的青少年事务社工工作的经费来源分布看，民政补贴占37.4%、共青团补贴占56.2%、社会捐助占50.6%、接受服务方付费占21.7%、会员费占7.7%、其他占13.6%。其中，共青团补贴占比最高。

十二 青少年事务社会工作者的主要服务类型

从共青团干部所在辖区的青少年事务社工的主要服务类型构成看，治疗型占9.5%、预防型占28.2%、发展型占10.5%、综合型占48.0%、其他占3.7%。其中，综合型占比最高。

十三 青少年事务社会工作者的主要服务对象

从共青团干部所在辖区的青少年事务社工的主要服务对象构成看，普通青年占26.8%、普通少年儿童占34.3%、"五需青少年"占51.0%、其他占7.5%。其中，"五需青少年"占比最高。

十四 青少年事务社会工作者的主要服务领域

从共青团干部所在辖区的青少年事务社工的主要服务领域构成看，青少年思想道德领域占59.9%、青少年教育领域占56.0%、青少年健康领域占54.3%、青少年婚恋领域占28.0%、青少年创业就业领域占42.2%、青少年文化领域占33.6%、青少年社会融入与社会参与领域占39.2%、维护青少年合法权益领域占57.3%、预防青少年违法犯罪领域占69.0%、青少年社会保障领域占28.4%。其中，预防青少年违法犯罪领域占比最高，青少年婚恋领域占比最低。

十五 青少年事务社会工作者工作中存在的主要困难

从共青团干部对所在辖区的青少年事务社工工作中存在的主要困难情况看，认为经费缺乏的占79.3%、认为专业社会工作者缺乏的占79.3%、认为社会工作者角色定位不清的占41.9%、认为基层团干部缺乏相关工作经验的占58.9%、认为部门间协调困难的占44.0%、认为青年参与度不高的占44.8%、其他占2.5%。其中，认为经费缺乏和专业社会工作者缺乏所占比例相同且最高。

十六 是否建立了青少年事务社会工作者绩效评估制度

从共青团干部所在辖区的青少年事务社工是否建立了绩效评估制度情况看，肯定的占10.1%、否定的占89.9%。共青团干部所在辖区中，绝大多数未建立青少年事务社工绩效评估制度。

十七 青少年事务社会工作者的主要购买方式

从共青团干部所在辖区的青少年事务社工的主要购买方式构成看，购买岗位占17.7%、购买项目占60.0%、其他占22.3%。其中，购买项目占比远高于其他两项。

十八 对青少年事务社会工作者的身份定位

从共青团干部对青少年事务社工的身份定位情况看，不在编的共青团干部占34.4%、不在编的街道社区干部占28.2%、不在编的民政干部占12.9%、社会工作事务所的雇员占40.7%、专业的青少年工作者占74.3%、其他占3.3%。其中，专业的青少年工作者占比最高。

十九 青少年事务社会工作者的招聘、薪酬、考核等日常管理者

从共青团干部所在辖区的青少年事务社工的招聘、薪酬、考核等日常管理主体看，社工事务所管理占17.8%、街道社区管理占17.3%、团委管理占24.0%、多头管理占29.8%、其他占11.1%。其中，多头管理占比最高。

第三部分

研究的主要发现

第一章　本体角度的青少年事务
社会工作者发展状况

本体角度的青少年事务社会工作者发展状况是从一线社工自身的角度来阐述青少年事务社会工作者的发展状况，主要呈现青少年事务社会工作者认为其完成工作必须具备的能力、他们对青少年事务社工工作这一职业的认同度、他们在从业过程中遇到的困难与心理困惑、他们对更好开展工作所希望获得的支持与帮助、他们对于目前"3 +"工作队伍组建模式的看法以及青少年事务社会工作者在青少年思想引领方面的基本工作态势这六个方面的现状与问题。

第一节　青少年事务社会工作者对本职业胜任能力的看法

此次调查根据最终探索性因子分析的结果将青少年事务社会工作者的胜任力分为知识技能层、性格层、动机层、"党青"价值层、普世价值层五个层面。青少年事务社会工作者就各种能力层面对胜任青少年事务社工工作重要性的看法如下。

一　青少年事务社会工作者对知识技能的看法

知识与技能是社会工作者开展工作、带领活动、呵护心灵、促进青少年成长的基础，也是他们自觉胜过其他非专业从业者的优势之一。从探索性因子分析的结果看，青少年事务社工内心并没有将知识与技能、政治政策知识与专业知识进行明显的区分，在他们看来，只要是对工作有用，并不需要对知识技能进行严格区分。此次知识技能层面的调查主要包括了基础理论、专业理论、相关政策、实践知识、传统文化、基础技能、专业技能、洞察能力、共情能力、沟通能力、思想引领能力、反思与改进能力等十二个方面，具体情况如下。

（一）青少年事务社会工作者对基础理论的看法

基础理论包括马克思主义，毛泽东思想，邓小平理论，"三个代表"重要思想，科学发展观，习近平系列重要讲话精神，社会主义核心价值观等。此次调查中，有60.0%的人认为基础理论非常重要，25.9%的人认为比较重要，10.6%的人认为一般，2.4%的人认为比较不重要，1.1%的人认为非常不重要，平均分4.41分，标准差0.856。

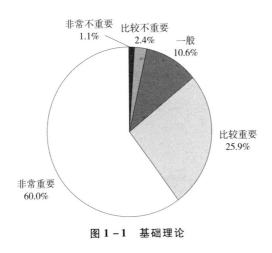

图 1-1　基础理论

（二）青少年事务社会工作者对专业理论的看法

专业理论包括社会工作理论，心理学理论及与社会工作相关的其他学科理论知识。此次调查中，有73.5%的人认为专业理论对胜任青少年事务社工工作非常重要，20.0%的人认为比较重要，4.3%的人认为一般，1.6%的人认为比较不重要，0.6%的人认为非常不重要，平均分4.64分，标准差0.699。

（三）青少年事务社会工作者对相关政策的看法

相关政策包括与社会工作、青年工作相关的政策、规划、纲要等方面

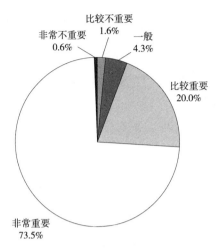

图1-2 专业理论

的文件，具体又分为青少年社会融入、维护青少年合法权益和预防青少年违法犯罪三大类别政策。此次调查中，青少年事务社工对相关政策的看法如下：就政策掌握的总体而言，有70.9%的人认为非常重要，22.7%的人认为比较重要，4.8%的人认为一般，1.4%的人认为比较不重要，0.3%的人认为非常不重要，平均分4.63分，标准差0.665。

社会融入、权益维护、预防犯罪三个类别政策知识的重要性得分分别为4.60分、4.65分、4.71分。

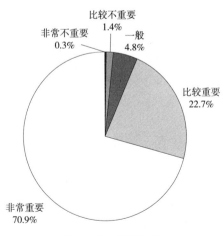

图1-3 相关政策

（四）青少年事务社会工作者对实践知识的看法

实践知识包括通过专业训练以及实务过程中积累的经验知识，以及小组、个案、社区工作的方法。此次调查中，认为实践知识非常重要的占80.4%，认为比较重要的占15.3%，认为一般的占3.1%，认为比较不重要和非常不重要的各占0.6%，平均分为4.74分，标准差0.606。

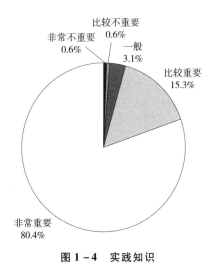

图1-4　实践知识

（五）青少年事务社会工作者对传统文化的看法

传统文化是指中国优秀传统文化。此次调查中，有52.1%的人认为传统文化非常重要，有35.2%的人认为比较重要，11.1%的人认为一般，1.1%的人认为比较不重要，0.5%的人认为非常不重要，平均分4.37分，标准差0.765。

（六）青少年事务社会工作者对基础技能的看法

基础技能包括听说读写，综合分析，逻辑思维等任何一种职业都需要的基础性能力。此次调查中，有69.2%的人认为基础技能非常重要，有24.8%的人认为比较重要，4.8%的人认为一般，0.6%的人认为比较不重要，0.6%的人认为非常不重要，平均分4.61分，标准差0.667。

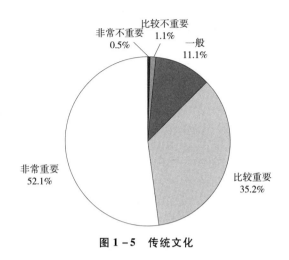

图 1-5 传统文化

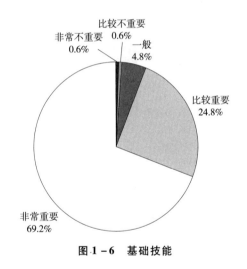

图 1-6 基础技能

（七）青少年事务社会工作者对专业技能的看法

专业技能指运用专业技巧带领各类小组、运用个案方法、组织社区活动的能力，该项能力又可分为四个维度，即带领发展、成长型小组，带领行为修改、治疗型小组，运用个案方法，组织社区活动。此次调查中，认为专业技能非常重要的占 75.9%，比较重要的占 19.1%，认为一般、比较不重要和非常不重要的比例均低于 5%，平均分 4.69 分，标准差 0.634。按上述分类排序，四类技能的重要性平均分分别为 4.54 分、4.49 分、4.58 分、4.60 分。

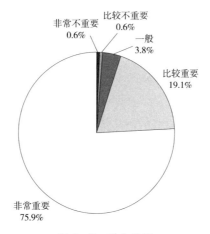

图 1-7　专业技能

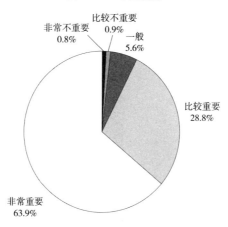

图 1-8　带领发展、成长型小组

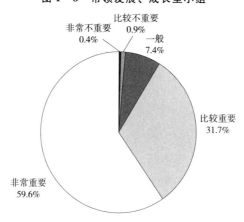

图 1-9　带领行为修改、治疗型小组

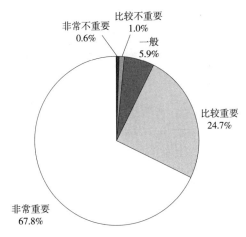

图 1 – 10   运用个案方法

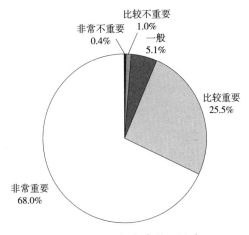

图 1 – 11   组织各类社区活动

（八）青少年事务社会工作者对洞察能力的看法

洞察能力是指对服务对象的语言、行为、情绪、态度保持敏感，并能洞察其背后原因的能力。本次调查中，认为洞察能力非常重要、比较重要、一般、比较不重要、非常不重要的分别占 73.9%、21.4%、3.6%、0.6%、0.5%，平均分 4.68 分，标准差 0.624。

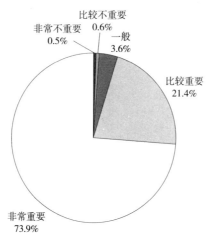

图 1 – 12　洞察能力

（九）青少年事务社会工作者对"共情能力"的看法

"共情能力"是指使服务对象感受到同理关怀的能力。本次调查中，认为"共情能力"非常重要、比较重要、一般、比较不重要、非常不重要的分别占 70.8%、23.9%、3.9%、0.6%、0.8%，平均分 4.63 分，标准差 0.661。

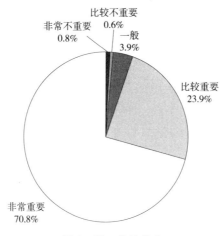

图 1 – 13　共情能力

(十) 青少年事务社会工作者对沟通能力的看法

沟通能力是指与他人建立或保持友好关系、准确传递信息、表达意愿、控制不良情绪的能力。本次调查中，认为沟通能力非常重要、比较重要、一般、比较不重要、非常不重要的分别占 82.0%、13.8%、3.0%、0.4%、0.8%，平均分 4.76 分，标准差 0.596。

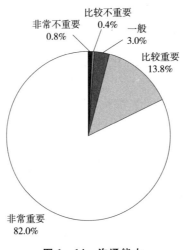

图 1-14 沟通能力

(十一) 青少年事务社会工作者对思想引领能力的看法

思想引领能力是指引领青少年跟党走的能力，具体包括把握最新思想工作重点、设计具有思想引领作用的活动、洞察青少年思想动态三个维度。本次调查中，认为思想引领能力非常重要、比较重要、一般、比较不重要、非常不重要的比例分别为 67.2%、25.5%、5.1%、1.3%、0.9%，平均分 4.57 分，标准差 0.727。三个能力维度的平均分分别为4.58 分、4.56 分、4.62 分。

(十二) 青少年事务社会工作者对反思与改进能力的看法

反思与改进能力是指针对服务对象具体情况，能够反思和总结、提升和改进的能力。本次调查中，认为反思与改进能力非常重要、比较重要、

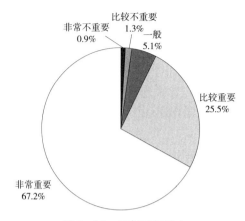

图1-15 思想引领能力

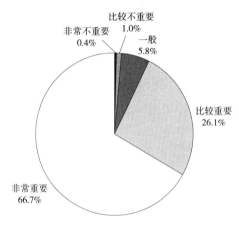

图1-16 把握最新思想工作重点

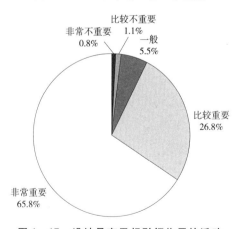

图1-17 设计具有思想引领作用的活动

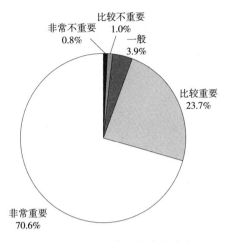

图 1-18   洞察青少年思想动态

一般、比较不重要、非常不重要的分别占 73.4%、22.4%、3.1%、0.6%、0.5%，平均分 4.67 分，标准差 0.617。

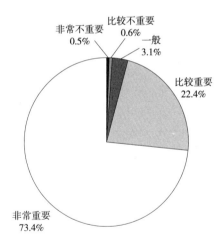

图 1-19   反思与改进能力

表 1-1   青少年事务社工对知识技能重要性评价的平均值与标准差汇总

单位：分

知识技能	平均值	标准差
1. 基础理论	4.41	0.856
2. 专业理论	4.64	0.699
3. 相关政策	4.63	0.665

续表

知识技能	平均值	标准差
3.1 履行促进青少年社会融入的职责	4.60	0.694
3.2 履行维护青少年合法权益的职责	4.65	0.652
3.3 履行预防青少年违法犯罪的职责	4.71	0.614
4. 实践知识	4.74	0.606
5. 传统文化	4.37	0.765
6. 基础技能	4.61	0.667
7. 专业技能	4.69	0.634
7.1 带领发展、成长型小组	4.54	0.710
7.2 带领行为修改、治疗型小组	4.49	0.705
7.3 运用个案方法	4.58	0.705
7.4 组织各类社区活动	4.60	0.670
8. 洞察能力	4.68	0.624
9. 共情能力	4.63	0.661
10. 沟通能力	4.76	0.596
11. 思想引领能力	4.57	0.727
11.1 把握最新思想工作重点	4.58	0.682
11.2 设计具有思想引领作用的活动	4.56	0.718
11.3 洞察青少年思想动态	4.62	0.681
12. 反思与改进能力	4.67	0.617

此次调查中，在知识技能大类方面，青少年事务社工们认为最重要的三项按重要性递减排序分别是沟通能力、实践知识以及专业技能，而他们认为最不重要的三项按重要性递减排序分别是思想引领能力、基础理论（政治理论）和传统文化。

可见，在青少年事务社工看来，为了胜任目前的工作，专业的知识技能要比思想政治素质和中国本土传统文化更为重要。专业社工是一个舶来品，专业出身的社工，与非专业但正在接受培训而逐渐演变为专业社工的工作者们无时无刻不受到西方的理论影响，这一调查结果是很容易理解的。然而，青少年事务社工工作只是普通的社会工作吗？它究竟是社会工作分支下的某个特殊群体的社会工作还是以特殊政治历史使命为体，以社会工作知识技能为用的新生事物？这个问题在学界鲜有争论，至今没有形成统一看法，共青团也没有旗帜鲜明地给出解答，更没有在青少年事务社工界进行广泛的宣传。

对青少年事务社工工作的定性并非本次调查的主题，但课题组的调查发现了一个事实，即青少年事务社工们认为沟通能力、实践知识与专业技能对于保证青少年事务社工在目前评价体系中的工作绩效具有非常重要的作用，它们是知识技能层面最重要的影响因素。

二　青少年事务社会工作者对性格的看法

此次调查主要考察了青少年事务社工对开放、责任、情绪稳定、包容、积极向上五类性格对胜任工作重要性的看法。

（一）青少年事务社会工作者对开放的看法

开放是指富有想象力与好奇心，兴趣广泛。本次调查中，认为开放性格非常重要、比较重要、一般、比较不重要、非常不重要的比例分别为47.1%、36.9%、14.3%、1.6%、0.1%，平均分4.29分，标准差0.778。

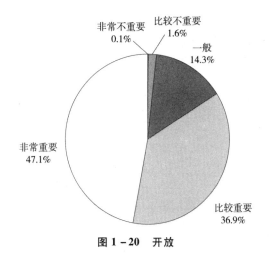

图1－20　开放

（二）青少年事务社会工作者对责任的看法

责任是指负责任的、值得信赖的、持之以恒的性格。本次调查中，认为负责任非常重要、比较重要、一般、比较不重要、非常不重要的分别占

81.4%、14.0%、3.3%、0.8%、0.5%，平均分4.75分，标准差0.598。

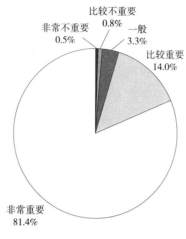

图 1－21　责任

（三）青少年事务社会工作者对情绪稳定的看法

情绪稳定是指平和、有安全感、情绪波动小的性格。本次调查中，认为情绪稳定非常重要、比较重要、一般、比较不重要、非常不重要的分别占69.3%、25.3%、4.4%、1.0%、0.0%，平均分4.63分，标准差0.617。

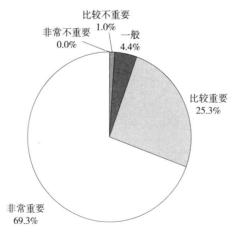

图 1－22　情绪稳定

（四）青少年事务社会工作者对包容的看法

包容是指宽容、谅解、接纳尊重不同观点和思想的性格。本次调查中，认为包容非常重要、比较重要、一般、比较不重要、非常不重要的分别占 71.8% 、23.8% 、3.4% 、0.4% 、0.6% ，平均分 4.66 分，标准差 0.625。

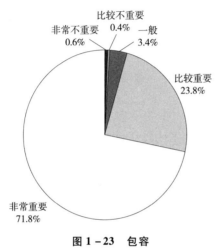

图 1 - 23 包容

（五）青少年事务社会工作者对积极向上的看法

积极向上是指不论何种情况下都能积极正向地思考、乐观主动地承担与解决各种问题的性格。本次调查中，认为有积极向上的性格非常重要、比较重要、一般、比较不重要、非常不重要的分别占 74.2% 、21.8% 、2.8% 、0.9% 、0.4% ，平均分 4.69 分，标准差 0.607。

表 1 - 2 青少年事务社工对性格重要性评价的平均值与标准差汇总

单位：分

性　　格	平均值	标准差
1. 开放	4.29	0.778
2. 责任	4.75	0.598
3. 情绪稳定	4.63	0.617
4. 包容	4.66	0.625
5. 积极向上	4.69	0.607

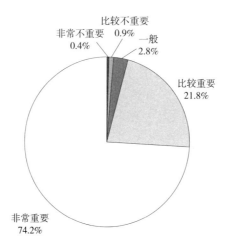

图 1－24　积极向上

性格是青少年事务社工比较认可的胜任力的重要组成部分，从问卷数据看，他们认为最重要的性格是责任，其余按重要性递减的顺序依次是积极向上、包容、情绪稳定、开放，其中开放性格重要性明显低于其他性格。在访谈中，不少青少年事务社工都谈到，开朗的青少年事务社工能把工作做得更好。开朗体现在外向型人格，比较容易与青少年交朋友；积极乐观的人生态度，容易吸引成长中的青少年；包容温和的行为方式，才能容忍青少年因少不更事惹出的各种麻烦。情绪的稳定性也非常重要，因为青少年比较敏感，易怒的社工会通过脸色和自己的行为给青少年带来不好的影响。比较有意思的是，虽然在问卷中，青少年事务社工最看重责任（负责任的、值得信赖的、持之以恒的），但是在访谈中，他们却并没有谈及这项最重要的性格要素，这一问题值得研究。

三　青少年事务社会工作者对工作动机的看法

动机是影响一个人行为的内在动力，本次调查针对职业兴趣、成就动机以及驱动力三个维度对青少年事务社工的工作动机进行了研究。

（一）青少年事务社会工作者对职业兴趣的看法

职业兴趣是指热爱社工工作，有发自内心的兴趣。此次调查中，认为保有职业兴趣对做好青少年事务社工工作非常重要、比较重要、一般、比较不重要、非常不重要的分别占60.6%、30.3%、7.4%、0.9%和0.8%，平均分4.49分，标准差0.736。

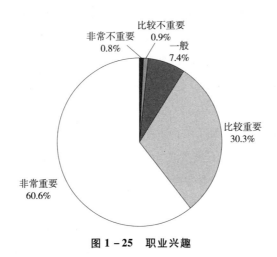

图1-25 职业兴趣

（二）青少年事务社会工作者对成就动机的看法

成就动机是指不仅完成任务，而且达到优秀标准。此次调查中，认为成就动机对做好青少年事务社工工作非常重要、比较重要、一般、比较不重要、非常不重要的分别占54.0%、35.5%、9.0%、0.6%、0.9%，平均分4.41分，标准差0.752。

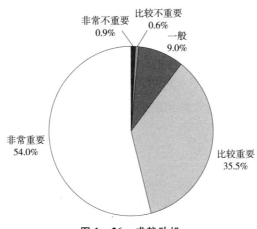

图1-26 成就动机

（三）青少年事务社会工作者对驱动力的看法

驱动力是指驱使从事青少年事务社工工作的动力。驱动力又可细分为社会责任驱动、人群偏好驱动、工作特征驱动、收入驱动和发展驱动。此次调查中，从整体上衡量，认为驱动力对做好青少年事务社工工作非常重要、比较重要、一般、比较不重要、非常不重要的分别占58.6%、32.1%、8.0%、0.8%和0.5%，平均分4.48分，标准差0.718。其中认为"因社会责任感，而选择做青少年事务社工"非常重要、比较重要、一般、比较不重要、非常不重要的分别占50.5%、32.3%、14.8%、1.9%和0.5%，认为"因喜欢青少年，而选择做青少年事务社工"非常重要、比较重要、一般、比较不重要、非常不重要的分别占47.2%、32.2%、18.2%、1.5%、0.9%，认为"因工作清闲，而选择做青少年事务社工"非常重要、比较重要、一般、比较不重要、非常不重要的分别占21.9%、10.5%、29.6%、16.5%、21.4%，认为"因待遇可接受，而选择做青少年事务社工"非常重要、比较重要、一般、比较不重要、非常不重要的分别占27.0%、16.0%、35.8%、13.0%、8.2%，认为"因有很好的发展前景，而选择做青少年事务社工"非常重要、比较重要、一般、比较不重要、非常不重要的分别占33.8%、26.8%、29.1%、6.8%、3.5%。

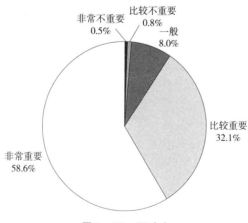

图1-27　驱动力

表1-3　青少年事务社工对工作动机重要性评价的平均值与标准差汇总

单位：分

工作动机	平均值	标准差
1. 职业兴趣	4.49	0.736
2. 成就动机	4.41	0.752
3. 驱动力	4.48	0.718
3.1 社会责任感	4.31	0.825
3.2 喜欢青少年	4.23	0.860
3.3 工作清闲	2.95	1.416
3.4 待遇可接受	3.41	1.239
3.5 很好的发展前景	3.81	1.087

　　此次调查发现，从动机的大类看，为了更好地胜任现在的工作，青少年事务社工认为最重要的是职业兴趣，然后是驱动力，最后是成就动机。然而，从驱动力的细类来看，青少年事务社工对其重要性的判断均是低于成就动机。

　　对于全社会大部分人而言，青少年事务社工并非一个轻松、多金、地位高的理想职业，一些研究发现青少年事务社工的流动率高于一般工作，因而来自职业本身的乐趣成为吸引青少年事务社工扎根的原动力。如果没有职业的兴趣，能否坚持这份职业尚未可知，在岗位上表现优秀就更加是奢谈。职业兴趣的排名较高虽然反映了这一无情的现实，但从一个侧面也反映出青少年事务社工工作本身是能够给从业者带来快乐的。青少年事务社工工作的对象是有朝气的青少年，虽然他们或者存在不良际遇，引人唏嘘，或者有不良行为，会让人生气，但贵在一切皆有可能，青少年事务社工工作相比其他工作更容易让从业者看到成长与希望。

　　成就动机与驱动力及驱动力细类的排序一方面说明，青少年事务社工工作并不是一个传统意义上的容易功成名就的工作。因而，在青少年事务社工看来，要做好这份工作可能有过分的功利心，但也并不苛求最后一定要达到某种目的，反而保持一份平常心，再加上十足的干劲更加重要。而驱动力与驱动力细类在排序上的不一致则可能表示，对于青少年事务社工而言，还有某些更加重要的内驱力因素没有在问卷中体现出来。

四　青少年事务社会工作者对"党青价值观"的看法

　　"党青价值观"是从价值观中分离出来的一类特殊价值观，反映青少年事务社工对党和青年关系的最基本的态度以及他们对这种态度影响工作效果强度的看法。探索性因子分析将"党青价值观"从一般性价值观中剥离开来，说明在青少年事务社工心中，"党青价值观"的影响力与专业价值观是完全不同的。

此次调查的"党青价值观"包括"党管青年"以及"爱党爱国"两个方面，具体情况如下。

（一）青少年事务社会工作者对"党管青年"的看法

"党管青年"是指"党管青年"对青年发展的价值。此次调查中，认为抱有"党管青年"价值观对做好青少年事务社工工作非常重要、比较重要、一般、比较不重要、非常不重要的分别占49.4%、30.0%、17.1%、2.4%、1.1%，平均分4.24分，标准差0.897。

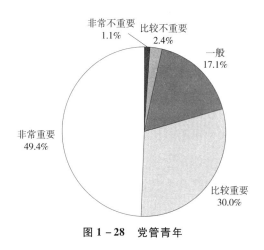

图1-28 党管青年

（二）青少年事务社会工作者对爱党爱国的看法

爱党爱国指的是热爱中国共产党，热爱祖国。此次调查中，认为抱有爱党爱国价值观对做好青少年事务社工工作非常重要、比较重要、一般、比较不重要、非常不重要的分别占65.3%、24.5%、8.0%、1.3%和0.9%，平均分4.52分，标准差0.768。

此次调查中，在青少年事务社工看来，"党青价值观"也是重要的，

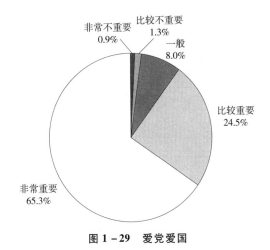

图 1 - 29   爱党爱国

表 1 - 4   青少年事务社工对"党青价值观"重要性评价的平均值与标准差汇总

单位：分

党青价值观	平均值	标准差
1. 党管青年	4.24	0.897
2. 爱党爱国	4.52	0.768

但在做好工作方面坚持"爱党爱国"的价值比坚持"党管青年"的价值更加重要。因为青少年事务社工直接面对青年，青年人性格活泼，不愿受拘束，如果将"管"字挂在嘴边，很容易招致青年的反感，不利于与青少年建立关系，所以，青少年事务社工做出这样的选择也可以理解。但一线社工可以这样想并屈从于现实，相关政策的制定者却不能止步于此，必须抓紧研究如何让基层的青少年事务社工在"坚持党管青年原则"的想法与做法上不再两难。

五 青少年事务社会工作者对专业价值观的看法

此次调查的专业价值观包括公平正义、人道人本、尊重接纳、平等爱心以及助人自助五项内容。这一命名并不代表笔者认为专业价值观包括且仅包括这些内容，而是根据探索性因子分析价值观聚集结果而给出笔者认为比较恰当地概括这些价值观共性的主观性命名。

（一）青少年事务社会工作者对公平正义的看法

公平正义是指坚守专业伦理，主持公平、正义。此次调查中，认为持有公平正义价值观对做好青少年事务社工工作非常重要、比较重要、一般、比较不重要、非常不重要的分别占 68.3%、24.8%、5.9%、0.4%、0.6%，平均分 4.60 分，标准差 0.675。

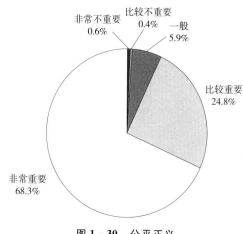

图 1-30　公平正义

（二）青少年事务社会工作者对人道人本的看法

人道人本是指坚守专业伦理，以人道、人本的价值观面对被服务者。此次调查中，认为持有人道人本价值观对做好青少年事务社工工作非常重要、比较重要、一般、比较不重要、非常不重要的分别占 71.1%、23.4%、4.4%、0.5%、0.6%，平均分 4.64 分，标准差 0.651。

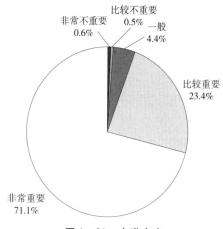

图 1-31　人道人本

（三）青少年事务社会工作者对尊重接纳的看法

尊重接纳是指坚信每一个人都必须得到尊重和人权保障，对每个人存在的价值给予无条件接纳。此次调查中，认为持有尊重接纳价值观对做好青少年事务社工工作非常重要、比较重要、一般、比较不重要、非常不重要的分别占 77.0%、18.8%、3.3%、0.4%、0.5%，平均分 4.72 分，标准差 0.593。

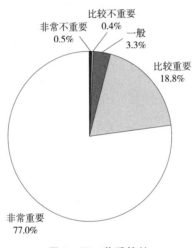

图 1-32 尊重接纳

（四）青少年事务社会工作者对平等爱心的看法

平等爱心是指坚信人人享有平等参与、平等发展的权利，同情怜悯、关怀服务对象。此次调查中，认为抱有平等爱心价值观对做好青少年事务社工工作非常重要、比较重要、一般、比较不重要、非常不重要的分别占 76.2%、19.9%、3.0%、0.4%、0.5%，平均分 4.71 分，标准差 0.591。

（五）青少年事务社会工作者对助人自助的看法

助人自助是指无私帮助需要帮助的人并从中获得价值感。此次调查中，认为抱有助人自助价值观对做好青少年事务社工工作非常重要、比较重要、一般、比较不重要、非常不重要的分别占 79.1%、17.0%、2.9%、0.5%、0.5%，平均分 4.74 分，标准差 0.584。

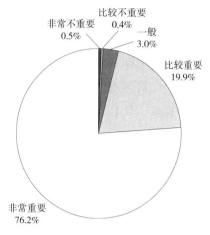

图 1－33　平等爱心

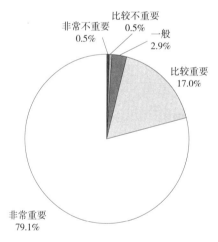

图 1－34　助人自助

表 1－5　青少年事务社工对专业价值观重要性评价的平均值与标准差汇总

单位：分

专业价值观	平均值	标准差
1. 公平正义	4.60	0.675
2. 人道人本	4.64	0.651
3. 尊重接纳	4.72	0.593
4. 平等爱心	4.71	0.591
5. 助人自助	4.74	0.584

此次调查中，在全部 45 项能力中，专业价值观的重要程度排名居于中上游水平，其中助人自助、尊重接纳和平等爱心分别居第 4 位、第 5 位和第 7 位，人道人本居第 15 位，公平正义居第 23 位。可见，对青少年事务社工而言，专业价值观是他们非常看重的。这种选择结果与社会工作所宣扬的专业价值观是一切社会工作理论技巧产生和发展的根本出发点有关，但也离不开社会工作的教育以及培训中不断的灌输。笔者一方面感叹专业社会工作理论与实践逻辑一致性的精巧，另一方面也必须反思在青少年价值观形成中相关主体热情的低下。如果青少年事务社工将工作方法、理论与我们所倡导的社会主义核心价值观紧密结合起来，再加上青少年事务社工队伍长期对青少年潜移默化的影响，何愁我们的青少年三观不正呢。

六　不同群体青少年事务社会工作者对本职业胜任能力的看法比较

此次调查中，主要对不同岗位和不同服务类型的青少年事务社会工作者对其胜任力的看法进行了比较。

调查将社工岗位分为一线岗位、督导岗位、行政管理岗位和指导岗位，其他类别的岗位有 19 人报告，在分析中不予考虑。

调查将服务类型分为治疗型、预防型、发展型和综合型四类，其他类别有 29 人报告，包括提供多种服务类型的社工和缺失等情况，因不具代表性，在分析中不予考虑。

经方差分析发现，不同岗位及不同服务领域的青少年事务社工在大部分的胜任力重要性上看法没有显著差别，仅在某些能力细分上有所不同，具体情况如下。

不同岗位的青少年事务社工仅在平等爱心价值观上有显著区别，指导岗位者对平等爱心的重要程度的评价全面低于其他三个岗位类别，指导岗位与一线岗位社工的得分均值差异为 0.501（sig. = 0.012），与督导岗位的均值差异为 0.503（sig. = 0.022），与管理岗位的均值差异为 0.417（sig. = 0.049）。

不同服务类型的青少年事务社工对基础理论与相关政策重要性的看法有显著差异，具体情况如下。

在基础理论方面，预防型与发展型青少年事务社工的看法不同，预防型青少年事务社工认为基础理论更重要，两者均值差异为 0.232（sig. = 0.026）。

在相关政策方面，预防型与发展型青少年事务社工的看法不同，预防型青少年事务社工认为相关政策知识更重要，两者均值差异为 0.265（sig. = 0.001），预防型与治疗型青少年事务社工的看法也不同，两者均值差异为 0.371（sig. = 0.028）。

无论一线社工还是督导社工或是管理社工，他们有更多机会面对普通青少年，因而他们对自身的定位更多的是服务性工作，而能否平等对待服务对象决定了他们能否与青少年建立关系并开展后续工作，因而他们对平等爱心价值观更加重视。但指导岗位并不直接面对服务对象，因而平等爱心的能力在胜任他们的工作上就没有那么重要。

预防型青少年事务社工在有差异的两项能力上比其他服务类型青少年事务社工要更加重视，而在其他能力上无差异，说明要干好预防型青少年事务社工工作的能力要求比处理既成事实的能力更高。俗语云"上医治未病"，要让更多社工投身青少年问题的预防工作是大势所趋，首先提高从事预防工作的青少年事务社工的各项能力尤为重要。

第二节　青少年事务社会工作者的职业认同状况

青少年事务社会工作者职业认同的测量分为三个层面，首先是从认知层面进行衡量，其次是从情感层面进行衡量，最后是从行为层面进行衡量。测量采用 5 级量表计分，理论上的中性均值为 3 分。各题目的均分状况如下。

表 1 - 6　青少年事务社工的职业认同题目均分及排序 （N = 895）

单位：分

题　目	均值	方差	排序
我了解青少年事务社工的职业伦理	4.11	0.810	7
我了解青少年事务社工的工作模式	4.15	0.817	5
我掌握了青少年事务社工的专业技能和方法	3.99	0.852	10
我知道自己适合青少年事务社工的工作	4.13	0.799	6
青少年事务社工工作，让我有成就感	4.17	0.858	4
青少年事务社工工作，让我的能力得到提升	4.26	0.817	3
我乐意告诉别人我是青少年事务社工	4.27	0.868	2
我将长期从事青少年事务社工工作	4.10	0.961	8
我会推荐社工毕业生从事青少年事务社工工作	4.02	1.032	9
如果有机会，我会积极参加针对青少年事务社工的培训	4.40	0.799	1
我目前做了清晰的青少年事务社工职业规划	3.88	0.975	11

从认知层面看，青少年事务社会工作者对于青少年事务社工工作的职业伦理、工作模式、专业技能和方法以及职业契合性认知程度都比较高。青少年事务社工对本职业的情感认同和认知认同与行为认同具体情况如下。

一 青少年事务社会工作者对本职业的认知认同

此次调查发现，就职业伦理而言，有35.0%的社工认为非常了解，44.5%的社工认为比较了解，平均得分4.11分。

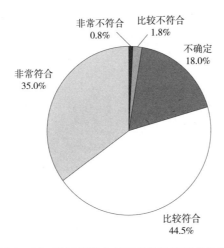

图1-35 我了解青少年事务社工的职业伦理

就工作模式而言，有37.6%的社工认为非常了解，43.9%的社工认为比较了解，平均得分4.15分。

就专业技能和方法的掌握而言，有29.0%的社工认为非常了解，46.2%的社工认为比较了解，平均得分3.99分。

就职业契合性认知而言，有35.3%的社工认为自己非常适合从事这项职业，46.2%的社工认为自己比较适合从事这项职业，平均得分4.13。

值得注意的是，认为非常好和较好地掌握了专业技能与方法的社工总比例虽然达到了75.2%，与其他三项相当，但是认为技能方法掌握非常好的社工比例比其他三项给出最高评价的社工比例低至少6个百分点，平均得分下降至3.99分。专业技能和方法的掌握不足是影响青少年事务社工认知层面职业认同度的突出问题之一。

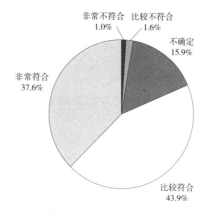

图 1 - 36　我了解青少年事务社工的工作模式

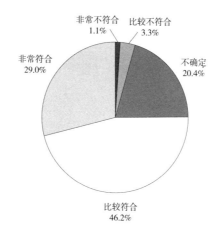

图 1 - 37　我掌握了青少年事务社工的专业技能和方法

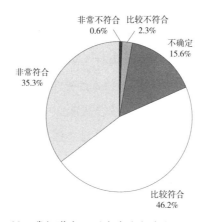

图 1 - 38　我知道自己适合青少年事务社工的工作

二 青少年事务社会工作者对本职业的情感认同

此次调查发现,有 39.9% 和 42.4% 的社工认为本职业非常多和比较多地让他们有成就感,平均分为 4.17 分。

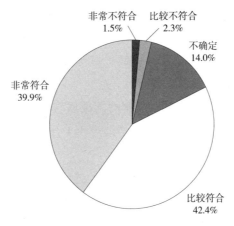

图 1 - 39 青少年事务社工工作,让我有成就感

有 40.3% 和 44.5% 的青少年事务社会工作者认为此项工作比较多和非常多地提升了他们的能力。平均分为 4.26 分。

绝大多数的青少年事务社会工作者愿意告诉别人自己的职业,选择非常愿意的社会工作者甚至占到了 48%,平均分为 4.27 分。可见,青少年事务社会工作者对于从事这项职业是比较自豪的,职业给予社工个人成长的可能。

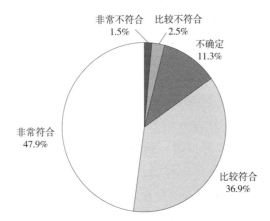

图 1 - 40 我乐意告诉别人我是青少年事务社工

从情感层面看，青少年事务社会工作者的主观评价比较高，是三个层面认同中平均得分最高的一组。

三 青少年事务社会工作者对本职业的行为认同

此次调查发现，行为层面的职业认同各维度平均得分在4分上下浮动，其中，"如果有机会，我会积极参加针对青少年事务社工的培训"的情况最好，平均得分4.40分，"我目前做了清晰的青少年事务社工职业规划"的情况相对差，平均得分为3.88分。

具体来看，就将长期从事该职业的情况而言，选择非常愿意和比较愿意的分别占到42.0%和34.1%，平均分为4.1分。

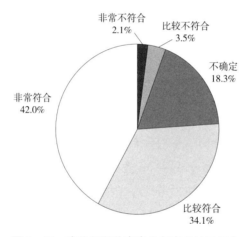

图1-41 我将长期从事青少年事务社工工作

就推荐社工毕业生从事该职业而言，选择非常愿意和比较愿意的分别占39.4%和33.9%，平均分为4.02分。

就积极参加相关培训而言，选择非常愿意和比较愿意的分别占到54.9%和33.8%，平均分为4.4分。

就做出清晰职业规划而言，选择非常符合和比较符合的分别占到29.6%和38.5%，平均分为3.88分。

青少年事务社工行为层面的职业认同体现出行为认同总体水平高、维度间差异显著的特点。在职业认同中，得分最高的维度（如果有机会，我会积极参加针对青少年事务社工的培训）和最低的维度（我目前做了清晰

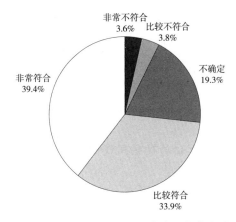

图 1 - 42 我会推荐社工毕业生从事青少年事务社工工作

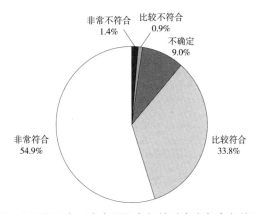

图 1 - 43 如果有机会，我会积极参加针对青少年事务社工的培训

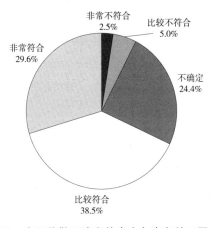

图 1 - 44 我目前做了清晰的青少年事务社工职业规划

的青少年事务社工职业规划）都出现在这个层面中，经过 t 检验，两者存在显著差异（p = 0.000）。因而，青少年事务社工的职业认同行为还表现在较初级的阶段，用积极学习的方式传递着对职业的追求，帮助他们提升职业认同感的方法在浅层是提供技能知识的培训，而在更深层面应当是帮助他们建立职业发展的通道，使他们对职业有所规划。

四　不同群体青少年事务社会工作者的职业认同比较

（一）不同性别青少年事务社会工作者的职业认同比较

就大部分情况而言，不同性别的青少年事务社工之间职业认同无显著差异，但是在参加相关培训方面，女性参加培训的意愿明显更大，代表女性愿意在该项职业方面投入更多和有更高的职业认同度。

表 1 - 7　青少年事务社工性别与职业认同的关系

题　目	性别		T 值	P 值
	男	女		
我了解青少年事务社工的职业伦理	4.11	4.12	- 0.193	0.847
我了解青少年事务社工的工作模式	4.12	4.17	- 0.697	0.486
我掌握了青少年事务社工的专业技能和方法	4.00	4.01	- 0.011	0.991
我知道自己适合青少年事务社工的工作	4.16	4.14	0.296	0.767
青少年事务社工工作，让我有成就感	4.11	4.18	- 1.075	0.283
青少年事务社工工作，让我的能力得到提升	4.20	4.26	- 0.963	0.336
我乐意告诉别人我是青少年事务社工	4.20	4.28	- 1.177	0.239
我将长期从事青少年事务社工工作	4.04	4.13	- 1.149	0.251
我会推荐社工毕业生从事青少年事务社工工作	3.96	4.05	- 1.063	0.288
如果有机会，我会积极参加针对青少年事务社工的培训	4.28	4.42	- 2.125	0.034
我目前做了清晰的青少年事务社工职业规划	3.96	3.90	0.865	0.387

（二）不同从业年限青少年事务社会工作者的职业认同比较

从业年限指从事青少年事务社工工作这一职业的年限，根据年限的不同，可分为从业 6 个月以内者，6~12 个月者，1~3 年者，3~5 年者以及

5 年以上者。从业年限对认知层面的职业认同存在影响：相对而言，从业
年限越长，认知层面的职业认同越深，从业 5 年的职业认知程度达到顶峰，
但在从业 6 ~ 12 个月时存在一个认知程度的回调，提示青少年事务社工进
入职业迷茫期。然而，从业年限对于情感层面以及行为层面的职业认同影
响则不显著。

表 1 - 8　青少年事务社工从业年限与了解职业伦理的关系

单位:%

从业年限	我了解青少年事务社工的职业伦理				
	非常不符合	比较不符合	不确定	比较符合	非常符合
6 个月以内	0.5	2.6	21.7	42.9	32.3
6 ~ 12 个月	0.8	1.5	31.6	36.8	29.3
1 ~ 3 年	0.8	1.1	17.8	47.7	32.6
3 ~ 5 年	0.0	0.9	19.3	45.6	34.2
5 年以上	1.0	2.1	7.8	37.5	51.6

表 1 - 9　青少年事务社工从业年限与了解工作模式的关系

单位:%

从业年限	我了解青少年事务社工的工作模式				
	非常不符合	比较不符合	不确定	比较符合	非常符合
6 个月以内	1.1	2.1	22.8	39.2	34.9
6 ~ 12 个月	1.5	1.5	23.3	39.8	33.8
1 ~ 3 年	1.1	0.8	16.7	47	34.5
3 ~ 5 年	0.0	0.9	17.5	44.7	36.8
5 年以上	0.5	2.6	7.3	38.0	51.6

表 1 - 10　青少年事务社工从业年限与掌握专业技能和方法的关系

单位:%

从业年限	我掌握了青少年事务社工的专业技能和方法				
	非常不符合	比较不符合	不确定	比较符合	非常符合
6 个月以内	1.6	4.8	28.7	42.6	22.3
6 ~ 12 个月	0.8	5.3	29.3	36.8	27.8
1 ~ 3 年	1.1	1.5	19.7	47.3	30.3
3 ~ 5 年	0.0	2.6	18.4	49.1	29.8
5 年以上	1.0	2.1	10.4	45.3	41.1

表 1-11 青少年事务社工从业年限与认知层面职业认同相关性的 gama 检验结果

题号	1	2	3	4	5	6
P 值	0.000	0.000	0.000	0.001	0.627	0.241
题号	7	8	9	10	11	
P 值	0.974	0.001	0.452	0.015	0.312	

（三）不同资格认证的青少年事务社会工作者的职业认同比较

资格认证对青少年事务社工认知层面的职业认同有显著影响。获得社工师认证的社工在职业认同的任何层面都明显高于其他认证状况的社工。总体而言，在认知层面的职业认同上，存在社会工作师、助理社会工作师、备考状态、无考证打算四类人群职业认同程度逐级递减的趋势。但在情感层面与行为层面的职业认同上，获得助理社工师的社工与备考资格认证的社工区别不大，甚至出现备考社工认同度高于助理社工师的反转。无考证打算的社工在所有职业认同方面的表现是最低的，但在职业所带来的成就感方面表现最好。可见，资格认证对于提升青少年事务社会工作者的专业知识很有帮助，从参加资格认证考试者的动机而非认证考试结果就可以分化出职业认同度高和职业认同度低的社工，助理社工师处于认知与行为一致性调整过程中，是最需要得到指导的一群人。

表 1-12 青少年事务社工资格认证与职业动机的关系

题　　目	社工师	助理社工师	备考状态	无考证打算	P 值
我了解青少年事务社工的职业伦理	4.4	4.12	4.06	3.91	0.000
我了解青少年事务社工的工作模式	4.42	4.09	4.11	4.02	0.000
我掌握了青少年事务社工的专业技能和方法	4.28	3.99	3.93	3.90	0.000
我知道自己适合青少年事务社工的工作	4.27	4.16	4.14	3.91	0.005
青少年事务社工工作，让我有成就感	4.19	4.16	3.91	4.23	0.928
青少年事务社工工作，让我的能力得到提升	4.35	4.24	4.28	4.02	0.300
我乐意告诉别人我是青少年事务社工	4.31	4.30	4.31	3.96	0.211
我将长期从事青少年事务社工工作	4.32	4.15	4.12	3.70	0.000
我会推荐社工毕业生从事青少年事务社工工作	4.10	4.00	4.10	3.74	0.254
如果有机会，我会积极参加针对青少年事务社工的培训	4.48	4.39	4.41	4.13	0.151
我目前做了清晰的青少年事务社工职业规划	3.97	3.86	3.95	3.79	0.765

（四） 不同收入的青少年事务社会工作者的职业认同比较

收入对于认知层面的职业认同有显著影响，但对除"我将长期从事青少年事务社工工作"这一行为层面的职业认同外的情感层面与行为层面的职业认同均无显著影响。此次参加调查的社工收入主要分布在 1000～7000 元，其他收入人数太少，不具代表性，故不做讨论。选择收入在 5000～7000 元且非常愿意和比较愿意的分别占 57.3% 和 35.4%，是最有长期从业意愿和从行动上认同职业的群体；收入为 3000～5000 元的表示非常愿意和比较愿意的比重分别为 38.1% 和 38.7%；收入为 1000～3000 元的表示非常愿意和比较愿意的比重分别为 41.2% 和 29.3%。总体而言，是否愿意长期从事青少年事务社工工作这一职业不仅仅是职业认同的问题，更是生计的问题。收入 3000～5000 元的群体在愿意长期从业的总比例上高出 1000～3000 元群体 6.3 个百分点，但是他们非常愿意长期从业的比例反而少于收入更低的人群。这反映了他们观望的心态：能升职获得体面的收入则留，不能则走。而收入最低的那部分人，想法反而比较单纯，工作带来的成就感是他们坚持的重要动机。调查发现，有一部分青少年事务社工是城市本地人，对于他们，特别是大城市的本地人，工作不再是生计的主要来源，是否喜爱、是否便利才是他们考虑的主要问题。

表 1-13　青少年事务社工收入与长期从事社工工作的关系

单位：元，%

类别	我将长期从事青少年事务社工工作				
	非常不愿意	比较不愿意	不确定	比较愿意	非常愿意
1000～3000	1.8	5.4	22.3	29.3	41.2
3000～5000	3.0	2.0	18.2	38.7	38.1
5000～7000	1.0	1.0	5.2	35.4	57.3

第三节　青少年事务社会工作者职业困惑状况

此次调查根据量表分析结果将青少年事务社会工作者的问题分为三个

层面：资源问题、制度问题、支持问题。

一 青少年事务社会工作者所遇到的资源问题的认识

青少年事务社会工作者在工作中所遇到的资源方面的问题主要包括开展活动经费不足，工资待遇低，工作任务重，晋升空间不足等。以下分析不同问题的具体情况。

（一）青少年事务社会工作者对开展活动经费不足的认同

就青少年事务社工工作中存在的开展活动经费不足，支持不够的问题进行调查。此次调查中，有4.4%的社工认为该描述非常不符合，7.3%的社工认为比较不符合，21.4%的社工还不确定，31.5%的社工认为比较符合，35.5%的社工认为非常符合，如图1-45所示。

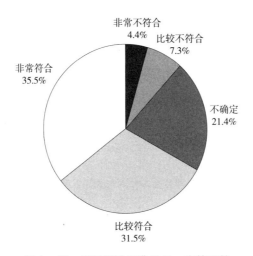

图1-45 开展活动经费不足，支持不够

（二）青少年事务社会工作者对工资待遇低的认同

就青少年事务社工工作中存在的工资待遇低的问题进行调查。此次调查中，有3.4%的社工认为该描述非常不符合，5.3%的社工认为比较不符合，18.6%的社工还不确定，29.8%的社工认为比较符合，43.0%的社工认为非常符合，如图1-46所示。

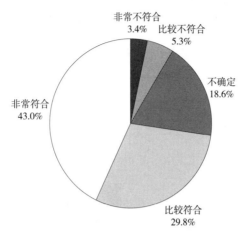

图 1 - 46   工资待遇低

（三）青少年事务社会工作者对工作任务重的认同

就青少年事务社工工作中存在的工作任务重的问题进行调查。此次调查中，有 2.5% 的社工认为该描述非常不符合，5.9% 的社工认为比较不符合，21.4% 的社工还不确定，37.5% 的社工认为比较符合，32.8% 的社工认为非常符合，如图 1 - 47 所示。

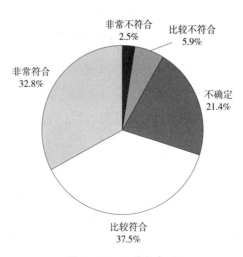

图 1 - 47   工作任务重

（四）青少年事务社会工作者对晋升空间不足的认同

就青少年事务社工工作中存在的晋升空间不足的问题进行调查。此次调查中，有 3.3% 的社工认为该描述非常不符合，6.8% 的社工认为比较不符合，22.4% 的社工还不确定，29.8% 的社工认为比较符合，37.7% 的社工认为非常符合，如图 1 - 48 所示。

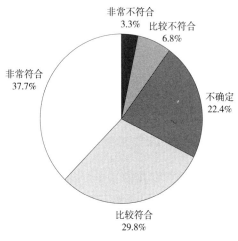

图 1 - 48　晋升空间不足

二　青少年事务社会工作者对所遇到的制度问题的认知

青少年事务社会工作者在工作中所遇到的制度方面的问题主要包括少有参加培训的机会，培训不够系统，工作范围不明确，工作绩效考核标准不合理等。以下分析不同问题的具体情况。

（一）青少年事务社会工作者对少有参加培训机会的认同

就青少年事务社工工作中存在的少有参加培训机会的问题进行调查。此次调查中，有 14.0% 的社工认为该描述非常不符合，19.5% 的社工认为比较不符合，27.3% 的社工还不确定，22.4% 的社工认为比较符合，16.7% 的社工认为非常符合，如图 1 - 49 所示。

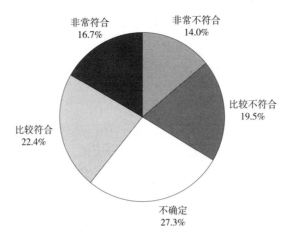

图1-49 少有参加培训的机会

（二）青少年事务社会工作者对培训不够系统的认同

就青少年事务社工工作中存在的培训不够系统的问题进行调查。此次调查中，有10.5%的社工认为该描述非常不符合，17.3%的社工认为比较不符合，28.4%的社工还不确定，24.0%的社工认为比较符合，19.8%的社工认为非常符合，如图1-50所示。

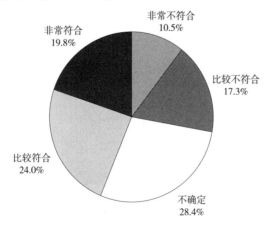

图1-50 培训不够系统

（三）青少年事务社会工作者对工作范围不明确的认同

就青少年事务社工工作中存在的工作范围不明确的问题进行调查。此次调查中，有 13.3% 的社工认为该描述非常不符合，18.0% 的社工认为比较不符合，26.9% 的社工还不确定，22.4% 的社工认为比较符合，19.4% 的社工认为非常符合，如图 1 - 51 所示。

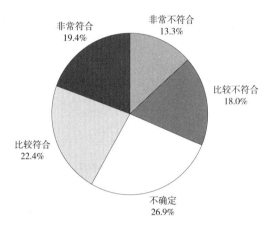

图 1 - 51　青少年事务社工的工作范围不明确

（四）青少年事务社会工作者对工作绩效考核标准不合理的认同

就青少年事务社工工作中存在的工作绩效考核标准不合理的问题进行调查。此次调查中，有 10.1% 的社工认为该描述非常不符合，19.0% 的社工认为比较不符合，31.9% 的社工还不确定，20.7% 的社工认为比较符合，18.3% 的社工认为非常符合，如图 1 - 52 所示。

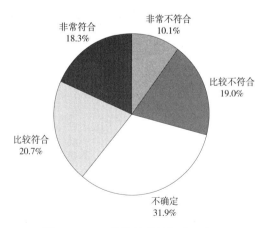

图 1 - 52　工作绩效考核标准不合理

三 青少年事务社会工作者所遇到的支持问题的认知

青少年事务社会工作者在工作中所遇到的支持方面的问题主要包括行政事务性工作多、所学专业被荒废，社会对青少年事务社工工作的认同不够，基层团干部支持不够，国家出台了加强青少年事务社工工作专业人才队伍建设的相关文件但落实不到位，家人对其的工作不认可等。以下分析不同问题的具体情况。

（一）青少年事务社会工作者对行政事务性工作多的认同

就青少年事务社工工作中存在的行政事务性工作多、所学专业被荒废的问题进行调查。此次调查中，有 8.4% 的社工认为该描述非常不符合，15.6% 的社工认为比较不符合，31.0% 的社工还不确定，24.0% 的社工认为比较符合，20.9% 的社工认为非常符合，如图 1–53 所示。

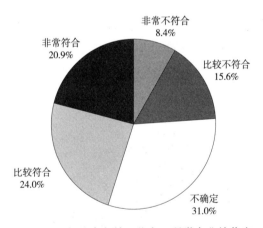

图 1–53 行政事务性工作多、所学专业被荒废

（二）青少年事务社会工作者对社会对本工作认同不够的认同

就青少年事务社工工作中存在的社会对青少年事务社工工作认同不够的问题进行调查。此次调查中，有 6.1% 的社工认为该描述非常不符合，9.1% 的社工认为比较不符合，23.9% 的社工还不确定，31.1% 的社工认为比较符合，29.7% 的社工认为非常符合，如图 1–54 所示。

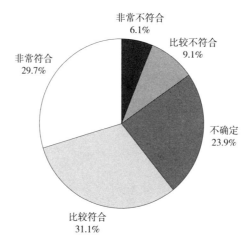

图 1 - 54　社会对青少年事务社工工作的认同不够

（三）青少年事务社会工作者对基层团干部支持不够的认同

就青少年事务社工工作中存在的基层团干部支持不够的问题进行调查。此次调查中，有 16.9% 的社工认为该描述非常不符合，17.7% 的社工认为比较不符合，28.7% 的社工还不确定，22.7% 的社工认为比较符合，14.0% 的社工认为非常符合，如图 1 - 55 所示。

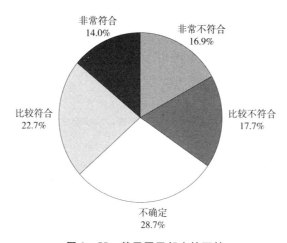

图 1 - 55　基层团干部支持不够

（四）青少年事务社会工作者对相关国家政策落实不到位的认同

就青少年事务社工工作中存在的国家出台了加强青少年事务社工工作专业人才队伍建设的相关文件，但落实不到位的问题进行调查。此次调查中，有 7.4% 的社工认为该描述非常不符合，10.8% 的社工认为比较不符合，34.3% 的社工还不确定，25.6% 的社工认为比较符合，21.9% 的社工认为非常符合，如图 1－56 所示。

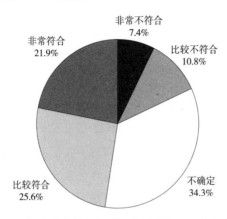

图 1－56　国家出台了加强青少年事务社工工作专业人才队伍建设的相关文件，但落实不到位

（五）青少年事务社会工作者对家人对其工作不认可的认同

就青少年事务社工工作中存在的家人对其工作不认可的问题进行调查。此次调查中，有 28.4% 的社工认为该描述非常不符合，23.6% 的社工认为比较不符合，27.9% 的社工还不确定，12.0% 的社工认为比较符合，8.1% 的社工认为非常符合，如图 1－57 所示。

（六）青少年事务社会工作者对职业困惑认知的比较

青少年事务社工职业问题量表的测量采用 5 级计分，理论上的中值为 3 分。平均分、标准差及排序如表 1－14 所示。

由表 1－14 可见，青少年事务社工在工作中遇到的问题，按平均分高低排序，严重程度依次是：工资待遇低，工作任务重，晋升空间不足，开展活动经费不足，社会对该工作认同不够，国家相关政策文件落实不到

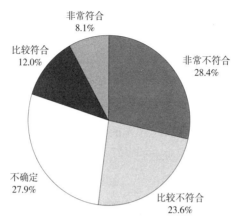

图 1-57　家人对其的工作不认可

位，行政事务过多，培训不够系统，工作绩效考核标准不合理，工作范围不明确，少有参加培训的机会，基层团干部支持不够，家人对其工作不认可。其中最严重的是工资待遇低、工作任务重、晋升空间不足、活动经费不足等问题。按照众数排序，最多人选择"非常符合"的题目是开展活动经费不足、工资待遇低、晋升空间不足等。由此可见，目前对于青少年事务社工而言，最严重、亟待解决的三个问题为开展活动的经费不足、工资待遇低和晋升空间有限。需要引起重视，提出解决方案，并出台相关政策，保障青少年事务社工的相关权益。

表 1-14　青少年事务社工工作中遇到的问题均分及排序 （N=800）

单位：分

排序	类　别	平均数	中数	众数	标准差	平均数排序
1	开展活动经费不足，支持不够	3.86	4	5	1.112	4
2	工资待遇低	4.04	4	5	1.063	1
3	工作任务重	3.92	4	4	0.998	2
4	晋升空间不足	3.92	4	5	1.077	2
5	少有参加培训的机会	3.08	3	3	1.282	11
6	培训不够系统	3.25	3	3	1.25	8
7	青少年事务社工的工作范围不明确	3.17	3	3	1.298	10
8	工作绩效考核标准不合理	3.18	3	3	1.226	9
9	行政事务性工作多、所学专业被荒废	3.33	3	3	1.208	7

排序	类　别	平均数	中数	众数	标准差	平均数排序
10	社会对青少年事务社工工作的认同不够	3.69	4	4	1.167	5
11	基层团干部支持不够	2.99	3	3	1.282	12
12	国家出台了加强青少年事务社工工作专业人才队伍建设的相关文件，但落实不到位	3.44	3	3	1.16	6
13	家人对其的工作不认可	2.48	2	1	1.244	13

第四节　青少年事务社会工作者的职业需求状况

此次调查根据量表分析结果将青少年事务社会工作者的需求分为三个层面：资源保障、制度激励、社会支持。青少年事务社工就各层面问题的看法如下。

一　青少年事务社会工作者对资源保障需求的认知

青少年事务社会工作者在工作中的资源保障需求主要包括加大活动经费投入，提高工资待遇，提供更多晋升机会，拓宽职业发展空间等。以下分析不同问题的具体情况。

（一）青少年事务社会工作者对加大活动经费投入的认同

就青少年事务社工对加大活动经费投入的需求进行调查。此次调查中，有0.6%的社工认为完全不需要，0.8%的社工认为不太需要，7.5%的社工还不确定，24.5%的社工认为比较需要，66.6%的社工认为非常需要，如图1-58所示。

（二）青少年事务社会工作者对提高工资待遇的认同

就青少年事务社工对提高工资待遇的需求进行调查。此次调查中，有0.1%的社工认为完全不需要，0.8%的社工认为不太需要，4.8%的社工还不确定，16.6%的社工认为比较需要，77.7%的社工认为非常需要，如图1-59所示。

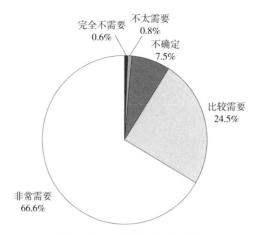

图 1 - 58 加大活动经费投入

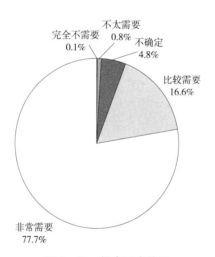

图 1 - 59 提高工资待遇

（三）青少年事务社会工作者对晋升、发展的认同

就青少年事务社工对提供更多晋升机会，拓宽职业发展空间的需求进行调查。此次调查中，有0.1%的社工认为完全不需要，0.5%的社工认为不太需要，5.5%的社工还不确定，18.5%的社工认为比较需要，75.4%的社工认为非常需要，如图1 - 60所示。

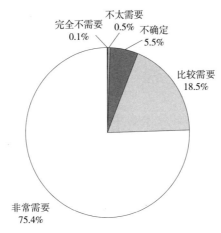

图 1 - 60　提供更多晋升机会，拓宽职业发展空间

二　青少年事务社会工作者对制度激励需求的认知

青少年事务社会工作者在工作中的制度激励需求主要包括提供系统长期的培训，提供社工职业资格证书考试辅导，组织青少年事务社工到其他地区调研交流，明晰青少年事务社工工作范围，完善青少年事务社工考核评估体系，建立青少年事务社工的激励奖励机制等。以下分析不同问题的具体情况。

（一）青少年事务社会工作者对提供系统长期培训的态度

就青少年事务社工对提供系统长期培训的需求进行调查。此次调查中，有 1.0% 的社工认为完全不需要，1.0% 的社工认为不太需要，9.4% 的社工还不确定，23.6% 的社工认为比较需要，65.0% 的社工认为非常需要，如图 1 - 61 所示。

（二）青少年事务社会工作者对提供职业资格证书考试辅导的态度

就青少年事务社工对提供社工职业资格证书考试辅导的需求进行调查。此次调查中，有 1.0% 的社工认为完全不需要，1.6% 的社工认为不太需要，10.4% 的社工还不确定，24.4% 的社工认为比较需要，62.6% 的社

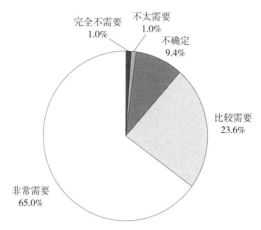

图１－６１　提供系统长期的培训

工认为非常需要，如图１－６２所示。

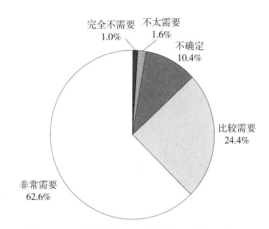

图１－６２　提供社工职业资格证书考试辅导

（三）青少年事务社会工作者对调研交流的态度

就青少年事务社工对"组织青少年事务社工到其他地区调研交流"的需求进行调查。此次调查中，有０.３％的社工认为完全不需要，１.９％的社工认为不太需要，９.８％的社工还不确定，２３.１％的社工认为比较需要，６４.９％的社工认为非常需要，如图１－６３所示。

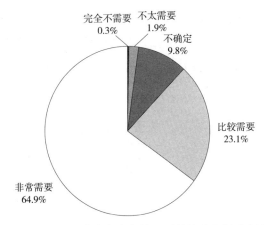

图 1-63 组织青少年事务社工到其他地区调研交流

（四）青少年事务社会工作者对明晰工作范围的态度

就青少年事务社工对"明晰青少年事务社工工作范围"的需求进行调查。此次调查中，有0.5%的社工认为完全不需要，1.4%的社工认为不太需要，9.1%的社工还不确定，24.3%的社工认为比较需要，64.7%的社工认为非常需要，如图1-64所示。

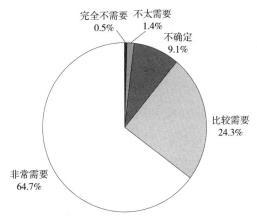

图 1-64 明晰青少年事务社工工作范围

（五）青少年事务社会工作者对完善考核评估体系的态度

就青少年事务社工对"完善青少年事务社工考核评估体系"的需求进

行调查。此次调查中，有0.6%的社工认为完全不需要，1.9%的社工认为不太需要，10.3%的社工还不确定，23.6%的社工认为比较需要，63.6%的社工认为非常需要，如图1－65所示。

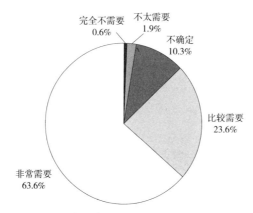

图1－65　完善青少年事务社工考核评估体系

（六）青少年事务社会工作者对建立激励奖励机制的态度

就青少年事务社工对"建立青少年事务社工的激励奖励机制"的需求进行调查。此次调查中，有0.3%的社工认为完全不需要，0.5%的社工认为不太需要，6.6%的社工还不确定，22.9%的社工认为比较需要，69.7%的社工认为非常需要，如图1－66所示。

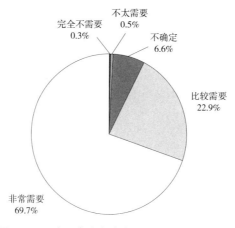

图1－66　建立青少年事务社工的激励奖励机制

三 青少年事务社会工作者对社会支持需求的认知

青少年事务社会工作者在工作中的社会支持需求主要包括基层团干部加大对青少年事务社工的支持力度，大力宣传青少年事务社工工作，增加青少年事务社工岗位数量，减轻青少年事务社工的行政事务工作量等。以下分析不同问题的具体情况。

（一）青少年事务社会工作者对共青团干部支持的态度

就青少年事务社工对"基层团干部加大对青少年事务社工的支持力度"的需求进行调查。此次调查中，有 0.3% 的社工认为完全不需要，0.5% 的社工认为不太需要，7.1% 的社工还不确定，23.4% 的社工认为比较需要，68.7% 的社工认为非常需要，如图 1 - 67 所示。

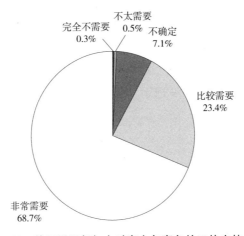

图 1 - 67 基层团干部加大对青少年事务社工的支持力度

（二）青少年事务社会工作者对宣传本工作的态度

就青少年事务社工对"大力宣传青少年事务社工工作"的需求进行调查。此次调查中，有 0.1% 的社工认为完全不需要，0.4% 的社工认为不太需要，6.4% 的社工还不确定，22.0% 的社工认为比较需要，71.1% 的社工认为非常需要，如图 1 - 68 所示。

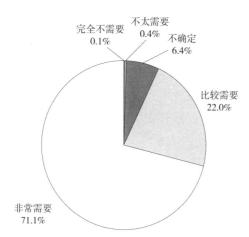

图 1 - 68　大力宣传青少年事务社工工作

（三）青少年事务社会工作者对增加岗位数量的态度

就青少年事务社工对"增加青少年事务社工岗位数量"的需求进行调查。此次调查中，有 1.6% 的社工认为完全不需要，2.0% 的社工认为不太需要，11.9% 的社工还不确定，24.1% 的社工认为比较需要，60.4% 的社工认为非常需要，如图 1 - 69 所示。

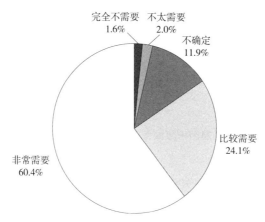

图 1 - 69　增加青少年事务社工岗位数量

（四）青少年事务社会工作者对减轻行政事务工作量的态度

就青少年事务社工对"减轻青少年事务社工的行政事务工作量"的需

求进行调查。此次调查中，有 0.4% 的社工认为完全不需要，2.0% 的社工认为不太需要，12.3% 的社工还不确定，22.8% 的社工认为比较需要，62.5% 的社工认为非常需要，如图 1-70 所示。

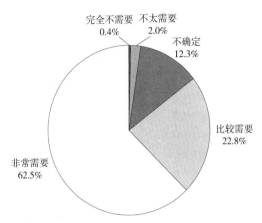

图 1-70 减轻青少年事务社工的行政事务工作量

（五）青少年事务社会工作者职业需求认知的比较

青少年事务社工职业需求量表的测量采用 5 级计分，理论上的中值为 3 分。平均分、标准差及排序如表 1-15 所示。

由表 1-15 可见，青少年事务社工对职业中的需求，按平均分高低排序依次是：提高工资待遇；提供更多晋升机会，拓宽职业发展空间；大力宣传青少年事务社工工作；建立青少年事务社工的激励奖励机制；基层团干部加大对青少年事务社工的支持力度；加大活动经费投入；明晰青少年事务社工的工作范围；组织青少年事务社工到其他地区调研交流；提供系统长期的培训；完善青少年事务社工考核评估体系；提供社工职业资格证书考试辅导；减轻青少年事务社工的行政事务工作量；增加青少年事务社工岗位数量。其中最迫切的需求是：提高工资待遇；提供更多晋升机会，拓宽职业发展空间；大力宣传青少年事务社工工作；建立青少年事务社工的激励奖励机制。此外，所有题目的众数均为"非常需要"，可见该量表充分反映了青少年事务社工的需求。需要引起重视，提出解决方案，并出台相关政策，保障青少年事务社工的相关权益。

表 1 - 15　青少年事务社工职业需求均分及排序（N = 800）

单位：分

排序	类　别	平均数	中数	众数	标准差	平均数排序
1	加大活动经费投入	4.56	5	5	0.719	6
2	提高工资待遇	4.71	5	5	0.601	1
3	提供更多晋升机会，拓宽职业发展空间	4.68	5	5	0.609	2
4	提供系统长期的培训	4.51	5	5	0.786	7
5	提供社工职业资格证书考试辅导	4.46	5	5	0.821	11
6	组织青少年事务社工到其他地区调研交流	4.51	5	5	0.767	7
7	明晰青少年事务社工的工作范围	4.51	5	5	0.759	7
8	完善青少年事务社工考核评估体系	4.48	5	5	0.802	10
9	建立青少年事务社工的激励奖励机制	4.61	5	5	0.656	4
10	基层团干部加大对青少年事务社工的支持力度	4.6	5	5	0.666	5
11	大力宣传青少年事务社工工作	4.64	5	5	0.63	3
12	增加青少年事务社工岗位数量	4.4	5	5	0.89	13
13	减轻青少年事务社工的行政事务工作量	4.45	5	5	0.812	12

第五节　青少年事务社会工作者对"团干部 + 社工 + 青年志愿者"模式的态度与认知

"3 +"模式是团中央改革中提出的青少年事务社会工作者队伍建设和推进基层团组织建设的创新模式，对于保证青少年事务社工的方向性、加强青少年事务社工的专业性以及扩充青少年事务社工队伍都有非常积极的意义。"3 +"模式是否为广大青少年事务社工所知晓和认同，对于这个模式的推广和不断完善十分重要。

然而，"3 +"模式毕竟提出时间不长，我们希望通过此次调查，了解青少年事务社工和一些特殊群体对这一模式的认知与态度的现状，从而为"3 +"模式的推广宣传政策提供参考。

一　青少年事务社会工作者对"团干部 + 社工 + 青年志愿者"模式的一般性观点

此次调查中，在了解"《共青团中央改革方案》中提出的'建设团干部＋社工＋青年志愿者'队伍，充实基层工作力量"的内容方面，有8.8%的被调查者认为非常了解，25.0%的被调查者认为比较了解，36.7%的表示听说过一些，19.8%的表示听说过一点，还有9.8%的表示没听说过，平均值为3.03，标准差为1.091。

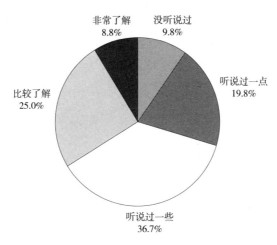

图1-71　您了解"《共青团中央改革方案》中提出的'建设团干部＋社工＋青年志愿者'队伍，充实基层工作力量"的内容吗?

此次调查中，在"需要加强'团干部与社工和青年志愿者'三者合作，充实基层工作力量"方面，有34.0%的被调查者认为非常需要，46.4%的被调查者认为比较需要，17.4%的表示一般，1.4%的表示不太需要，只有0.9%的表示没有必要，平均值为4.11，标准差为0.797。

此次调查中，在"具体化"模式的作用方面，有23.9%的被调查者认为积极作用非常大，41.3%的被调查者认为积极作用比较大，21.8%的认为有一些积极作用，8.1%的认为有一点积极作用，还有4.9%的被调查者表示作用不大，平均值为3.71，标准差为1.068。

此次调查中，在青少年事务社工感知到的"基层团干部对您工作给予的支持"方面，有19.5%的被调查者认为非常多，38.1%的被调查者认为比较多，32.1%的认为一般，6.6%的认为比较少，还有3.6%的被调查者表示非常少，平均值为3.63，标准差为0.987。

此次调查中，在"与团干部、青年志愿者一起推进'团干部＋社工＋青年志愿者'工作模式"的意愿方面，有43.7%的被调查者认为会积极推

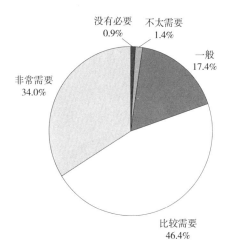

图 1 - 72　您认为需要加强"团干部与社工和青年志愿者"
三者合作，充实基层工作力量吗？

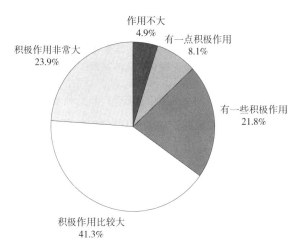

图 1 - 73　您认为"团干部 + 社工 + 青年志愿者"工作模式的作用是？

进，36.7% 的被调查者认为可能会推进，15.0% 的表示不清楚，2.8% 的表示可能不会，还有 1.8% 的被调查者表示根本不会，平均值为 4.18，标准差为 0.908。

青少年事务社工对"3 +"模式的了解程度不高，对该模式目前的评价也不高。在对"3 +"模式的了解上，得分显著低于其他项目，仅有 3.03 分，换算成百分制属于及格水平。他们认为在基层，团干部给予他们

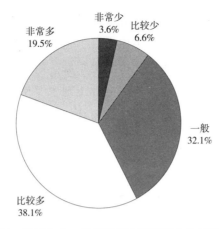

图 1 - 74 在工作中，基层团干部对您工作给予的支持是？

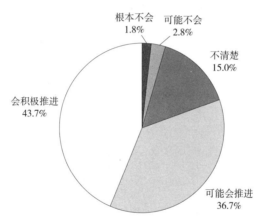

图 1 - 75 您会在工作中与团干部、青年志愿者一起推进
"团干部＋社工＋青年志愿者"工作模式吗？

的支持也不太多，"3＋"模式的作用也不太明显。尽管如此，青少年事务
社工们对于"3＋"模式有潜意识的赞同，他们对加强三方合作和协同推
进这种工作模式有着比较高的意愿，从平均值看，这两项是"一般观点"
模块中平均分最高的项目，换算成平均数，两者均超过 80 分，同时它们也
是标准差最低的项目。

二 青少年事务社会工作者对"团干部＋社工＋青年志愿者"模
式中三种角色的认知

"3＋"模式是三个工作主体协同工作的模式，这三个主体分别是团干

部、青少年事务社工以及青年志愿者。在模式的设计中，对三个主体的定位是不同的，也就决定了这三个主体应当承担不同的职能和扮演不同的角色。一般而言，团干部在其中主要扮演组织者、倡导者、监督者、规范制定者、资源联系人等角色；青少年事务社工则主要扮演行动者、精细服务者、志愿者导引等角色；志愿者的角色与功能相对单一，基本定位为一般服务者。

此次调查专门设计了关于青少年事务社工对"3＋"模式中三类主体的角色认知，并将之与预设进行比较，从而评估他们是否存在角色认知方面的误区。

此次调查中，在"团干部起到思想引领的作用"方面，表示非常同意、比较同意、不确定、比较不同意和非常不同意的分别为38.4%、34.4%、22.2%、3.0%、2.0%，平均数为4.04，标准差为0.952。

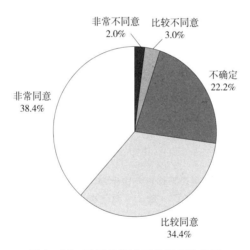

图1－76　团干部起到思想引领的作用

此次调查中，在"团干部起到监督的作用"方面，表示非常同意、比较同意、不确定、比较不同意和非常不同意的分别为35.4%、36.3%、23.8%、3.0%、1.5%，平均数为4.01，标准差为0.921。

此次调查中，在"团干部负责争取政府、社会资源"方面，表示非常同意、比较同意、不确定、比较不同意、非常不同意的分别为48.6%、29.8%、18.9%、1.9%、0.9%，平均数为4.23，标准差为0.881。

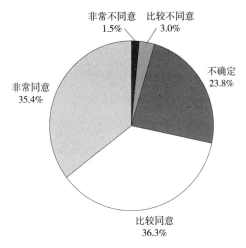

图 1 - 77　团干部起到监督的作用

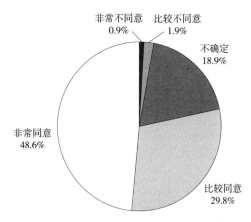

图 1 - 78　团干部负责争取政府、社会资源

　　此次调查中，在"青少年事务社工负责组织开展活动、提供专业服务"方面，表示非常同意、比较同意、不确定、比较不同意和非常不同意的分别占 57.3%、31.2%、10.3%、0.8%、0.4%，平均数为 4.44，标准差为 0.737（见图 1 - 79）。

　　此次调查中，在"青少年事务社工在'团干部 + 社工 + 青年志愿者'队伍起到承上启下的作用"方面，表示非常同意、比较同意、不确定、比较不同意和非常不同意的分别占 49.8%、35.3%、12.6%、1.5%、0.8%，平均数为 4.32，标准差为 0.807（见图 1 - 80）。

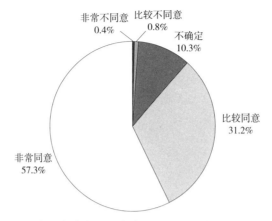

图 1 - 79　青少年事务社工负责组织开展活动、提供专业服务

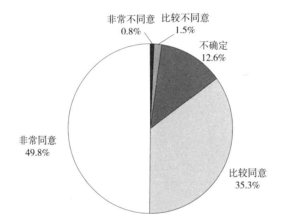

**图 1 - 80　青少年事务社工在"团干部 + 社工 + 青年志愿者"
队伍中起到承上启下的作用**

此次调查中，在"青少年事务社工按照共青团的要求带领志愿者开展活动"方面，表示非常同意、比较同意、不确定、比较不同意和非常不同意的分别占 47.8%、34.4%、15.8%、1.5%、0.5%，平均数为 4.28，标准差为 0.816（见图 1 - 81）。

此次调查中，在"青少年事务社工按照党和国家的要求服务青少年"方面，表示非常同意、比较同意、不确定、比较不同意和非常不同意的分别占 53.3%、33.9%、11.8%、0.6%、0.4%，平均数为 4.39，标准差为 0.746（见图 1 - 82）。

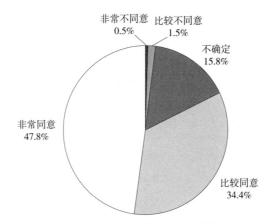

图 1 – 81　青少年事务社工按照共青团的要求带领志愿者开展活动

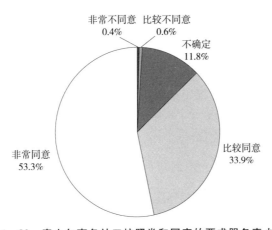

图 1 – 82　青少年事务社工按照党和国家的要求服务青少年

　　此次调查中，在"青年志愿者扩充工作队伍，执行活动任务"方面，表示非常同意、比较同意、不确定、比较不同意和非常不同意的分别占50.6%、32.9%、14.8%、0.8%、0.9%，平均数为 4.32，标准差为0.814（见图 1 – 83）。

　　在青少年事务社工对"3 +"模式中三类主体的角色看法上，青少年事务社工对"社工"的角色认知更为一致，与预设的主体角色也更加接近。从表 1 – 16 可以看出，看法与预设角色一致性最高的前三名都是青少年事务社工的角色，青少年事务社工对志愿者角色的看法也符合预设且比较一致，但他们对团干部的看法与预设角色一致性最低。此外，除"团干

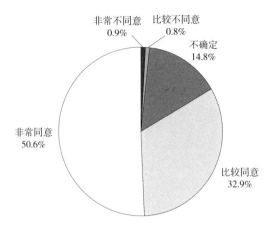

图 1-83　青少年志愿者扩充工作队伍，执行活动任务

部起到思想引领的作用"外，角色看法的平均数与标准差排序惊人的一致，这说明青少年事务社工们高度接受自己被预设的角色，但是他们对于"3＋"模式中团干部应当承担何种责任的认知并不如对自己的角色定位那么清楚，他们中有些人对团干部的角色了解程度高一些，但另一些就比较低。此外，值得注意的是，虽然社工对自己在"3＋"模式中的定位最为清晰，但一旦涉及社工与团干部之间的关系，例如"社工按照共青团的要求带领志愿者开展活动"，他们角色认知的一致性和符合性也会下降，这进一步印证了青少年事务社工对共青团角色的不了解。

表 1-16　青少年事务社工对"3＋"工作模式角色看法的平均数与标准差汇总

单位：分

项　　目	平均数	标准差
青少年事务社工负责组织开展活动、提供专业服务	4.44	0.737
青少年事务社工按照党和国家的要求服务青少年	4.39	0.746
青少年事务社工在"团干部＋社工＋青年志愿者"队伍起到承上启下的作用	4.32	0.807
青年志愿者扩充工作队伍，执行活动任务	4.32	0.814
青少年事务社工按照共青团的要求带领志愿者开展活动	4.28	0.816
团干部负责争取政府、社会资源	4.23	0.881
团干部起到思想引领的作用	4.04	0.952
团干部起到监督的作用	4.01	0.921

三 不同群体青少年事务社会工作者对 "团干部 +社工 +青年志愿者" 模式的态度与认知

此次调查主要探讨了不同职务青少年事务社工在"3 +"模式态度与认知方面的差异。经方差分析,发现督导岗位社工与一线社工以及管理岗位社工在许多方面都有显著区别,而管理岗位社工与一线社工认识并无显著区别。管理岗位社工能够严格执行对"3 +"模式的宣传,但督导岗位社工对"3 +"模式的认识有待加强。

首先是在了解《改革方案》中"3 +"模式的程度,督导岗位社工要显著强于一线社工。相比一线社工,督导岗位社工或者从业时间更长、经验更丰富、积累更多,或者是行业内的学者,紧跟政策,因而在知识方面领先于一线社工。

其次,督导岗位社工对于基层团干部给予的支持认可度也低于一线社工和管理岗位社工。这可能与督导岗位社工对团干部较高的期望以及对"何谓团干部给予的支持"之定义与其他岗位社工不同有关。督导岗位社工通常是由社会工作领域有一定成就的人来担任,眼界更高,也就容易对团干部提出更高的要求。同时,在督导岗位社工看来,支持不一定只是来自经济方面,精神方面的支持也非常重要,而团干部人员的不足,很难保证对每个青少年事务社工面面俱到。

而在"3 +"模式的角色认同上,督导岗位社工在8个方面的4个中都明显弱于一线岗位社工和(或)管理岗位社工。这四个方面分别是"团干部起到思想引领作用""团干部起到监督作用""团干部负责争取政府、社会资源""社工在'团干部 +社工 +青年志愿者'模式中起到承上启下的作用"。一线社工岗位和管理岗位是青少年事务社工的专门性岗位,因而有更多机会接触"3 +"模式,但督导岗位社工不一定是青少年事务社工的专门性督导岗位社工,他们在社会工作领域可能更加专业,但是在了解青少年事务社工的政策方面却明显落后。

可见,督导岗位社工在对"3 +"模式角色的认识上是与模式预设差距最大的一类社工。

督导岗位社工对社工起到知识技能传递、情感支持和一定的管理作用,对青少年事务社工的思想行动都有影响,如果督导岗位社工对"3 +"

模式的理解还不如普通社工，我们有理由担忧，青少年事务社工将来对此模式的认识可能会跑偏。

表 1-17　青少年事务社工不同职务对"3+"模式角色的认识对比

项　目	职务一	职务二	均值差异	Sig.
了解"3+"模式内容	督导岗位	一线社工	0.532	0.003
基层团干部的支持	督导岗位	一线社工	-0.397	0.014
		管理岗位	-0.553	0.006
团干部起到思想引领的作用	督导岗位	一线社工	-0.404	0.01
		管理岗位	-0.481	0.013
团干部起到监督的作用	督导岗位	一线社工	-0.464	0.002
		管理岗位	-0.392	0.037
团干部负责争取政府、社会资源	督导岗位	一线社工	-0.330	0.022
		管理岗位	-0.272	0.13
社工起到承上启下的作用	督导岗位	一线社工	-0.383	0.003
		管理岗位	-0.493	0.003

第六节　青少年事务社会工作者思想引领现状

一　青少年事务社会工作者对思想引领内容的认知

此次调查发现，青少年事务社工对代表性党团基础知识的掌握情况不佳。

例如在被问到"据您所知，共青团有哪些基本职能"时，仅有30.1%的社工能正确选择全部选项，在被问到"据您所知，共青团与共产党的关系是怎样的"时，仅有31.5%的社工能正确选择全部选项。

在对共青团基本职能的认知方面，比例超过5%的情况分别是：多选了监督青年（47.1%）、正确回答（30.1%）、少选了维护青少年权益（8.5%）。

在对党团关系的认知方面，比例超过5%的情况分别是：正确回答（31.5%）、多选了共青团是党的政府部门（27.4%）、少选了共青团是党领导下的群众组织（12.6%）、少选了共青团是青年学习中国特色社会主义和共产主义的学校（11%）。

青少年事务社工对党团认识方面的误区可能会影响他们对青少年的思

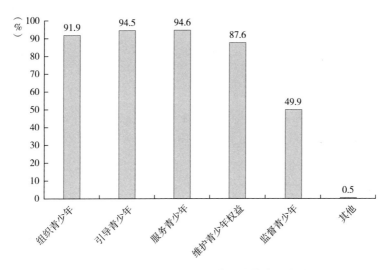

图 1-84 青少年事务社工对共青团的基本职能的认识

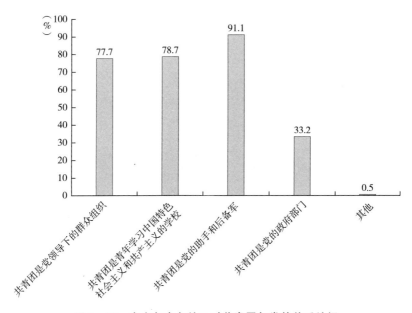

图 1-85 青少年事务社工对共青团与党的关系认识

想引领。一个明显的错误认识是，共青团是政府部门而不是青年群众组织，共青团是监督青年而不是与青年血肉相连。这种认识，一旦带入青少年事务社工的意识，直接的影响是将错误的信息传递给青少年，间接的影响是在进行思想引领时，容易从外部角度切入，用局外人的思维进行引导，而不能从青少年的角度出发，用有利于本体的思维去引领青少年。

此次调查中，在看待青少年事务社工与共青团的关系时，认为共青团是我的上级组织的占到 38.2%，共青团是我青年服务项目出资方的占到 10.4%，共青团为我寻找资源的占到 12.9%，共青团是我的事业伙伴的占到 30.1%，共青团是我目前职业的开创者的占到 13.5%，认为共青团和我没有关系的也有一定比例，为 1.4%。可见，在青少年事务社工的观念里，共青团和青少年事务社工之间的紧密关系尚未达成共识，而对于两者的关系的理解也停留在表层，最多的是把共青团看成上级组织，而将共青团与职业、事业联系起来的人数比例不高。

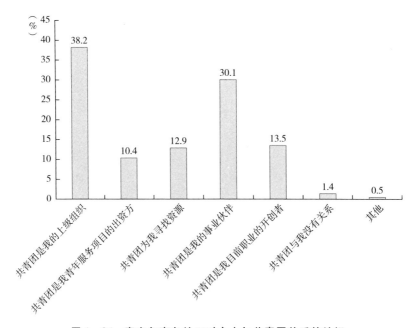

图 1-86　青少年事务社工对个人与共青团关系的认识

再看青少年事务社工群体对于思想引导的理解，认为思想引导的内容是引导青年热爱祖国的占总人数的 88.0%，激发青年民族自豪感的占 81.6%，促进青年了解和热爱中国优秀传统文化的占 86.7%，坚定青年对中国特色社会主义道路信念的占 79.1%，引导青年听党话跟党走的占 63.9%，引导青年积极面对人生的占 87.1%，引导青年树立社会主义核心价值观的占 83.6%，引导青年遵纪守法的占 77.8%，引导青年遵守公序良俗的占 69.2% ，其他的占 0.9 % 。其中占比最少的是引导青年听党话跟党走和引导青年遵守公序良俗，其次是引导青年遵纪守法。我们不反对青少年事务社工进行其他个人品质、健全人格方面的引导，但我们的初衷是更希望青少年事务社工能够帮助党培养有公民意识的接班人，何谓有公民意识？就是有法守法、无法守德。何谓接班人？就是坚持党的领导。然而，现实中的青少年事务社工并未将跟党走、讲道德、遵纪守法作为思想引领的优先内容，在思想引领的侧重点上"避重就轻"。

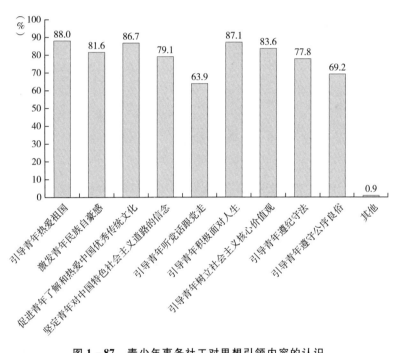

图 1 - 87　青少年事务社工对思想引领内容的认识

二　青少年事务社会工作者对思想引领方式、方法的认知

就青少年事务社工在对青年进行思想引导的方式看，此次调查显示，青少年事务社工在与青年交流时直接说服教育的占到被试的 36.6% ，使用板报等传统媒体进行思想宣传的占 45.1% ，提出主题、组织思想讨论活动的占 70.8% ，组织参观等思想教育类活动的占 74.3% ，在活动中安排思想教育专题环节的占 66.5% ，在活动中加入隐含思想教育内容的占 61.7% ，定期推送思想教育信息的占 36.1% ，不定期推送思想教育信息的占

33.3％，其他方式极少，仅占0.4％。

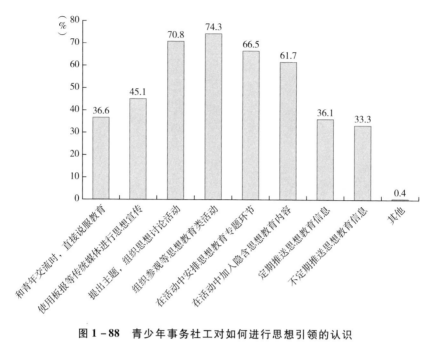

图1-88　青少年事务社工对如何进行思想引领的认识

　　青少年事务社工的思想引导采取了直接与间接相结合、说教与参与体验相结合、线上和线下相结合的多样化引导方式，他们工作技巧多样，技能水平高。但是体验类和间接类的引导方式比例明显低于非体验和直接类的引导方式，具体比例如表1-18所示，存在有技巧但怠于使用技巧的问题。

表1-18　青少年事务社工思想引领方式及所占比例

直接 288.4%	间接 136%	体验 74.3%	非体验 350.1%	线上 69.4%	线下 355%
说服教育 板报宣传 主题讨论 直接活动 推送信息	参观 隐含活动	参观	说服教育 板报宣传 主题讨论 直接活动 推送信息 隐含活动	推送信息	说服教育 板报宣传 主题讨论 直接活动 参观 隐含活动

　　此次调查中，青少年事务社工有比较强烈的意愿在工作中对青年进行

思想引领，他们比较多地在活动设计中体现思想引领的元素。有 19.3% 的青少年事务社工反馈他们每次活动设计中都会加入思想引领的元素，而经常会在设计中加入思想引领元素的青少年事务社工也占到了 47.1%。按照 5 级量表计算得分，在活动设计中加入思想引领元素的平均分为 3.82 分。

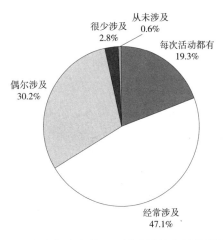

图 1 - 89　青少年事务社工在活动设计中思想引导频率

课题组在此次调查中发现，青少年事务社工在活动中真正对青少年进行思想引导的程度相对活动设计有所下降，包含思想引领的活动设计因为各种因素的限制，并没有完全落实到最终的活动中。按照 5 级量表计算得分，该项调查得分为 3.79 分。

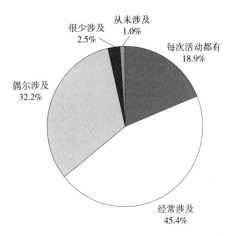

图 1 - 90　青少年事务社工在活动实施中思想引导频率

三　青少年事务社会工作者思想引领的动机

此次调查中，青少年事务社会工作者对于为何在活动中加入思想引导元素的回答较为集中，回答人数比例最高且过半数的三项原因分别是青少年事务社工的职责所在（74.7%）、青年的需求（64.7%）以及团组织的需求（52.1%），剩余选项选择人数比例均未过半数，根据递增顺序依次为党政机关激励性措施（19.8%）、政府的要求（27.8%）以及团组织的激励措施（28.8%）、事务所的要求（32.1%）、街道或社区党组织的要求（36.1%）。可见，在青少年事务社工看来，外在的激励无论是来自党的、政府的还是团组织的，都不是他们开展思想引领的最主要的原因。

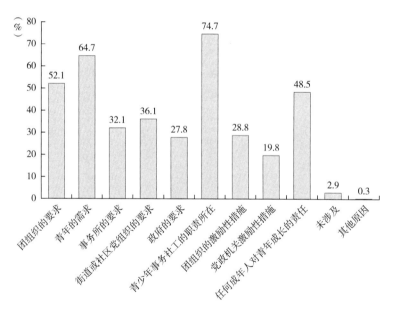

图 1 - 91　青少年事务社工在活动设计中加入思想引导元素的理由

青少年事务社工加入思想引领元素的动机更多是来源于对职业使命感的理解，凸显了专业的需要、青年的需要和团的需要。从激励青少年事务社工开展思想引领的角度而言，这是可喜的事情，因为激励理论告诉我们，内在的激励力量持久而绵长，青少年事务社会工作者内生性的思想引导动机有利于这项工作长期坚持下去。但从政策干预的角度讲，这又是一件值得注意的事情，奖励原因的全面低影响既可能是青少年事务社工对激励不敏感，也可能说明党政团在青少年事务社工的思想引领方面投入资源较少，激励性政策导向力度有限，导致青少年事务社工对相关激励措施不抱有期望而导致习惯性疏离。

四 青少年事务社会工作者对思想引领的评价与思考

此次调查中，青少年事务社会工作者对于自己在思想引领工作方面的自我评估尚可，其中 90～100 分的占 21.3%，80～89 分的占 36.9%，70～79 分的占 21.2%，60～69 分的占 13.1%，60 分以下的仅占 7.4%，平均分为 75.2 分，折算成 5 分制为 3.76 分。

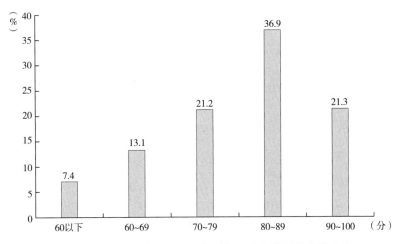

图 1-92 青少年事务社工思想引领工作自我评估分数分布

青少年事务社工对所在辖区思想引导的效果评价情况为非常好的占8.6%，比较好的占 47.2%，一般的占 39.6%，不太好的占 3.0%，非常不好的占 1.5%，平均分为 3.58 分。

结合他们的实际行动，例如在活动中设计相关环节（3.82 分）和实际实施思想引领（3.79 分）的频率来看，四个指标的平均分排序情况为：活动设计＞实际实施＞自评＞效果。虽然经统计检验，指标间并无显著差异，但分值的变化还是能体现一些问题。首先是思想引领效果指标得分最低，一定程度上反映了青少年事务社工思想引领活动的低成效，这是需要提高的客观方面。其次是青少年事务社工的自评排名也较低，思想引领的成效不高很可能会打击青少年事务社工的信心，使思想引领工作走向效果差—没有信心—降低行动的恶性循环，因而作为青少年事务社工的组织方，例如团干部和社工督导需要及时给予支持，提升他们的信心。

调查也针对青少年事务社工思想引领的限制性因素进行了汇总。在此次调查中，青少年事务社会工作者反馈，实施思想引领最大的障碍是他们担心参加活动的青少年反感从而影响活动的效果（61.7%），其次是认为自己缺乏思想引导的技能（48.7%），其余选项选择人数比例均明显低于这两项，如认为青少年事务社工没有思想引领意识的占21.4%、青少年事务社工要求价值中立的占27.9%、青少年事务社工对思想引导工作不感兴趣的占18.5%、挤占有限的活动时间占25.8%，挤占有限的资金等资源的占21.3%。可见，青少年事务社工进行思想引领的障碍主要来自引领对象和技巧工具，而不是来源于工作主体，换句话说就是困难是外来的，而非内生性的。青少年事务社工并未如我们预设的那样因为专业价值观而陷于两难境地，目前青少年事务社工思想引领工作的瓶颈不在社工内心的价值冲突，仅仅是外部条件不够成熟。这极大地提升了我们的信心，也给我们指明了推进青少年事务社工思想引领工作的道路。

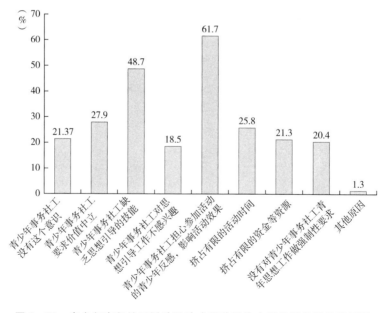

图1-93 青少年事务社工活动设计或活动实施中思想引导不足的原因

青少年事务社工要澄清青少年真正反感的对象。青少年并不是反感思想政治工作本身，而是反感在思想政治工作中没有话语权或者是反感传统工作方式下的被动感。青少年事务社工可以选择将关切青年利益的议题或者易于激发爱国热情的国际议题作为活动的主题；将青少年参与的情况用实物载体，如板报、公众号文章、通讯等方式记录下来，让青少年体验到思想引领活动的存在感、主动感。

青少年事务社工在思想引领的技能技巧方面要内外兼修。工作技巧是青少年事务社工引以为傲的专业法宝，是每一个经过专业训练的青少年事务社工的工作长项，青少年事务社工最不缺的就是工作技巧，因而青少年事务社工要对自己的工作技巧树立信心。另外，此次调查也显示青少年事务社工的党团基础知识掌握情况一般，对思想引领工作内容的理解片面，重点存在偏差，因而青少年事务社工应当勤奋学习相关思想政治知识和教育方法，夯实自己的理论基础，拓宽自己的思想引领工作范围。通过内外兼修，他们一定能打开思想引领工作的新局面。

五 不同群体青少年事务社会工作者思想引领现状比较

（一）不同从业年限群体思想引领现状比较

此次调查发现，不同从业年限的青少年事务社会工作者在对于共青团的关系理解、思想引领的内容、思想引领的方式、思想引领的动机以及思想引领的主要困惑的认识上有一定的差异性。

首先，在共青团与社工的关系理解上，从业年限够长对强化社工与共青团关系的认识有好处。通过长时间的磨合，青少年事务社工才能逐渐学会从共青团的途径争取资源实现共赢，决定留下来的社工的职业忠诚度才够高，将自己看成共青团工作的重要成员，与共青团建立起真正的事业伙伴关系。例如，从业 5 年的青少年事务社工选择"共青团是我的上级组织"的比重最高，占到了 41.9%，选择"共青团是我青年服务项目的出资方""共青团为我寻找资源"的比重都是几类群体中最高的，分别为 12.2%、16.3%。但是，伴随着新人红利的逐渐退却，从业年限为 1~5 年的青少年事务社工从共青团的途径获取资源的能力开始分化，他们实际获得的资源出现了明显的不同，那些得不到满足的事务社工就会对社工与共青团的关系产生怀疑。

其次，工作年限过长对于青少年事务社工思想引领的热情与活力存在不利影响。从业时间在 5 年以上的青少年事务社工，对思想引领包含内容的认识变得更加狭隘，思想引领的方式也变得相对单一。此次调查结果显示，工作年限在 5 年以上的青少年事务社工，在认定属于思想引领的内容选择上，除"促进青少年了解和热爱中国优秀传统文化"与"坚定青少年对中国特色社会主义道路的信念"这两项选择比例略高于工作年限为 3~5 年的群体外，其他选项基本低于其他青少年事务社工群体，特别是在"引导青少年热爱祖国""引导青少年听党话跟党走""引导青少年树立社会主义核心价值观""引导青少年遵纪守法""引导青少年遵守公序良俗"这几项上，就业年限超过 5 年的青少年事务社工选择比例之低，尤为明显。在思想引领的内容认识方面，最为开放的群体则是工作年限在 1 年以内的青少年事务社工，其中半年内的青少年事务社工在"引领青少年热爱祖国""促进青少年了解和热爱中国优秀传统文化""坚定青少年对中国特色社会主义道路的信念""引导青少年遵纪守法"方面选择人数比例最高，而工作年限在 6~12 个月的群体在"激发青少年民族自豪感""引导青少年听党话跟党走""引导青少年积极面对人生""引导青少年遵守公序良俗"方面选择人数比例最高。

除了在内容认识上的狭隘外，工作年限超过 5 年的青少年事务社工在思想引领的技巧使用上也显得非常单一。除"和青年交流时，直接说服教育"和"在活动中安排思想教育专题环节"外，其他方式的使用比例全面低于其他工作年限的青少年事务社工。即使是其使用比例较高的两种方式，也非常生硬，毫无社工灵活充满技巧的工作特色。从问卷数据看，工作年限在 5 年以上的青少年事务社工的思想引领技巧多样性明显下降。

有意思的是，同时调查的思想引领工作限制因素中，工作年限在 5 年以上的青少年事务社工选择"社工缺乏思想引导的技能"和"社工没有（思想引领）这个意识"的比例在 5 类工作年限群体中却是最低的。两者的对照反映出工作年限过长的青少年事务社工在青少年思想引领工作上没有热情、缺乏意愿却又不自知的矛盾状态。

表 1-19　青少年事务社工工作年限与思想引导方法、技巧的关系

单位:%

工作年限	直接说服教育	传统媒体	主题讨论	组织参观	环节插入	隐含教育	定期推送	不定期推送
半年以内	38.4	50.6	70.7	75.6	75.6	58.5	45.7	36.0
6~12 个月	34.5	51.7	75.0	78.4	64.7	62.9	46.6	40.5
1~3 年	38.4	42.2	72.6	73.8	67.1	64.1	34.2	34.6
3~5 年	30.8	49.0	72.1	76.9	61.5	64.4	35.6	32.7
5 年以上	38.0	38.0	67.8	71.9	63.7	60.2	24.0	25.7

导致这一状态可能是多方面的,职业倦怠是其中之一。此次调查发现,从问卷数据看,评优与否与青少年事务社工自述的思想引导的频率并没有显著的相关性,访谈中,一位青少年事务社工谈到"督导并没有太大作用……他们自己没做过,给不了我们太大帮助"。可见,在同一岗位上时间过长,长期看不到思想引领的效果,又缺乏来自党团组织强有力的激励或者督导层面的实质性支持,从业时间越长,其对思想引领也就越失望,最终导致了他们现在低沉的状态。

最后,工作年限较长的青少年事务社工,更多受到社会工作价值中立要求与思想引领冲突的困扰。此次调查发现,虽然不同工作年限的青少年事务社工都认识到价值中立与思想引领间的冲突,但在工作年限在 5 年以上的青少年事务社工中,认识到这一点的人数比例明显上升。同时,调查也发现,在工作年限超过 5 年的青少年事务社工中,获得社工师的比例(62.4%)也明显更高(gama 检验的 Approx sig = 0.000),而这一比例在工作年限为 3~5 年的青少年事务社工中仅为 15.4%,在其他工作年限的事务社工中,还不到 6.5%。因而,可以推断,工作年限较长的青少年事务社工是因为接触到更多社会工作的专业知识,也就会更多受到社会工作专业所强调的价值中立的影响。

(二) 不同资格认证群体思想引领现状比较

在团社关系的认识上,资格认证给予青少年事务社会工作者更多专业自信,在理解共青团与青少年事务社工的关系时更冷静,没有资格证的青少年事务社工对共青团充满感恩。此次调查显示,取得社工师认证的青少

年事务社工在"共青团是我的上级组织"以及"共青团是我的事业伙伴"的选择人数比例上明显比其他组别更高。而没有获得认证资格的青少年事务社工在"共青团是我目前职业的开创者"上选择人数比例明显高于有认证资格的青少年事务社工。一般来说，社工专业毕业的学生在读书时期就已经考取资格证书，他们从事社会工作是听从专业的选择，青少年事务社工工作在他们看来只是社会工作的一个分支而已，因而他们在工作中能够冷静看待团社之间的关系。然而从业后尚未获得资格认证的青少年事务社工大部分是非社工专业出身，从访谈的情况看，其来源非常复杂，很多学科专业跨度很大，职业跨度也很大。例如访谈中有一位社工是来自销售领域，做到了销售的总监级别，但是她厌倦了原来的工作，尝试性地选择了青少年事务社工，发现这份工作给她带来了很大的幸福感，她说"我妈说我整个人都变了"。因而对于这部分青少年事务社工来说，他们对共青团能设计这项工作怀抱着感恩之情，这也就不难理解为何没有资格证的青少年事务社工会更多地将共青团看成自己职业的开创者了。

由于没有受到社工专业训练，没有获取资格认证的青少年事务社工在思想引领的开放性、思想引领的价值导向、满足外部要求等方面都强于有资格认证的青少年事务社工。

从开放性上讲，暂未备考的青少年事务社工在"引导青少年热爱祖国"（91.9%）、"激发青少年民族自豪感"（87.2%）、"引导青少年听党话跟党走"（68.6%）、"引导青少年树立社会主义核心价值观"（87.2%）等四个方面均高于其他组别群体，在"促进青少年了解和热爱中国优秀传统文化"（87.2%）、"坚定青少年对中国特色社会主义道路的信念"（81.4%）、"引导青少年遵纪守法"（76.7%）方面也排名第二。他们认为思想引领不应受太多的限制，无论是青少年的思想健康还是道德高尚或是政治正确，都可以成为思想引领的主题，有没有专业价值冲突不会成为阻碍他们选择主题的障碍。

此外，在迎合各方需求添加思想引领元素上，暂未备考的青少年事务社工相比其他组别更加重视团组织、青年人、政府的要求，更看重思想引领对青年人成长的必要，也更易受到各种激励的影响。而社工师在进行思想引领时的出发点则相对更多考虑自己的工作职责，这一表现在青少年事务社工自我判断导致思想引领不足的因素时也得到了证明。相对其他组别，社工师更倾向于将原因归结于"没有对青少年事务社工做思想引领工作做强制性要求"（25.2%）。

表1-20　不同资格认证青少年事务社工进行思想引领的动机

单位:%

类　别	社工师	助理社工师	备考中	无考证打算
团组织的要求	38.10	52.90	56.70	55.80
青年的需求	67.10	64.90	62.70	68.60
事务所的要求	25.20	35.60	33.00	32.60
街道或社区党组织要求	27.10	30.90	41.40	40.70
政府的要求	19.40	27.70	29.40	36.00
青少年事务社工职责所在	76.80	77.00	74.10	68.60
团组织的激励性措施	21.90	27.70	31.30	32.60
党政机关激励性措施	11.60	16.80	22.90	27.90
成年人对青年成长责任	42.60	45.00	52.00	52.30

第二章　共青团干部角度的青少年事务 社会工作者发展状况

2016 年 8 月，中共中央办公厅印发了《共青团中央改革方案》（以下简称《改革方案》）强调共青团是党的助手和后备军，是党和政府联系青年的桥梁和纽带。推进共青团改革，是全面从严治党的一部分，是焕发共青团生机活力的重要举措。《改革方案》从四大方面、十二个领域提出了共青团改革的措施。《改革方案》在第三方面"改革创新团的工作、活动和基层组织建设"中提出："建设'团干部＋社工＋青年志愿者'队伍，充实基层工作力量"。

按照《改革方案》所提出的"3＋"基层共青团队伍建设模式，在"3＋"队伍中，团干部和青少年事务社工作为这一队伍建设中的主要成员，唯有达成较为一致的价值取向，才能够在对诸多问题的认知上具有基本的一致性和倾向性，才能在这一队伍建设创新模式中更好地协同工作、形成合力，才能使该组合模式在推进共青团基层组织建设性、创新性、实效性工作中发挥积极作用。所以，了解团干部角度下青少年事务社工在青少年事务社工工作中应具备的理论、知识、技能，以及团干部对青少年事务社工性格、动机、价值观等的态度，通过比较发现同一性和差异性，本研究对存在的问题提出解决的对策和建议，对今后共青团各级领导机构有效构建和推进"3＋"基层队伍建设，具有重要意义。

此次调查根据最终探索性因子分析的结果将共青团干部对青少年事务社会工作者的胜任力分为知识技巧层、性格层、动机层、"党青价值"层、普世价值层五个层面。

第一节　共青团干部对青少年事务社会工作者胜任能力的看法

能力是人们完成工作任务的条件。在工作中我们会发现，不同的人做同一项工作，有的人能够圆满完成，有的人会打折扣，有的人完成不了。这些不同结果的出现，主要源于完成这项工作的人存在能力上的差距，即他们所具备的完成这项工作的条件不同。当然，除了这一自身原因外，工作环境中的一些客观因素也会对人们完成工作任务产生影响。

"胜任力"这个概念最早由哈佛大学教授戴维·麦克利兰（David·McClelland）于1973年正式提出，是指能将某一工作中有卓越成就者与普通者区分开来的个人的深层次特征，它可以是动机、特质、自我形象、态度或价值观、某领域知识、认知或行为技能等任何可以被可靠测量或计数的并且能显著区分优秀与一般绩效的个体特征。但有的学者从更广泛的角度定义胜任力，认为胜任力包括职业、行为和战略综合三个维度。职业维度是指处理具体的、日常任务的技能；行为维度是指处理非具体的、任意的任务的技能；战略综合维度是指结合组织情境的管理技能。本研究所讨论的胜任力是基于中国本土特色、青少年事务社工特定工作岗位、共青团组织环境和中国传统文化氛围，团干部对青少年事务社工个体在青少年事务社工工作中所应具备的、为了达成理想绩效以恰当的方式一贯使用的特征。

本研究所调查的共青团干部认为青少年事务社会工作者胜任本职工作重要的特征包括以下几方面。

掌握理论、知识

基础理论：马克思主义，毛泽东思想，邓小平理论，"三个代表"重要思想，科学发展观，习近平总书记系列重要讲话，社会主义核心价值观等；

专业理论：社会工作理论，心理学理论及与社会工作相关的其他学科理论知识；

相关政策：与社会工作、青年工作相关的政策、规划、纲要等方面的知识；

实践知识：通过专业训练以及实务过程中积累的经验知识，以及小组、个案、社区工作的方法；

传统文化：中国优秀传统文化知识。

技能

基础技能：听说读写，综合分析，逻辑思维等任何一种职业都需要的基础性能力；

专业技能：运用专业技巧带领各类小组、个案、社区活动的能力；

洞察能力：对服务对象的语言、行为、情绪、态度保持敏感，并能洞察其背后原因的能力；

共情能力：使服务对象感受到同理关怀的能力；

沟通能力：与他人建立或保持友好关系、准确传递信息、表达意愿、控制不良情绪的能力；

思想引领能力：引领青少年跟党走的能力；

反思与改进能力：针对服务对象具体情况，能够反思和总结，提升和改进。

性格

开放：富有想象力与好奇心，兴趣广泛；

外向：喜欢社交；

坚韧：坚守专业价值，克服困难完成工作任务；

责任：负责任的、值得信赖的、持之以恒的；

随和：易于相处、待人友善；

情绪稳定：平和、有安全感、情绪波动小；

包容：宽容、谅解、接纳尊重不同观点和思想；

积极向上：不论何种情况下，都能积极正向地思考，乐观主动地承担与解决各种问题。

动机

职业兴趣：热爱社工工作，有发自内心的兴趣；

成就动机：不仅是完成任务，而且超出优秀标准；

驱动力：驱使从事青少年事务社工工作的动力；

价值观

党管青年："党管青年"对青年发展的价值；

爱党爱国：热爱中国共产党，热爱祖国；

公平正义：坚守专业伦理，主持公平、正义；

人道人本：坚守专业伦理，以人道、人本的价值观面对被服务者；

尊重接纳：坚信每一个人都必须得到尊重和人权保障，对每个人存在的价值给予无条件接纳；

平等爱心：坚信人人享有平等参与、平等发展的权利，同情怜悯、关怀服务对象；

助人自助：无私帮助需要帮助的人并从中获得价值感。

一 共青团干部对青少年事务社会工作者掌握理论、 知识的看法

（一） 对青少年事务社会工作者掌握 "基础理论" 重要性的看法

本研究所设问的 "基础理论" 是指 "马克思主义，毛泽东思想，邓小平理论，'三个代表' 重要思想，科学发展观，习近平总书记系列重要讲话，社会主义核心价值观等基础理论"。

从重要程度看，团干部认为青少年事务社工掌握 "基础理论"，"非常重要" "比较重要" "一般" "比较不重要" "非常不重要" 的分别占53.3%、26.6%、16.5%、1.6%、2.0%，平均分4.27分，标准差0.934。

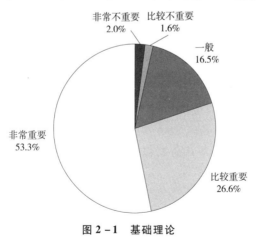

图 2 - 1　基础理论

（二） 对青少年事务社会工作者掌握 "专业理论" 重要性的看法

社会工作专业理论是社会工作从业人员从事社会工作实践的指导。

任何一个专业和学科的存在和发展，其理论基础是必不可少的。作为

一个独立的专业，一门学科，社会工作的知识体系融合了社会学科中的不同理论，在此基础上依据实践的展开不断地发展出其独特的概念和理论模式，并依托这些理论指导、分析、解决社会工作专业实践过程中的问题。所以，每一个青少年事务社工在社会工作专业实践中，都必须以专业理论为支撑开展实践活动。

本研究所设问的"专业理论"是指"社会工作理论，心理学理论及与社会工作相关的其他学科理论知识"。

从重要程度看，团干部认为青少年事务社工掌握"专业理论"，"非常重要""比较重要""一般""比较不重要""非常不重要"的分别占73.9%、18.5%、6.0%、0.4%、1.2%，平均分4.63分，标准差0.724。

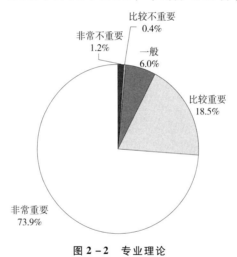

图 2 - 2　专业理论

（三）对青少年事务社会工作者掌握"相关政策"重要性的看法

本研究所设问的"相关政策"是指"与社会工作、青年工作相关的政策、规划、纲要等方面的知识"。

从重要程度看，团干部认为青少年事务社工掌握"相关政策"，"非常重要""比较重要""一般""比较不重要""非常不重要"的分别占65.1%、27.6%、5.3%、0.4%、1.6%，平均分4.54，标准差0.759。

团干部对"相关政策"中的三个子问题重要性的看法是：

（1）"履行促进青少年社会融入的职责"，团干部认为"非常重要"

"比较重要""一般""比较不重要""非常不重要"的分别占61.9%、30.2%、5.4%、0.8%、1.7%，平均分4.50分，标准差0.780。

（2）"履行维护青少年合法权益的职责"，团干部认为"非常重要""比较重要""一般""比较不重要""非常不重要"的分别占65.7%、27.7%、5.4%、0.0%、1.2%，平均分4.57分，标准差0.710。

（3）"履行预防青少年违法犯罪的职责"，团干部认为"非常重要""比较重要""一般""比较不重要""非常不重要"的分别占69.4%和24.7%、4.6%、0.0%、1.3%，平均分4.61分，标准差0.695。

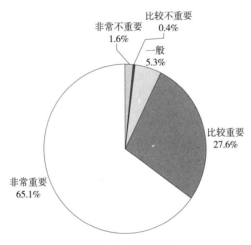

图2-3　相关政策

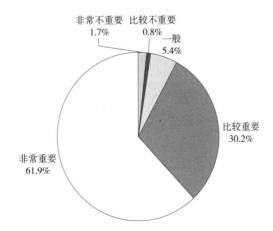

图2-4　履行促进青少年社会融入的职责

177

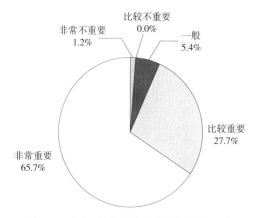

图 2 - 5　履行维护青少年合法权益的职责

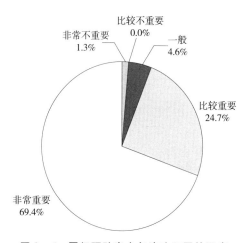

图 2 - 6　履行预防青少年违法犯罪的职责

（四）对青少年事务社会工作者掌握"实践知识"重要性的看法

　　青少年事务社工是全面参与基层社区社会工作，服务青少年成长发展、权益维护、犯罪预防等工作的重要力量。他们身处一线，实践知识是他们实践技能得以有效发挥的直接条件，与其服务青少年的质量呈正相关。

　　本研究所设问的"实践知识"是指"通过专业训练以及实务过程中积累的经验知识，以及小组、个案、社区工作的方法"。

　　从重要程度看，团干部认为青少年事务社工掌握"实践知识"，"非常

重要""比较重要""一般""比较不重要""非常不重要"的分别占
75.1%、17.3%、5.6%、0.8%、1.2%，平均分4.64分，标准差0.734。

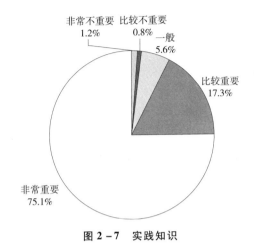

图 2-7 实践知识

（五）对青少年事务社会工作者掌握"传统文化"重要性的看法

本研究所设问的"传统文化"是指"中国优秀传统文化知识"。

从重要程度看，团干部认为青少年事务社工掌握"传统文化"，"非常
重要""比较重要""一般""比较不重要""非常不重要"的分别占
36.2%、41.5%、20.3%、0.4%、1.6%，平均分4.10分，标准差0.849。

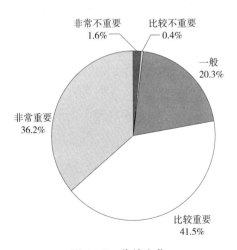

图 2-8 传统文化

表 2-1　青少年事务社工掌握理论知识重要性的平均值与标准差汇总

单位：分

理论知识	平均值	标准差
1. 基础理论	4.27	0.934
2. 专业理论	4.63	0.724
3. 相关政策	4.54	0.759
3.1 履行促进青少年社会融入的职责	4.50	0.780
3.2 履行维护青少年合法权益的职责	4.57	0.710
3.3 履行预防青少年违法犯罪的职责	4.61	0.695
4. 实践知识	4.64	0.734
5. 传统文化	4.10	0.849

从表 2-1 中"青少年事务社工掌握理论知识重要性"可见，共青团干部认为青少年事务社会工作者最重要的五项知识，按重要性排序依次为："实践知识""专业理论""相关政策""基础理论""传统文化"。

在"相关政策"中，共青团干部认为对青少年事务社会工作者最重要的三项，按重要性排序依次为："履行预防青少年违法犯罪的职责""履行维护青少年合法权益的职责""履行促进青少年社会融入的职责"。

共青团干部是"3+"队伍模式中的"排头兵"，与其他群众组织中的干部相比，他们对青少年事务社会工作者有更深的了解。虽然共青团干部与青少年事务社会工作者接触频率（见"共青团干部的基本信息"七）"比较少""一般"的分别占 23.0%、32.8%，但分别有 26.2%、6.6% 的共青团干部与青少年事务社会工作者接触频率"比较多""非常多"。接触了就必然会增进了解，了解了就清楚青少年事务社会工作者在一线工作中最需要什么。这里所说的最需要什么，是共青团干部从客体的角度判断青少年事务社会工作者最需要什么。其中应该包含两个角度，第一个角度就是共青团干部将客体融入青少年事务社会工作者主体，从青少年事务社会工作者的本体角度看他们在一线工作中最需要什么；第二个角度就是共青团干部立足于主体，从主体角度判断青少年事务社会工作者最需要什么。第一个视角反映的是共青团干部对青少年事务社会工作者"就是这样"的态度；第二个角度则应该反映出共青团干部对青少年事务社会工作者"应该怎样"的态度。从调查结果看，在第一个角度中，共青团干部认为"实践知识""专业理论"比"基础理论""传统文化"更重要，这与前文中就青少年事务社会工作者本体角度对理论知识的重要性进行的分析结果（见"青少年事务社会工作者对知识技巧的看法"），即青少年事务社会工作者认为，为了胜任目前的工作，专业的知识技能要比思想政治素质和中国本土传统文化更为重要，基本一致。可见，本研究所获得的数据准确地证实了共青团干部"第一个角度"的存在，反映出他们对青少年事务社会工作者在工作中，专业知识技能最为重要的高度认同。主体站在青少年事务社会工作者客体的角度对上述问题的重要性的态度，和青少年事务社会工作者本体角度对上述问题的重要性的态度基本一致，两者不谋而合。这一趋同的存在并未出乎我们所料，因为社会许多人群也持有同样的态度。然而，团干部与其他社会人群有所不同，他们是共青团的干部。共青团组织是党的助手和后备军，是青年学习马克思主义的大学校，是先进组织。在这个组织中的干部，首先应该具备的是政治素质、思想素质，表现为对"基础理论"即"马克思主义，毛泽东思想，邓小平理论，'三个代表'重要思想，科学发展观，习近平总书记系列重要讲话，社会主义核心价值观等基础理论"的重要性的高度认同，即"第二个角度"。但是，本调查数据告诉我们，在接受调查的团干部中，这个视角是否存在还是个未知数。因为我们调查的是共青团干部对青少年事务社会工作者最需要什么的态度，而不是共青团干部自己最需要什么的态度，所以，调查数据并不能得出共青团干部认为"实践知识""专业理论"比"基础理论""传统文化"更重要的结论。但是，密歇根大学社会心理学博士奥利安娜·奥维尔（Ariana Orvell）曾主持了一系列"第二人称代词隐藏属性"的研究（《科学》杂志），验证了人们确实会把"You"当泛指用，而且还不是随便用的。有时候，他们嘴上说的是"你"，语义上指的是"任何人"，心里想的是"我"。由此看来，无论这一结果反映的是团干部对客体－事物的认知还是主体－事物的态度，其对青少年事务社会工作者最需要什么做出"实践知识""专业理论"比"基础理论""传统文化"更重要的判断也存在问题。

2007 年至今，党和政府及相关部门出台了多个包含社会工作专业人才及专门针对社会工作、青少年事务社工工作的"专业人才队伍建设"的纲要、规划、意见、通知。主要有：《关于开展青少年事务社会工作者试点工作的意见》（2007）、《国家中长期人才发展规划纲要（2010～2020 年）》（2010）、《关于加强社会工作专业人才队伍建设的意见》（2011）、《社会工作专业人才队伍建设中长期规划（2011～2020 年）》（2012，以下简称《中长期规划》）、《关于加强青少年事务社会工作专业人才队伍建设的意见》（2014）、《关于加强社会工作专业岗位开发与人才激励保障的意见》（2016）、《中长期青年发展规划（2016～2025 年）》（2017，以下简称《青年发展规划》）、《关于在健康城市健康村镇建设中充分发挥青少年事务社工工作专业人才和青年志愿者作用的通知》（2017）。

上述《纲要》《规划》《意见》《通知》，均将社会工作者视为专业人才。总览这些文件我们可以清楚地看到，文件中无一例外地回答了"培养人才要举什么旗""以什么为指导""由谁来管""为什么而培养"等问题。这就是，我们培养人才，要高举中国特色社会主义伟大旗帜，要坚持以马克思列宁主义、毛泽东思想、邓小平理论、"三个代表"重要思想、科学发展观为指导，要"坚持党管人才原则"，要为构建社会主义和谐社会和巩固党的执政基础提供有力的人才支撑。为此，我们可以接受专业社会工作者从本体角度对"实践知识""专业理论"重要性的认知和态度，因为，社会工作源于西方，国内专业社会工作难免受西方社会工作价值观"不讲政治"的影响。但是，作为"党的助手和后备军"，即共青团组织中的一员，作为青少年事务社会工作者或"3＋"模式中的青少年事务社会工作者，讲政治是党对他们的根本要求，是他们素质的重要内容。至于专业社工对"讲政治"有不同的认识，则另当别论。

之所以从社会工作者中提出青少年事务社会工作者这一专有名词，是因为青少年事务社工服务的对象是青少年。青少年时期是个体人形成世界观、价值观、人生观的重要时期，是掌握基础理论的关键期，是广泛汲取各类知识的最佳时期。作为共青团干部应该认识到，我们培养的是社会主义事业的接班人，服务于青少年事务的社会工作者对马克思主义、毛泽东思想、邓小平理论、"三个代表"重要思想、科学发展观、习近平总书记系列重要讲话精神、社会主义核心价值观等基础理论的掌握是否牢固，无论在有目的、有组织、有计划的活动中，还是在日常一般服务青少年的事务工作中，都会对服务对象产生影响或影响他们的服务质量。对这一重要性的认识不够或理解不到位，共青团干部的政治素质就不能算过关。

将中国优秀传统文化知识全方位介入青少年各类服务活动，融入青少年事务社工工作实践，是帮助青少年继承和弘扬中国优秀传统文化的重要途径和方法，应成为青少年事务社会工作者服务青少年的重要工作内容之一。青少年事务社会工作者掌握中国优秀传统文化知识，是帮助青少年继承和弘扬中国优秀传统文化的前提。

2014 年 5 月 4 日，习近平总书记在北京大学师生座谈会上发表重要讲话中明确指出：中华文化强调"民为邦本""天人合一""和而不同"，强调"天行健，君子以自强不息""大道之行也，天下为公"；强调"天下兴亡，匹夫有责"，主张以德治国、以文化人；强调"君子喻于义""君子坦荡荡""君子义以为质"；强调"言必信，行必果""人而无信，不知其可也"；强调"德不孤，必有邻""仁者爱人""与人为善""己所不欲，勿施于人""出入相友，守望相助""老吾老以及人之老，幼吾幼以及人之幼""扶贫济困""不患寡而患不均"，等等。像这样的思想和理念，不论过去还是现在，都有其鲜明的民族特色，都有其永不褪色的时代价值。[1] 对于"都有其鲜明的民族特色，都有其永不褪色的时代价值"的中国优秀传统文化，共青团干部应该认识到其重要性。

从无产阶级及其政党为实现一定历史时期的革命任务角度看，政策是完成任务的行动准则、规范。1948 年 3 月 20 日，在中共中央离开陕甘宁边区的前夕，毛泽东在中共中央对党内的通报中指出："政策和策略是党的生命，各级领导同志务必充分注意，万万不可粗心大意。"[2] 青少年事务

---

[1] 《习近平在北京大学师生座谈会上的讲话（全文）》，人民网，http://edu.people.com.cn/n/2014/0505/c1053-24973276.html，2014 年 5 月 5 日。

[2] 《毛泽东选集》第四卷，人民出版社，1991，第 1298 页。

社会工作者不是领导同志，但共青团干部在某种意义上是"领导同志"，所以，共青团干部应该意识到，青少年事务社会工作者掌握"相关政策"，即"与社会工作、青年工作相关的政策、规划、纲要等方面的知识"，既是他们优化自身胜任力的重要内容，也是他们按照党的要求有效服务青少年的重要条件。青少年事务社会工作者唯有掌握了"相关政策"，才能将"全面贯彻落实以习近平同志为核心的党中央关于青年工作的决策部署，引导广大青年坚定不移听党话、跟党走"① 等的根本遵循真正落实到服务青少年的工作之中。首先，青少年事务社会工作者的工作实践，总是与党关于促进青少年发展的政策相联系的。掌握这些政策，才能清楚地认识在新时期党关于青少年发展的指导思想、基本遵循、总体目标。其次，相关政策是党在新时期对青少年发展领域、发展目标、发展措施的部署。掌握这些政策，才能广泛而有效地确保党的部署通过服务最大限度地落实到服务、保障青少年的工作中。最后，相关政策明确了新时代中国特色社会主义青年发展的重点项目。掌握这些政策，对有针对性将政策融入青少年服务项目之中，在服务青少年的过程中"助人自助"具有重要意义。

基于本调查数据所反映的共青团干部对青少年事务社工掌握"基础理论""传统文化"知识以及"相关政策"重要性存在的认识上的问题，我们必须寻找、制定相关对策予以解决。

二 共青团干部对青少年事务社会工作者技能的看法

（一）对青少年事务社会工作者具备"基础技能"重要性的看法

基础技能是青少年事务社工开展青少年事务社工工作应该具备的最一般、最基础的能力。

本研究所设问的"基础技能"是指"听、说、读、写以及综合分析、

---

① 《中长期青年发展规划（2016～2025年）》，中华人民共和国中央人民政府网，http：//www.gov.cn/xinwen/2017－04/13/content_5185555.htm#1，2017年4月13日。

逻辑思维等基础性能力"。

从重要程度看,团干部认为青少年事务社工掌握"基础技能","非常重要""比较重要""一般""比较不重要""非常不重要"的分别占43.0%、40.0%、15.0%、1.0%、1.0%,平均分4.21分,标准差0.829。

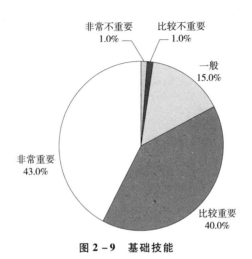

图 2 - 9 基础技能

(二)对青少年事务社会工作者具备"专业技能"重要性的看法

专业技能是所有社工必须掌握的专业工作方法,是社工的"看家本领"。本研究所设问的"专业技能"是指"运用专业技巧带领各类小组、个案、社区活动的能力"。

从重要程度看,团干部认为青少年事务社工具备"专业技能","非常重要""比较重要""一般""比较不重要""非常不重要"的分别占62.0%、28.3%、6.9%、1.6%、1.2%,平均分4.48分,标准差0.795。

团干部对"专业技能"所包含的四个子问题重要性的看法是:

(1)"带领发展、成长型小组",团干部认为"非常重要""比较重要""一般""比较不重要""非常不重要"的分别占54.4%、33.6%、10.4%、0.4%、1.2%,平均分4.39分,标准差0.789。

(2)"带领行为修改、治疗型小组",团干部认为"非常重要""比较重要""一般""比较不重要""非常不重要"的分别占50.2%、34.9%、

12.0%、1.7%、1.2%，平均分4.31分，标准差0.841。

（3）"运用个案方法"，团干部认为"非常重要""比较重要""一般""比较不重要""非常不重要"的分别占51.6%、32.5%、12.5%、1.7%、1.7%，平均分4.31分，标准差0.875。

（4）"组织各类社区活动"，团干部认为"非常重要""比较重要""一般""比较不重要""非常不重要"的分别占54.8%、34.3%、7.9%、1.7%、1.3%，平均分4.40分，标准差0.808。

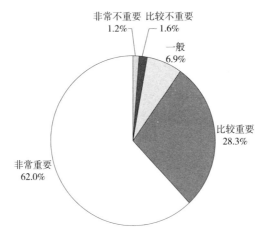

图 2 - 10　专业技能

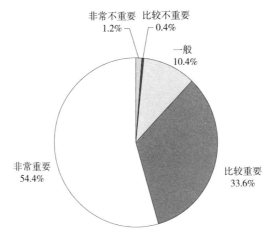

图 2 - 11　带领发展、成长型小组

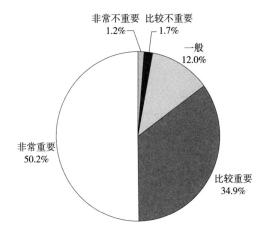

图 2 - 12 带领行为修改、治疗型小组

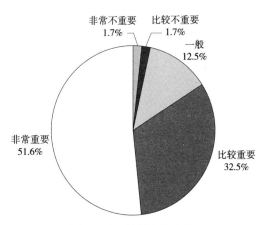

图 2 - 13 运用个案方法

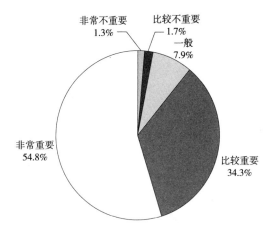

图 2 - 14 组织各类社区活动

（三）对青少年事务社会工作者具备"洞察能力"重要性的看法

本研究所设问的"洞察能力"是指"对服务对象的语言、行为、情绪、态度保持敏感，并能洞察其背后原因的能力"。

从重要程度看，团干部认为青少年事务社工具备"洞察能力"，"非常重要""比较重要""一般""比较不重要""非常不重要"的分别占64.8%、26.3%、6.9%、0.8%、1.2%，平均分4.53分，标准差0.764。

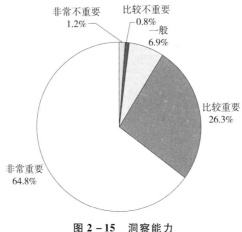

图2-15 洞察能力

（四）对青少年事务社会工作者具备"共情能力"重要性的看法

本研究所谈的"共情能力"是指"使服务对象感受到同理关怀的能力"。

同理心（Empathy），亦译为"设身处地理解""感情移入""神入""共感""共情""移情"，泛指心理换位、将心比心，亦即设身处地地对他人的情绪和情感的认知性的觉知、把握与理解，主要体现在情绪自控、换位思考、倾听能力以及表达尊重等与人的情商相关的一些方面的内容。

从重要程度看，团干部认为青少年事务社工具备"共情能力"，"非常重要""比较重要""一般""比较不重要""非常不重要"的分别占

65.5%、26.4%、6.9%、0.0%、1.2%，平均分 4.55 分，标准差 0.731。

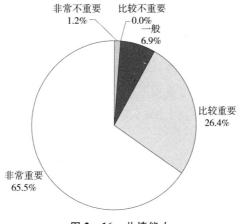

图 2-16　共情能力

（五）对青少年事务社会工作者具备"沟通能力"重要性的看法

本研究所谈的"沟通能力"是指"与他人建立或保持友好关系、准确传递信息、表达意愿、控制不良情绪的能力"。

从重要程度看，团干部认为青少年事务社工具备"沟通能力"，"非常重要""比较重要""一般""比较不重要""非常不重要"的分别占 75.8%、20.2%、2.8%、0.0%、1.2%，平均分 4.69 分，标准差 0.645。

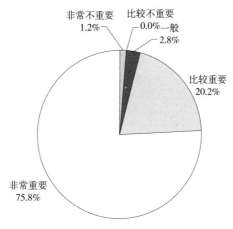

图 2-17　沟通能力

（六）对青少年事务社会工作者具备"思想引领能力"重要性的看法

本研究所谈的"思想引领能力"是指"引领青少年跟党走的能力"。

从重要程度看，团干部认为青少年事务社工具备"思想引领能力"，"非常重要""比较重要""一般""比较不重要""非常不重要"的分别占 67.2%、26.7%、4.5%、0.4%、1.2%，平均分 4.58 分，标准差 0.710。

"思想引领能力"包含三个子问题：

（1）"把握最新思想工作重点"，团干部认为"非常重要""比较重要""一般""比较不重要""非常不重要"的分别占 59.1%、32.1%、7.5%、0.0%、1.3%，平均分 4.48 分，标准差 0.743。

（2）"设计具有思想引领作用的活动"，团干部认为"非常重要""比较重要""一般""比较不重要""非常不重要"的分别占 60.5%、30.8%、7.5%、0.4%、0.8%，平均分 4.50 分，标准差 0.726。

（3）"洞察青少年思想动态"，团干部认为"非常重要""比较重要""一般""比较不重要""非常不重要"的分别占 66.9%、27.3%、4.2%、0.8%、0.8%，平均分 4.58 分，标准差 0.693。

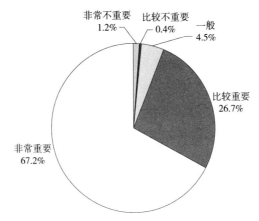

图 2-18 思想引领能力

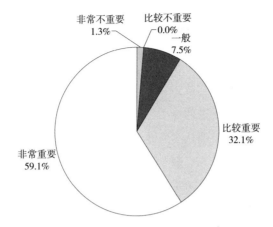

图 2 - 19　把握最新思想工作重点

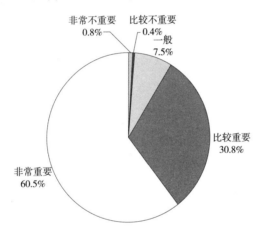

图 2 - 20　设计具有思想引领作用的活动

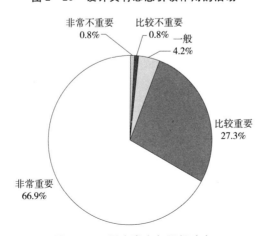

图 2 - 21　洞察青少年思想动态

（七）对青少年事务社会工作者具备"反思与改进能力"重要性的看法

本研究所谈的"反思与改进能力"是指"针对服务对象具体情况，能够反思和总结，提升和改进的能力"。

从重要程度看，团干部认为青少年事务社工具备"反思与改进能力"，"非常重要""比较重要""一般""比较不重要""非常不重要"的分别占60.9%、31.0%、6.9%、0.0%、1.2%，平均分4.50分，标准差0.731。

反思与观察，是提高自我认知的两种重要方法。其中，反思自己或他人的行为造成的后果，并从中总结经验，是青少年事务社工提高自我认知和改进工作的重要方法。

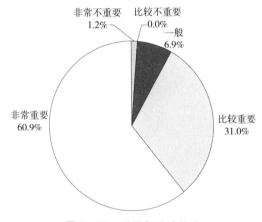

图 2－22　反思与改进能力

表 2－2　青少年事务社工知识技能重要性的平均值与标准差汇总

单位：分

技 能	平均值	标准差
1. 基础技能	4.21	0.829
2. 专业技能	4.48	0.795
①带领发展、成长型小组	4.39	0.789
②带领行为修改、治疗型小组	4.31	0.841
③运用个案方法	4.31	0.875
④组织各类社区活动	4.40	0.808

续表

技　　能	平均值	标准差
3. 洞察能力	4.53	0.764
4. 共情能力	4.55	0.731
5. 沟通能力	4.69	0.645
6. 思想引领能力	4.58	0.710
①把握最新思想工作重点	4.48	0.743
②设计具有思想引领作用的活动	4.50	0.726
③洞察青少年思想动态	4.58	0.693
7. 反思与改进能力	4.50	0.731

从表2-2"青少年事务社工知识技能重要性"可见，共青团干部认为青少年事务社会工作者最重要的五项，按重要性排序依次为："沟通能力""思想引领能力""共情能力""洞察能力""反思与改进能力"。

在"专业技能"中，按重要性排序依次为："组织各类社区活动""带领发展型、成长型小组""带领行为修改、治疗型小组""运用个案方法"（并列第三）。

在"思想引领能力"中，按重要性排序依次为："洞察青少年思想动态""设计具有思想引领作用的活动""把握最新思想工作重点"。

从表2-2的数据中我们能够发现，在重要性排序中，共青团干部把青少年事务社会工作者具备"思想引领能力"的重要性排在第二位，说明对青少年事务社工来说，这种能力的重要性得到共青团干部的高度认同。与上文"青少年事务社会工作者对知识技巧的看法"中青少年事务社会工作者从本体角度对具备"思想引领能力"重要性的态度比较，共青团干部的认同度相比更高。

习近平总书记指出："当前，世界范围内各种思潮交流交融交锋，国内各种矛盾和热点问题叠加出现，境内外敌对势力对我国实施西化、分化战略一刻也没有放松，这些都对青年的世界观、人生观、价值观产生着潜移默化的影响。综合看，当代青年面对着深刻变化的社会、丰富多样的生活、形形色色的思潮，更需要在理想信念上进行有力引导。"[①]

《关于加强青少年事务社会工作专业人才队伍建设的意见》在"青少

[①] 《习近平关于青少年和共青团工作论述摘编》，中央文献出版社，2017，第23页。

年事务社会工作专业人才的主要服务领域""服务青少年成长发展领域"
中提出，思想引领就是为青少年提供思想道德教育辅导，引导青少年积极
践行社会主义核心价值体系，形成正确的世界观、人生观、价值观。

可见，无论从国际国内环境看，还是从青少年事务社会工作者服务青
少年成长发展看，思想引领都是非常重要的。对此，共青团干部有认识，
但青少年事务社会工作者为什么没认识到呢？在上文"青少年事务社工工
作者对知识技巧的看法"中笔者对相关问题进行过分析：专业社工是一个
舶来品，专业出身的社工与非专业但正在接受专业培训而逐渐成为专业社
工的工作者们时刻都在被西方的理论和价值观所影响，所以，青少年事务
社会工作者重沟通能力、实践知识、专业技能、专业理论，轻思想引领能
力、基础理论（政治理论）和传统文化的调查结果并不意外。

对此现状，党和政府相关部门不但应该引起重视，还应研究、制定相
关政策解决这个问题。

三　共青团干部对青少年事务社会工作者性格的看法

性格是一个人对现实的稳定的态度，以及从这种态度相应的、习惯化
的行为方式中表现出来的人格特征。性格一经形成便比较稳定，但是并非
一成不变，而具有可塑性。

（一）对青少年事务社会工作者性格"开放"重要性的看法

本研究所谈的"开放"是指"富有想象力与好奇心，兴趣广泛"。

从重要程度看，团干部认为青少年事务社工性格"开放"，"非常重
要""比较重要""一般""比较不重要""非常不重要"的分别占
48.0%、40.3%、9.7%、0.8%、1.2%，平均分 4.33 分，标准差 0.782。

（二）对青少年事务社会工作者性格"外向"重要性的看法

本研究所谈的"外向"是指"喜欢社交"。

从重要程度看，团干部认为青少年事务社工性格"外向"，"非常重
要""比较重要""一般""比较不重要""非常不重要"的分别占
50.0%、39.9%、8.1%、0.8%、1.2%，平均分 4.37 分，标准差 0.768。

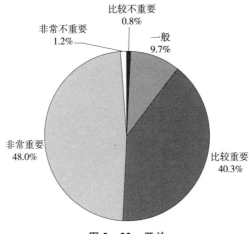

图 2-23 开放

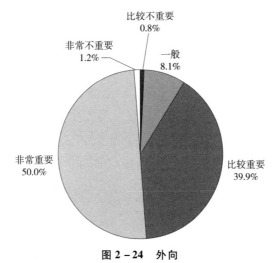

图 2-24 外向

（三）对青少年事务社会工作者性格"坚韧"重要性的看法

本研究所谈的"坚韧"是指"坚守专业价值，克服困难完成工作任务"。

从重要程度看，团干部认为青少年事务社工性格"坚韧"，"非常重要""比较重要""一般""比较不重要""非常不重要"的分别占60.7%、32.8%、5.3%、0.0%、1.2%，平均分 4.52 分，标准差 0.709。

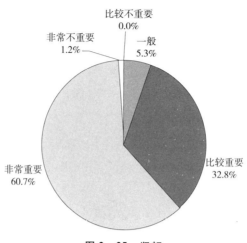

图 2 - 25 坚韧

（四）对青少年事务社会工作者"责任"重要性的看法

本研究所谈的"责任"是指"负责任的、值得信赖的、持之以恒的"。

从重要程度看，团干部认为"责任"对青少年事务社工"非常重要""比较重要""一般""比较不重要""非常不重要"的分别占 73.8%、20.6%、4.0%、0.4%、1.2%，平均分 4.65 分，标准差 0.693。

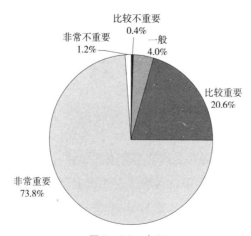

图 2 - 26 责任

（五）对青少年事务社会工作者"随和"重要性的看法

本研究所谈的"随和"是指"易于相处、待人友善"。

从重要程度看，团干部认为青少年事务社工性格"随和"，"非常重要""比较重要""一般""比较不重要""非常不重要"的分别占56.7%、36.0%、6.1%、0.0%、1.2%，平均分4.47分，标准差0.720。

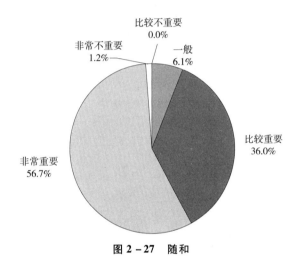

图 2 - 27　随和

（六）对青少年事务社会工作者"情绪稳定"重要性的看法

本研究所谈的"情绪稳定"是指"平和、有安全感、情绪波动小"。

从重要程度看，团干部认为青少年事务社工"情绪稳定"，"非常重要""比较重要""一般""比较不重要""非常不重要"的分别占59.1%、34.0%、5.7%、0.0%、1.2%，平均分4.50分，标准差0.715。

（七）对青少年事务社会工作者"包容"重要性的看法

本研究所谈的"包容"是指"宽容、谅解、接纳尊重不同观点和思想"。

从重要程度看，团干部认为"包容"对青少年事务社工"非常重要""比较重要""一般""比较不重要""非常不重要"的分别占60.0%、34.8%、4.0%、0.0%、1.2%，平均分4.52分，标准差0.691。

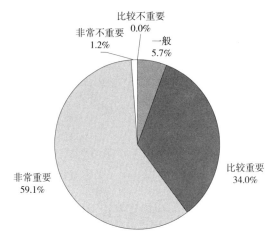

图 2 – 28　情绪稳定

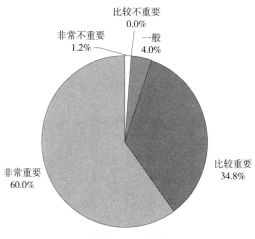

图 2 – 29　包容

（八）对青少年事务社会工作者"积极向上"重要性的看法

本研究所谈的"积极向上"是指"不论何种情况下，都能积极正向地思考，乐观主动地承担与解决各种问题"。

从重要程度看，团干部认为青少年事务社工"积极向上"，"非常重要""比较重要""一般""比较不重要""非常不重要"的分别占 66.5%、27.0%、4.9%、0.4%、1.2%，平均分 4.57 分，标准差 0.720。

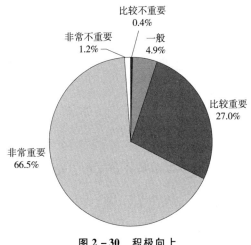

图 2 - 30 积极向上

表 2 - 3 青少年事务社工性格重要性评价的平均值与标准差汇总

单位：分

性　　格	平均值	标准差
1. 开放	4.33	0.782
2. 外向	4.37	0.768
3. 坚韧	4.52	0.709
4. 责任	4.65	0.693
5. 随和	4.47	0.720
6. 情绪稳定	4.50	0.715
7. 包容	4.52	0.691
8. 积极向上	4.57	0.720

从表 2 - 3 "青少年事务社工性格重要性"可见，共青团干部认为青少年事务社会工作者最重要的五项，按重要性排序依次为："责任""积极向上"，"坚韧"与"包容"并列第三，然后是"情绪稳定"。而其认为最不重要的是"开放"。

性格表现了人们对现实和周围世界的态度，并表现在他的行为举止中。性格主要体现在对自己、对别人、对事物的态度和所采取的言行上。有意思的是，共青团干部认为青少年事务社会工作者最重要的五项与青少年事务社会工作者对性格的重要性排序：责任、积极向上、包容、情绪稳定，基本一致。两者都认为"开放"最不重要，可谓不谋而合。

青少年事务社会工作者在服务青少年的工作中，具有负责任、可信赖、持之以恒、正向、乐观、宽容、谅解、接纳、尊重、平和、安全、沉稳等特质，必然"讨得"服务对象的喜欢。喜欢是接受的重要条件，也是获得遵从的基础。所以，青少年事务社会工作者具有能够被服务对象喜欢的诸多性格特质，服务对象就喜欢参加他们组织的活动，他们说什么就听得进去，他们做什么也愿意跟着学，这样，教育、引导青少年，促进青少年发展进步的工作就能够取得更好的效果。

四　共青团干部对青少年事务社会工作者动机重要性的看法

青少年事务社工服务于青少年的心理过程、内部动力如何，直接关系其开展服务工作的活力和质量。

（一）对青少年事务社会工作者"职业兴趣"重要性的看法

本研究所谈的"职业兴趣"是指"热爱社工工作，有发自内心的兴趣"。

从重要程度看，团干部认为青少年事务社会工作者具有"职业兴趣"，"非常重要""比较重要""一般""比较不重要""非常不重要"的分别占61.9%、31.6%、4.9%、0.4%、1.2%，平均分4.53分，标准差0.720。

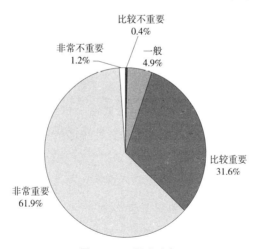

图2-31　职业兴趣

（二）对青少年事务社会工作者"成就动机"重要性的看法

本研究所谈的"成就动机"是指"不仅是完成任务，而且超出优秀标准"。

从重要程度看,团干部认为青少年事务社会工作者具有"成就动机","非常重要""比较重要""一般""比较不重要""非常不重要"的分别占50.9%、39.0%、7.7%、0.0%、2.4%,平均分4.36分,标准差0.824。

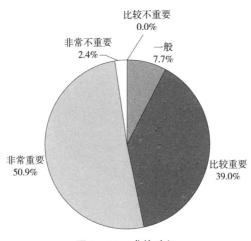

图 2 - 32 成就动机

(三) 对青少年事务社会工作者"驱动力"重要性的看法

本研究所谈的"驱动力"是指"驱使从事青少年事务社工工作的动力"。

从重要程度看,团干部认为青少年事务社会工作者具有"驱动力","非常重要""比较重要""一般""比较不重要""非常不重要"的分别占51.2%、39.0%、8.1%、0.4%、1.3%,平均分4.38分,标准差0.767。

"驱动力"包含五个子问题。

(1)"因社会责任感,而选择做青少年事务社工",团干部认为"非常重要""比较重要""一般""比较不重要""非常不重要"的分别占51.8%、38.6%、7.9%、0.0%、1.7%,平均分4.39分,标准差0.773。

(2)"因喜欢青少年,而选择做青少年事务社工",团干部认为"非常重要""比较重要""一般""比较不重要""非常不重要"的分别占46.9%、36.6%、14.0%、0.8%、1.6%,平均分4.26分,标准差0.851。

(3)"因工作清闲,而选择做青少年事务社工",团干部认为"非常重要""比较重要""一般""比较不重要""非常不重要"的分别占 20.1%、31.4%、27.2%、9.2%、12.1%，平均分 3.38 分，标准差 1.247。

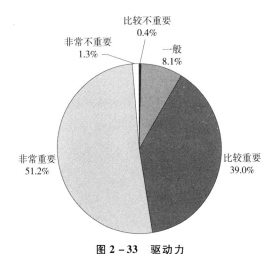

图 2 - 33　驱动力

（4）"因待遇可接受，而选择做青少年事务社工"，团干部认为"非常重要""比较重要""一般""比较不重要""非常不重要"的分别占 20.4%、31.7%、32.1%、9.2%、6.7%，平均分 3.50 分，标准差 1.117。

（5）"因有很好的发展前景，而选择做青少年事务社工"，团干部认为"非常重要""比较重要""一般""比较不重要""非常不重要"的分别占 22.8%、37.8%、28.2%、7.1%、4.1%，平均分 3.68 分，标准差 1.034。

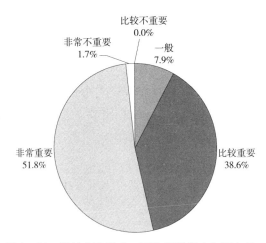

图 2 - 34　因社会责任感，而选择做青少年事务社工

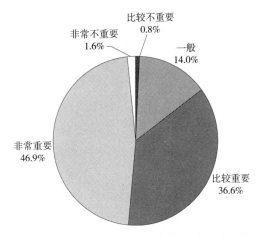

图 2 - 35 因喜欢青少年，而选择做青少年事务社工

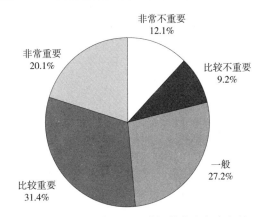

图 2 - 36 因工作清闲，而选择做青少年事务社工

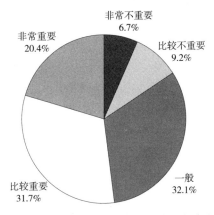

图 2 - 37 因待遇可接受，而选择做青少年事务社工

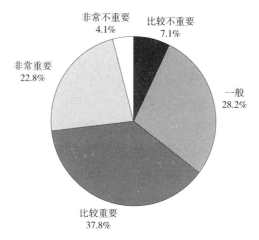

图 2－38 因有很好的发展前景，而选择做青少年事务社工

表 2－4 青少年事务社工动机重要性评价的平均值与标准差汇总

动 机	平均值	标准差
1. 职业兴趣	4.53	0.720
2. 成就动机	4.36	0.824
3. 驱动力	4.38	0.767
3.1 因社会责任感，而选择做青少年事务社工	4.39	0.773
3.2 因喜欢青少年，而选择做青少年事务社工	4.26	0.851
3.3 因工作清闲，而选择做青少年事务社工	3.38	1.247
3.4 因待遇可接受，而选择做青少年事务社工	3.50	1.117
3.5 因有很好的发展前景，而选择做青少年事务社工	3.68	1.034

从表 2－4"青少年事务社工动机重要性"可见，共青团干部认为青少年事务社会工作者最重要的是"职业兴趣"，其次是"驱动力"，排在最后的是"成就动机"。在"驱动力"的五个子问题中，共青团干部认为青少年事务社会工作者选择这个职业的动机重要性排序是"因社会责任感""因喜欢青少年""因有很好的发展前景""因待遇可接受""因工作清闲"。可见，"因社会责任感"在"驱动力"中最为重要，而最不重要的是"因工作清闲"。

动机是由一种目标或对象所引导、激发和维持的个体活动的内在心理过程或内部动力，是人类大部分行为的基础。共青团干部认为青少年事务社会工作者选择社工职业最重要的动机是"职业兴趣"，即他们对青少事务社会工作具有比较稳定而持久的心理倾向。的确，许多人选择某种职业是源自他们在选择该职业前对这个职业有兴趣。但是，人对某职业的兴趣不是始终如一的，因为职业的兴趣会受到内在、外在条件等多种因素变化的影响而发生变化。他们今天因兴趣而选择，明天可能因为困难、压力比自己的兴趣更大而离去。这或许就是社会工作者因社会工作强度大、收入一般、发展前景不确定等"负动力"因素比他们对这个职业的兴趣更大而流失率较高的原因之一。一些社会工作者离开了，一些社会工作者还在继续。那么，是什么因素让留下来的社工其职业兴趣未受或较少受到"负动力"影响，让他们还在继续从事这份职业呢？这是因为，"驱动力"和"成就动机"是他们的职业兴趣得以保持的重要因素。在上文"青少年事务社会工作者对工作动机的看法"中我们谈到，从动机的大类看，为了更好地胜任现在的工作，青少年事务社工认为最重要的是职业兴趣，然后是驱动力，最后是成就动机。这种重要性判断，与共青团干部完全相同。

在青少年事务社会工作者中，绝大多数人是有社会责任感的，他们喜欢充满活力的青少年，他们中的许多人在努力中看到这个职业越来越受到重视，从党政及群团相继出台的多项政策他们看到了这个职业发展的前景。更重要的是，当他们的工作不断取得成效、不断被肯定赞许，当他们亲身感受着自己所帮扶的对象在改变、在进步，由此而生的成就感，激发出他们继续努力工作的重要动力。

在调研访谈中，有共青团干部谈道：社工工资待遇不高，工作头绪多、强度大，晋升空间还没有完全打开。所以，做社工的人比较多的首先是为了找一份工作。那些能留下来坚持做的和做得不错的是因为经历了一段工作过程，渐渐地就喜欢上了这份工作，喜欢的原因是组织各类活动得到肯定后所产生的成就感。另外，就驱动力而言，有团干部认为，社会责任感和喜欢青少年是人们选择社工职业的主要原因。社工职业待遇不算差，但绝对不能说好。从国家政策看，发展前景很好，但具体到个人考证、提升都不容易。有团干部特别提出，社工职业与从业者的家庭经济条件相关，家庭经济条件好点的、能住在家里的相对经济压力小，相对稳定。靠自己的工资租房、生活，如果再"养家"，压力就很大，流失率就高。

五 共青团干部对青少年事务社会工作者价值观的看法

价值观是决定一个人行为及态度的基础，它是人们赋予事物的重要性、优点或者使用性最重要的尺度。共青团干部对青少年事务社会工作者价值观的看法能够告诉我们，持有什么样价值观的青少年事务社会工作者是团干部希望的与他们一起服务青少年的同路人。

（一）对青少年事务社会工作者"党管青年"重要性的看法

本研究所谈的"党管青年"是指"党管青年对青年发展的价值"。

从重要程度看，团干部认为"党管青年"对青少年事务社工"非常重要""比较重要""一般""比较不重要""非常不重要"的分别占65.6%、26.7%、6.5%、0.0%、1.2%，平均分4.55分，标准差0.724。

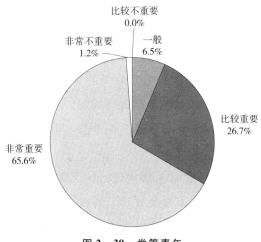

图 2 - 39 党管青年

（二）对青少年事务社会工作者"爱党爱国"重要性的看法

本研究所谈的"爱党爱国"是指"热爱中国共产党，热爱祖国"。

从重要程度看，团干部认为青少年事务社工应"爱党爱国"，"非常重要""比较重要""一般""比较不重要""非常不重要"的分别占75.4%、20.6%、2.4%、0.4%、1.2%，平均分4.68分，标准差0.661。

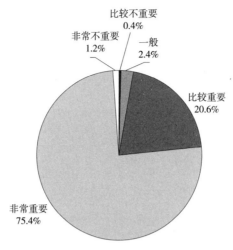

图 2-40　爱党爱国

（三）对青少年事务社会工作者"公平正义"重要性的看法

本研究所谈的"公平正义"是指"坚守专业伦理，主持公平、正义"。

从重要程度看，团干部认为青少年事务社工应具有"公平正义"价值观，"非常重要""比较重要""一般""比较不重要""非常不重要"的分别占 70.5% 、24.7% 、3.6% 、0.0% 、1.2% ，平均分 4.63 分，标准差 0.673。

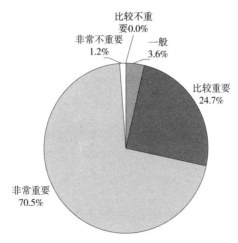

图 2-41　公平正义

（四）对青少年事务社会工作者"人道人本"重要性的看法

本研究所谈的"人道人本"是指"坚守专业伦理，以人道、人本的价值观面对被服务者"。

从重要程度看，团干部认为青少年事务社工应具有"人道人本"，"非常重要""比较重要""一般""比较不重要""非常不重要"的分别占 72.5% 、23.1% 、3.2% 、0.0% 、1.2% ，平均分 4.66 分，标准差 0.662。

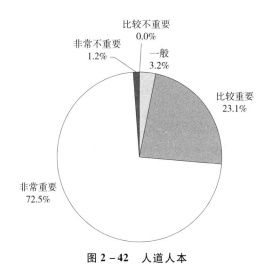

图 2 - 42　人道人本

（五）对青少年事务社会工作者"尊重接纳"重要性的看法

本研究所谈的"尊重接纳"是指"坚守专业伦理，以人道、人本的价值观面对被服务者"。

从重要程度看，团干部认为青少年事务社工应具有"尊重接纳"，"非常重要""比较重要""一般""比较不重要""非常不重要"的分别占 72.0% 、22.3% 、4.5% 、0.0% 、1.2% ，平均分 4.64 分，标准差 0.684。

（六）对青少年事务社会工作者"平等爱心"重要性的看法

本研究所谈的"平等爱心"是指"坚信人人享有平等参与、平等发展的权利，同情怜悯、关怀服务对象"。

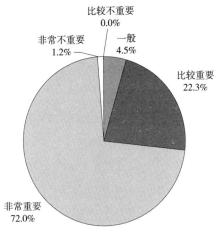

图 2 - 43　尊重接纳

从重要程度看，团干部认为青少年事务社工应具有"平等爱心"，"非常重要""比较重要""一般""比较不重要""非常不重要"的分别占 72.1%、23.1%、4.0%、0.0%、0.8%，平均分 4.66 分，标准差 0.637。

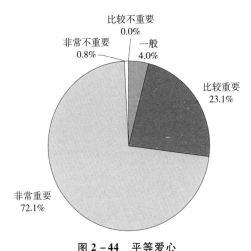

图 2 - 44　平等爱心

（七）对青少年事务社会工作者"助人自助"重要性的看法

本研究所谈的"助人自助"是指"无私帮助需要帮助的人并从中获得价值感"。

从重要程度看，团干部认为青少年事务社工应具有"助人自助"精神，"非常重要""比较重要""一般""比较不重要""非常不重要"的分别占69.5%、26.0%、3.7%、0.0%、0.8%，平均分4.63分，标准差0.636。

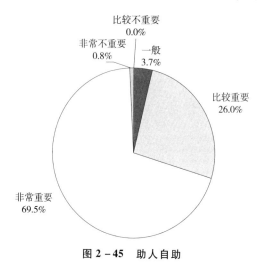

图 2－45　助人自助

表 2－5　青少年事务社工价值观重要性评价的平均值与标准差汇总

价值观	平均值	标准差
1. 党管青年	4.55	0.724
2. 爱党爱国	4.68	0.661
3. 公平正义	4.63	0.673
4. 人道人本	4.66	0.662
5. 尊重接纳	4.64	0.684
6. 平等爱心	4.66	0.637
7. 助人自助	4.63	0.636

从表2－5"青少年事务社工价值观重要性"看，共青团干部认为对青少年事务社会工作者最重要的三项，按重要性排序依次为"爱党爱国""人道人本""平等爱心"；按最不重要性排序依次为"党管青年""公平正义""助人自助"。可见，共青团干部认为对青少年事务社会工作者最重要的是"爱党爱国"，最不重要的是"党管青年"。

从调查给出的数据可知，共青团干部认为，在青少年事务社会工作者的价值观中，最重要的是"爱党爱国"，即"热爱中国共产党，热爱祖国"；在七个选项中，"党管青年"排在最后，即最不重要。是什么原因导致这样的结果呢?

就上述"爱党爱国"最重要,课题组的判断如下。

(1)热爱中国共产党,是共青团组织的根本,作为共青团组织中的干部,自然要坚守这个根本。这是必须,也是自然。所以,他们在任何时候都会把热爱中国共产党放在首位,在他们的意识中,这种价值观已经牢不可破。他们自己这样,也希望别人这样,对"团干部+社工+青年志愿者"模式中的青少年事务社会工作者亦如此。

(2)爱国就是热爱祖国,在社会主义核心价值观的三个层面中,爱国排在公民个人层面的第一位。爱国,作为中国人最一般、最朴素的价值观,因为常说常讲、耳熟能详,老百姓的价值观都这样,作为共青团干部,在回答价值观重要性的问题选择中,将爱国作为最重要的价值观之一进行选择,是自然也是必然。

(3)本研究调查问卷,将热爱中国共产党和热爱祖国放在"爱党爱国"一个设问中,居于"第一、第二",共青团干部别无他选。

在前文"青少年事务社会工作者对爱党爱国的看法"中,青少年事务社会工作者也认为"爱党爱国"最重要,与共青团干部的态度一致。

就上述"党管青年"最不重要,课题组的判断如下。

(1)在问卷所给出的七个设问中,有五个是社工的伦理价值观。这些价值观虽源于西方,但随着西方社会工作专业方法的引入、被中国本土专业社工习得,西方的一些先进理念也同时潜移默化地融入中国专业社工的价值观中。西方专业社会工作方法和理念是基于西方社会工作伦理价值观逐渐产生、形成、发展起来的,两者也完全融合在一起。所以,学习方法的同时,接纳或接受与之融合在一起的价值观是自然、正常的事情。我们能认识到这一点,与青少年事务社会工作者接触较为频密的共青团干部也能认识到这一点。所以,在共青团干部认为对青少年事务社会工作者最重要的价值观的排序中,排在"爱党爱国"之后、"党管青年"之前的依次是"人道人本""平等爱心""尊重接纳""公平正义""助人自助"。由此可以看出,将"爱党爱国"排在重要性的第一位可证实他们的价值观有明确的主向。中间部分均为社工的伦理价值观,亦可证实他们对社工所应该坚守的伦理价值的了解和尊重。

（2）在本研究设问中，"党管青年"指的是"党管青年对青年发展的价值"，《青年发展规划》中的提法是"坚持党管青年原则"。这个原则很有价值，它应该在共青团干部丰富、修正自己价值观的过程中将其深深印刻在自己的意识里，成为他们价值观中的一部分。但它今天只是"原则"，并非价值观。

（3）本次调查问卷中的对象是青少年事务社会工作者，问的是对青少年事务社会工作者什么重要，而不是对共青团干部什么重要。假如课题组对共青团干部设问："您认为什么重要"，有可能七个问题的选择结果会有所变化，即"党管青年对青年发展的价值"可能排列靠前一些。因为课题组没有找到可以支撑这种假设的论据进而得出结论，所以，只能停留于假设层面。是否如此还有待今后就此问题及相关问题进行研究。

六　共青团干部对青少年事务社会工作者"理论知识""技能""性格""动机""价值观"五方面重要性的看法

掌握"理论知识"，具有从事社会工作的"技能"，养成适应社会工作的"性格"，激发投入社会工作的"动机"，形成正向的"价值观"和社工应具有的伦理"价值观"，对青少年事务社工都是十分重要的。

就"理论知识""技能""性格""动机""价值观"重要程度进行评价，团干部认为对青少年事务社工"最重要"的是"价值观"，占比为61.0%。这一数据反映出团干部对青少年事务社工具有正向的"价值观"认同度最高。

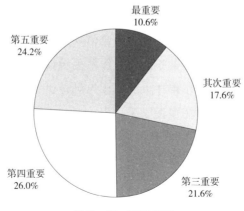

图2-46　理论知识

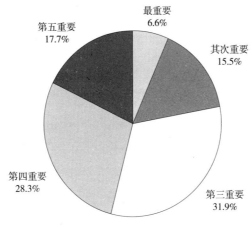

图 2-47　技能

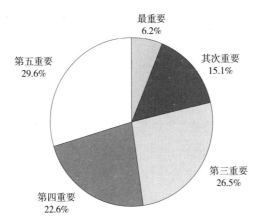

图 2-48　性格

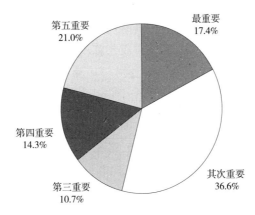

图 2-49　动机

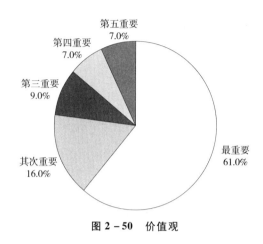

图 2－50　价值观

七　对以上研究内容所涉及的相关问题的小结

（一）共青团干部和青少年事务社会工作者对利的价值和需要的态度，是他们"本我""自我""超我"的综合反映

在"理论知识""技能""性格""动机""价值观"中，价值观是"本"。

价值观是基于人的一定的思维感官而做出的认知、理解、判断或抉择，也就是人认定事物、辨别是非的一种思维或取向。从对个体行为的作用看，人有什么样的价值观，就会有相应的行为。趋利是人的天性，对利的需要使人们产生运用方法、手段满足需要的动机。由于个体总是首先基于本我去判断利的价值或需要物，所以，需要的且价值最大的利能够激发他们更大的动机。然而，每个人的"我"都不会一直停留在本我阶段，随着不断地社会化，人们会在保留、修改、压缩"本我"的同时逐渐形成"自我"、表现出"超我"。所以，我们所看到的共青团干部和青少年事务社会工作者对利的价值和需要物的态度，是他们"本我""自我""超我"综合在一起的反映。认识到这些，我们就能够接纳共青团干部和青少年事务社会工作者针对以上"基础理论"问题，认为"实践知识""专业理论"比"基础理论""传统文化"更重要；我们就能够接纳青少年事务社会工作者在对"技能"重要性的选择中对"思想引领能力"重要性的态度；我们就能够接纳共青团干部和青少年事务社会工作者在对"价值观"重要性的选择中把"党管青年"排在最不重要的位置。当然，接纳只是因为我们忠实本调查结果的客观存在，并非表明我们的主观意愿，也不代表我们对这种结果的认同。我们忠实和接纳调查结果，是为了使我们在讨论问题时尽量避免先入为主或主观臆断所导致的偏颇。

（二）"基础理论"即马克思主义、毛泽东思想、邓小平理论、"三个代表"重要思想、科学发展观、习近平新时代中国特色社会主义思想，是我们举什么旗、走什么路的理论基础和行动指南

在理论方面，共青团干部和青少年事务社会工作者唯有牢固掌握马克思主义、毛泽东思想、邓小平理论、"三个代表"重要思想、科学发展观、习近平新时代中国特色社会主义思想，才能理解我们为什么要高举中国特色社会主义伟大旗帜，为什么要坚持以"基础理论"为指导，走新时代中国特色社会主义道路。就能够理解为什么要"坚持党管人才原则"。共青团干部就能够明确自己怎样做合格的"党的助手和后备军"，青少年事务社会工作者就能够明确自己怎样做"构建社会主义和谐社会和巩固党的执政基础"的合格人才。所以，在掌握"基础理论"这个问题上，我们必须始终坚持，绝不动摇。

（三）共青团干部必须"从我做起"，将培育和践行社会主义核心价值观作为一项长期任务，融入工作全过程

共青团干部对青少年事务社会工作者掌握"基础理论"重要性的态度，与我们的预期存在差距。虽然笔者接纳这种态度的存在，但不会因此影响笔者自己的观点。笔者赞同：社会主义核心价值观是社会主义核心价值体系的内核，体现社会主义核心价值体系的根本性质和基本特征，反映社会主义核心价值体系的丰富内涵和实践要求，是社会主义核心价值体系的高度凝练和集中表达。① 对此，共青团干部必须意识到，在青少年价值

---

① 中共中央办公厅印发《关于培育和践行社会主义核心价值观的意见》，人民网，http：//politics. people. com. cn/n/2013/1224/c1001 - 23925470. html，2013 年 12 月 24 日。

观形成的关键时期，在实践活动和思想教育中，只有带领他们将这种"实践要求"和"集中表达"入行、入脑，才能使这种核心价值观成为青少年价值观的"内核"。人的正确价值观的形成不是一朝一夕的，所以，入脑的过程也不会短暂。因此必须把培育和践行社会主义核心价值观作为一项长期任务，融入工作全过程。这个过程不仅是青少年培育和践行社会主义核心价值观的过程，也是共青团培育和践行社会主义核心价值观、修正自己的价值观的过程，是共青团干部"助人自助"的过程。培育、践行、修正到位了，青少年事务社会工作者对掌握"基础理论"重要性的态度就会改变。

2014 年 5 月 4 日，习近平总书记在北京大学师生座谈会上的讲话中指出："中华文明绵延数千年，有其独特的价值体系。中华优秀传统文化已经成为中华民族的基因，植根在中国人内心，潜移默化影响着中国人的思想方式和行为方式。今天，我们提倡和弘扬社会主义核心价值观，必须从中汲取丰富营养，否则就不会有生命力和影响力。"他在讲话中强调"我们生而为中国人，最根本的是我们有中国人的独特精神世界，有百姓日用而不觉的价值观。我们提倡的社会主义核心价值观，就充分体现了对中华优秀传统文化的传承和升华"。他在讲话中还强调："价值观是人类在认识、改造自然和社会的过程中产生与发挥作用的。不同民族、不同国家由于其自然条件和发展历程不同，产生和形成的核心价值观也各有特点。一个民族、一个国家的核心价值观必须同这个民族、这个国家的历史文化相契合，同这个民族、这个国家的人民正在进行的奋斗相结合，同这个民族、这个国家需要解决的时代问题相适应。世界上没有两片完全相同的树叶。一个民族、一个国家，必须知道自己是谁，是从哪里来的，要到哪里去，想明白了、想对了，就要坚定不移朝着目标前进。"[①] 由此可见，无论是共青团干部的价值观，还是青少年事务社会工作者的价值观，都必须将中华优秀传统文化这一中华民族的基因根植其中，在服务青少年的工作中，与他们一起认真思考自己是谁，是从哪里来的，要到哪里去，不忘初心。青少年事务社会工作者应全面掌握专业理论、知识、技能技巧，丰富实践经验，

---

① 习近平：《青年要自觉践行社会主义核心价值观——在北京大学师生座谈会上的讲话》，新华网，http://news.xinhuanet.com/politics/2014－05/05/c_1110528066_2.htm，2014 年 5 月 5 日。

全面掌握中国传统文化知识,了解党和政府新时期青年发展的相关政策。唯有这样,我们才能够在服务青少年的工作中取得更高绩效,以此展示自身价值,赢得社会广泛认同,得到政府更多支持,为发展打开更大空间。

对习近平总书记在北京大学师生座谈会上的讲话,每一名共青团干部都必须牢记在心中。

(四)在"技能"方面,所有青少年事务工作者必须具备"思想引领能力",并以此能力正向引领青少年成为新时代中国特色社会主义事业的合格接班人

本研究调查数据告诉我们,在"技能"设问中,"思想引领能力"并未引起青少年事务社会工作者重视。笔者在接纳他们更加注重专业技能态度的同时,也必须表明笔者的观点,即在运用社会工作专业方法、技巧为青少年解决问题的过程中,我们必须认识到,唯有通过正确的"思想引领能力",才能较早、较好地建立青少年与党和政府的统一,才能使他们将未来成长所必备的"能量"储备好,才能为他们未来不断发展打开更大的空间。本调查数据证实,青少年事务社会工作者在"驱动力"中,将因为有"社会责任感"而选择了这份职业的重要性排在第一位。这就说明许多青少年事务社会工作者不仅有社会责任感,而且对社会责任感的重要性高度认同。然而,有了这种"动机"和"态度"还不够,必须将这种"动机"和"态度"借助某种能力,帮助他们形成正确的世界观、价值观、人生观,为他们在成长、发展的道路上指明方向。要做到这一点,仅靠社会工作专业能力、专业方法和技巧是不够的。因为,思想引领能力是青少年事务社会工作者帮助青少年建立正确的"三观"、明确方向的重要且不可或缺的条件。所以,对青少年事务社会工作者来说,思想引领能力不是可有可无,而是必须具备。

共青团干部对"思想引领能力"重要性的态度,从他们对青少年事务社会工作者最重要的五项排序中将"思想引领能力"即"引领青少年跟党走的能力"排在重要性的第二位能够得到确认。在"思想引领能力"的三个子问题中,按重要性依次排序是"洞察青少年思想动态""设计具有思想引领作用的活动""把握最新思想工作重点"。其中,设计具有思想引领作用的活动排在第二位。按照这种态度,共青团干部在

教育、引导青少年工作中，在督导共青团组织相关指导机构工作中，应该将设计具有思想引领作用的活动当作比较重要的工作来抓。实际情况怎样呢？

笔者据实摘录了某市下属区级共青团相关部门所指导的青年汇预告的"一周精品活动"，10 个区级团组织指导的青年汇预告的活动项目总计 44 个，其中具有思想引领作用的活动项目 5 个。从预告的活动项目中我们能够看到，活动内容丰富多彩，主要包括手工、绘画、瑜伽、球类、茶艺、安全教育、工艺、读书等文、体、娱乐类活动，但相关思想引领的活动项目只占到活动总数的 11.37%。这说明，虽然共青团干部对青少年事务社会工作者具备"思想引领能力"的重要性高度认同，也认同设计具有思想引领作用活动的重要性，但在实际工作中，他们所直接指导或督导的青年汇，还是文、体、娱乐等活动做得多，思想引领的活动做得少。当然，思想引领的活动比文、体、娱乐类活动难设计、难组织，如果不能结合青少年认知规律，不能贴近青少年生活，效果也不一定好。但是，如果我们认识到位却不能将这种认识落实到具体工作之中，不指导、督导相关机构以及青少年事务社会工作者去做，这种认识也只能止步于表面，永远不会得到实际效果。当然，活动预告的只是一周的活动内容，并不能说明另一个周期与其相同。另外，表 2-6 所预告的活动时段正值暑假期间，青少年在暑假期间更乐于参加文、体、娱乐类活动，青年汇为满足他们的需要专门在这个时段安排了较多文、体、娱乐类活动，如果这样应该可以理解。

表 2-6　2017 年 7 月某市社区青年汇一周精品活动预告

机构	项目名称	项目数量	思想引领项目数量
区 1	指尖上的传统艺术之布艺口金钱包	1	0
区 2	我的青春不留"白"——T 恤衫 DIY	2	0
	感受湿拓画风采		
区 3	海之焱瑜伽活动	3	0
	夏日"击"情——搏击训练活动		
	园青篮球俱乐部第十四期活动		

续表

机构	项目名称	项目数量	思想引领项目数量
区4	"大手牵小手传递红丝带"爱国主义教育观影活动	5	2
	星光自护暑期安全教育活动		
	茶艺文化汇宜春		
	暑期探宝体验营活动		
	红色爱国教育系列主题活动之"志愿家庭趣味拓展"活动		
区5	"文明出行 拥抱蓝天"骑行活动	7	0
	彩绘T恤衫		
	夏练三伏篮球对抗赛		
	目浴眼光·预防近视		
	以果会友，果汇真情DIY水果盘		
	团队协作能力训练		
	"文明出行 拥抱蓝天"骑行活动		
区6	开心成长沙画活动	14	3
	数独游戏，知识海洋		
	弟子规		
	不忘初心，共建美好家园——拥抱绿色名佳活动第二期		
	为贫困儿童捐书助学		
	暑期"心连心手牵手"爱心社区行		
	青少年社区课堂第二期之《防震减灾知识》安全课堂		
	雪糕棍的魔力		
	五谷杂粮粘贴画		
	"魅力青年"荧光夜跑活动		
	"宝贝安全计划"儿童防走失主题活动		
	Do It Yourself 戳出"毛毡新天地"		
	城北中心弘扬传统第四期之扇画春秋、古诗读写学习培训		
	志愿公益—关爱孤寡老人—我能出份力之一送美食活动		

机构	项目名称	项目 数量	思想引领 项目数量
区7	青年我先行绿色环保活动	3	0
	爱护环境 做社区文明小使者		
	健康生活，运动减脂		
区8	"木耳抗霾助环保，旧书换券公益行"活动	1	0
区9	"迎世园助冬奥促和谐"把手社区青年汇读书分享会	3	0
	让自然感动心灵——传递绿色能量之图书换绿植活动		
	呵护身心，瑜伽养生		
区10	这个7月和炎热说不——电影放映活动	5	0
	创意零钱包制作		
	红十字会应急救援培训		
	0～3岁新生儿护理讲座		
	手工盆栽DIY		
总　计		44	5

（五）"坚持党管青年原则"是共青团组织青年工作的基本遵循

《国家中长期青年发展规划（2016～2025年）》明确提出"坚持党管青年原则"，这是中国共产党的青年工作理论的重大创新，是青年发展事业始终沿着正确方向前进的根本保证，对于激励广大青年在实现中国梦进程中建功立业、接续奋斗，对于确保党和国家事业后继有人、兴旺发达，具有重大而深远的意义。党管青年原则是对马克思主义青年观的丰富与发展。坚持党管青年原则是我们党领导广大青年积极投身革命、建设、改革伟大实践的基本经验，是实现中华民族伟大复兴中国梦的时代需要。① 坚持党管青年原则更是推进新时代中国特色社会主义青年运动必须牢牢把握

---

① 共青团中央书记处：《坚持党管青年的重要原则》，《求是》2017年第16期，第35～37页。

的基本遵循。所以，无论"党管青年"是不是一种价值观，共青团干部都应该清楚地意识到，在今后的工作中都必须牢牢把握这一基本遵循。

（六）只有开放包容，才能携手同心

当我们将自己和他人看成是一个"人类命运共同体"中的"家人"时，我们会发现，在"WE ARE THE WORLD"中，我们自己的世界是那么渺小。作为国内最早一批学习社工知识、在高校从事社工专业教学的人员，我们的精神世界已融入社工的伦理价值观。但对于一些存有争论的，又与本研究相关的问题，笔者也想在此阐述一下自己的观点和态度。

关于专业社会工作者必须坚守社工伦理价值观还是坚守社会主义核心价值观的问题，笔者认为这是一个"伪问题"。因为社工伦理价值观本身就被包含在社会主义核心价值观之中，那么又为什么要强行把它们分离开来或"对立"起来呢？如果一定要分开来说，那应该是两者兼守。我们不能人为去制造有我没他，有他没我。这一点，我们明白，专业社会工作者也应该清楚。

关于服务的目的问题，我们也应该讨论一下。社会工作是以利他主义价值观为指导，以科学的知识为基础，运用科学方法助人的服务活动。它旨在帮助社会上的弱势群体，预防和解决部分因经济困难或不良生活方式而造成的社会问题。社会工作的目标是解救危难，缓解困难，促进发展。由此我们可以说，专业社会工作者要为他们认为需要帮助的人提供服务。假设为需要帮助的人提供服务是专业社会工作者的目的，那么，这个目的与中国共产党的宗旨"全心全意为人民服务"是一致的。这一宗旨，在七十多年前中国共产党的"七大"上就被写入《党章》。如果我们找不出两者有什么不同，就说明两者具有同一性。如果说两者的确存在不同，那就是专业社会工作者所服务的人或群体只是人民中的一部分，而中国共产党所服务的是全体人民。所以，为服务谁而生出的争论的确有些无谓。

人类命运共同体的理念，源于2013年3月中国国家主席习近平在莫斯科国际关系学院发表的重要演讲。他指出，人类生活在同一个地球村里，生活在历史和现实交汇的同一个时空里，越来越成为你中有我、我中有你的命运共同体。4年来，习近平在国际国内重要场合100多次谈及命运共同体。2017 年 3 月 23 日，联合国人权理事会第 34 次会议通过了关于"经济、社会、文化权利"和"粮食权"的两个决议，明确表示要"构建人类命运共同体"，这是人类命运共同体重大理念首次载入人权理事会决议。从"构建人类命运共同体"先后载入联合国和安理会决议，到进入国际人权话语体系，作为中国理念的"人类命运共同体"已然获得广泛的国际认同，并凝聚起越来越多的和平希望与发展力量。①

我们是"你中有我、我中有你的命运共同体"，开放包容，应该从"我"做起。政府要开放包容，要容得下别人的批评。俗话说"金无足赤，人无完人"，无论个人、政党，还是政府，都可能存在着或多或少、这样或那样的缺点和不足。批评是对缺点和错误提出意见，促其改正，是个人、社会乃至国家发展进步的动力，是其永葆进取朝气的重要来源，历史经验和教训一再证明，能广开言路、接受批评的朝代，比钳制民口、堵塞言路的朝代更受人称颂。2016 年 4 月 19 日，习近平总书记在网络安全和信息化工作座谈会上强调："对网上那些出于善意的批评，对互联网监督，不论是对党和政府工作提的还是对领导干部个人提的，不论是和风细雨的还是忠言逆耳的，我们不仅要欢迎，而且要认真研究和吸取。"②

开放包容，能够让大家携手同心。

第二节　共青团干部对青少年事务社会工作者
职业困惑的看法

职业困惑是现代社会中人们耳熟能详的词汇。任何从业者在职业发展的特定阶段都会产生困惑，找到职业困惑产生的原因并采取相应措施，对个人职业生涯的可持续发展意义重大。虽然目前学术界对于职业困惑的研究成果很多，但已有的研究成果并没有对这一概念做出清晰的界定。各类研究主要将其认定为职业生涯中一个人可能面临的困惑和疑问。在实际研

---

① 刘峣、卢泽华：《人类命运共同体载入联合国多项决议 中国理念获国际广泛认同》，《人民日报》（海外版）2017 年 3 月 27 日，第 2 版。
② 习近平：《对网上那些出于善意的批评，要欢迎》，光明网，http://politics.gmw.cn/2016 - 04/19/content_ 19772151.htm，2016 年 4 月 19 日。

究中，很多学者会更多地将其归结为某些具体的问题。事实上，不同的职业因所处的环境和具体定位的差别确实面临不同的问题和挑战。这种职业困惑既需要职业者自身全面系统认知，同时更需要从业者的领导者与合作者全面的了解与掌握，这将会有利于双方实现更好的互动与合作。本节对于青少年事务社会职业困惑的研究涉及的具体问题是：作为引领者的团干部，如何定位青少年事务社工，如何引领青少年事务社工，如何理解青少年事务社工面对的职业困惑等现实问题。

《青年发展规划》对加强青少年事务社工工作专业人才队伍建设和青年志愿者工作提出明确要求，共青团中央也相继出台了多份相关文件推动青少年事务社工工作的建设和发展。团干部如何与青少年事务社工进行有效的工作配合是青少年事务社工是否产生职业困惑的重要原因。现实中，随着青少年事务社工工作深入推进，从团干部的角度来审视青少年事务社工产生职业困惑的原因以及分析团干部如何处理好与青少年事务社工的关系是十分重要的议题。在"3＋"模式中，团干部作为青少年事务社工的引领者对其的指导和定位会影响着青少年事务社工职业发展和规划，同时青少年事务社工开展工作的成功与否也关乎共青团工作此轮改革的实际效果。

一　青少年事务社会工作者职业困惑产生的原因

职业困惑是每个人在从事自身职业过程中都会遇到的问题，它可能让人失去对工作的兴趣，减少进步的动力，久而久之会产生职业倦怠，甚至最终选择离职。职业困惑产生的原因涉及诸多问题。比如，职业定位模糊，即从业者不清楚个人是否适合所从事的工作或者岗位；职业规划缺失，即从业者只了解当下手头的工作任务，却不清楚未来自身的职业发展和规划；职业技巧缺失，即从业者不清楚应该使用何种技巧开展工作，突出表现为沟通能力、表达能力和社交能力存在缺陷或不足；职业倦怠，即从业者在紧张繁忙的工作中，受到环境、情感等因素的影响产生情绪波动、心理不适，甚至出现亚健康的状态；薪酬不如意，即从业者对于自身获得的薪酬不满意，认为付出与回报不成正比，进而失去工作动力；缺乏工作安全感，即从业者认为从事的工作只是暂时性的，不是长久之计；职业发展瓶颈，即从业者在工作一段时间后由于各种原因没有得到提升，内心产生一种挫败感；职业认同度低，从业者个人或社会对于所从事的工作岗位都产生一种低认同感。青少年事务社工作为新兴的工作岗位，其从业者也面临着上述的职业困惑问题。本研究此前已经对其自身的职业困惑做出了评估，本节主要是从"3＋"模式中的团干部视角来重新审视青少年事务社工的职业困惑。

抽样调查结果显示，团干部工作中与社工的接触频率，"非常多""比较多""一般""比较少""非常少"分别占比6.6%、26.2%、32.8%、23%、11.5%，平均值为2.93，标准差为1.10。其中，"非常多"和"比较多"相加占比32.8%，这表明只有32.8%的团干部与青少年事务社工有频繁接触，其他68.2%的团干部接触不多。这表明大多数团干部与社工接触频率并不高。

抽样调查结果显示，团干部对本地区青少年事务社工人数"了解"和"不了解"分别占比53.1%和46.9%，平均值为1.53，标准差为0.50。从业人数是一项工作的最基本数据，有46.9%的受访者表示不了解社工人数，表明团干部对社工工作的熟悉度还不够。其中部分原因可能是参加抽样调查的团干部并不负责相关青少年事务社工工作，或者是当地的青少年事务社工工作刚刚处于起步阶段，社工总数在不断变动。但调查结果表明的事实还是青少年事务社工是一个新生事物，团干部只是刚刚接触这一新生事物，对其熟悉程度还不够。

抽样调查结果显示，青少年事务社工的主要经费来源"民政补贴""共青团补贴""社会捐助""服务接受方付费""会员费""其他"分别占比37.4%、56.2%、50.6%、21.7%、7.7%、13.6%。这表明共青团的补贴和社会捐助是两个主要的经费来源渠道，也体现出青少年事务社工的职业属性，即通过提供专业社会工作的方式，组织、引导、服务青年和维护广大青年利益，巩固执政党执政的青年群众基础。然而，现实中存在的问题是团干部对青少年事务社工也没有很清晰的定位，对青少年事务社工如何配合自己的工作并不是很清楚，也不太了解如何突出青少年事务社工的专业性，由此产生的问题是不知道如何利用"3＋"模式的优势引领青少年事务社工。抽样调查结果显示，他们的困难是当地缺少专业的青少年事务社工培训管理机构和专业的社工人才，但相当比例的团干部不清楚应该如何来引领、管理、规范以及评价青少年事务社工的实际工作。抽样调查结果显示，59.8%的团干部承认自身也缺少这样的专业知识和系统培训，团干部自身在引领和评价青少年事务社工方面也存在理论空白和认知局限性。这在某种程度上反映出团干部的职业素质和能力也需要不断进行改进，以应对新兴的青少年事务社工工作，因而，团干部自身也需要接受青少年事务社工方面的相关培训。

抽样调查结果也存在一定的悖论，也就是调查结果和最初对青少年事务社工的定位存在不符情况。团干部在对社工身份的定位中，"不在编的团干部""不在编的街道社区干部""不在编的民政干部""社会工作事务所雇员""专业的青少年工作者""其他"分别占比34.4%、28.2%、12.9%、40.7%、74.3%、3.3%。这表明大多数受访者将青少年事务社工认定为一个专业的人群。专业人群的工作需要有专业的评价标准，但他们当中大多数表示在当地并没有建立科学的绩效评估体系。这也就是说，虽然在理念上他们认为青少年事务社工是专业人士，岗位也是按照专业人士设定，但现实中却无法对青少年社工的工作做出科学合理的评判，结果导致无法突出青少年事务社工自身的专业性以及对共青团工作的价值和意义。另外，虽然在实际工作中，团干部对青少年事务社工具有思想引领作用，然而，在很多情况下，过于强调团干部的领导者角色，青少年事务社工反而会失去自身的独立性，可能导致其丧失自身专业特性。如果不能突出青少年事务社工的专业性，就无法体现出岗位设置和购买服务的价值所在。抽样调查结果显示，34.4%的受访者认为青少年事务社工是不在编的团干部，这就意味着超过1/3的受访者本质上还是将青少年事务社工认定为团干部或者准团干部。事实上，很多青少年事务社工自身并不清楚岗位的职责所在，对自身承担的岗位和从事的工作并没有全面、系统的认知。久而久之，他们会自觉地融合到共青团的工作中，而失去了其自身应具有的专业性。抽样调查结果显示，48%的受访团干部认为青少年事务社工服务类型属于综合型。综合型可以理解为青少年事务社工工作范围涵盖广泛，通过对社工的实地访谈，课题组发现他们的工作更多的是事务性工作，确实很难称得上专业性。

青少年事务社工个人对社工工作的专业性的认知也并不全面。现代社会中，大多数行业的劳动者会存在职业困惑。从业者职业困惑的表现形式是在工作中突然感到很迷茫、无助，突然觉得无法适应工作或岗位，或者突然对工作失去了兴趣，突然失去取得进步的动力。在这种情况下，很多人就会认为其原因是个人和所从事职业存在不匹配，进而选择离职或者更换工作岗位。事实上，很多刚刚工作的新手走上一个从无到有的岗位，更容易面临职业困惑的诸多问题，青少年事务社工则更是如此。目前，青年社工基本是"80后"、"90后"，年龄主要分布在24～30岁。受整体社会环境的影响，他们对自身和环境的认知都并不系统、全面，虽然工作热情很高，却容易产生急躁情绪，不断面临职业困惑和难题。这种困惑主要是对自己的岗位并没有清晰的了解，包括对其工作目的、范围和职责不清楚，同时对自己兴趣爱好和专业特长也没有很好的认知。这种情况下，工作者就产生了所谓的职业定位模糊困境。原因可能是以下几个方面：第一，选择青少年事务社工与自身的兴趣、爱好并不吻合，也就是对自身特点和工作属性的认识不够清晰；第二，存在一定盲目性，并不清楚自身的优势和特长，也就是只为获得一份工作，而没有考虑自身和工作岗位是否匹配；第三，看重的并不是所从事工作的本身，而是工作岗位的其他附带性便利条件，比如单位离家更近、便于照顾老人孩子；第四，选择职业时面临多个选项，最终选择了青少年事务社工岗位后实际情况和期待有很大反差，也就是只是认识到了工作岗位的优势，没有清楚现实的挑战和困难；第五，从事青少年事务社工工作时间久了会产生工作倦怠，这也是该行业人员流动性大、换岗频繁的重要原因。

通过实地访谈，大多数团干部对青少年事务社工职业困惑存在的原因了解和掌握得比较全面。一方面，这和他们长期从事青少年事务工作有关。青少年事务社工也是其工作的对象，他们对青少年事务社工的实际工作感受有全方位和直观的了解；另一方面，这与团干部和青少年事务社工两者之间保持着密切的联系有关。双方在工作中既是上下级的关系，也是合作的关系，两者之间的工作相辅相成，因此，准确定位团干部和青少年事务社工两者之间的关系对于解决青少年事务社工的职业困惑具有重要的现实意义。

二 共青团干部与青少年事务社会工作者的关系

青少年事务社工工作和青少年事务社工是随着时代发展和青年工作现实需要而出现的。青少年事务社工岗位的设置也表明共青团组织的工作方式在随着社会的发展而不断发生转变，它已经从传统意义上对特殊青少年的重点关注转变到对全体青少年的整体关怀，从主流价值观的"硬性"到满足多元化的需求的全方位引导，因而，共青团组织和团干部也需要不断更新理念、拓展思路，以适应社会发展的需要，满足广大青少年成长发展的多元化需求。2007年，团中央联合民政部等相关部门印发《关于开展青少年事务社会工作者试点工作的意见》，在全国确定了13个试点城市。为进一步加强青少年事务社工工作专业人才队伍建设，2014年，团中央、民政部等六部门联合印发《关于加强青少年事务社会工作专业人才队伍建设的意见》，提出到2020年初步建立20万名青少年事务社工工作专业人才队伍的目标。① 2016年8月，中共中央办公厅在其印发的《改革方案》中明确提出了建设"3+"模式队伍，充实基层工作力量。②《改革方案》的目标十分明确地突出共青团工作的专业性，进一步充实基层力量。在"3+"模式框架下，团干部扮演的是牵头人和引领者的角色，青少年事务社工对团干部工作提供专业性支持，青年志愿者对共青团工作提供人员力量支持。可以说，青少年事务社工的引入，在一定程度上提升了共青团的专业化服务水平，使共青团工作更加适应社会化发展的需要。

在"3+"模式中，团干部和青少年事务社工是最为关键的两个角色，研究和探讨两者之间的关系对全面了解、理解青少年事务社工工作具有重要意义。自《改革方案》发布之日起，各级共青团组织就在逐级进行具体落实和实施。在工作中与青少年事务社工接触最多的是县、区和街道、乡镇一级的团干部。他们和青少年事务社工之间存在直接引领和被引领以及工作伙伴关系。在过去相当长一段时期，共青团组织十分薄弱的环节是基

---

① 《我国各领域社会工作发展情况综述》，新华网，http：//news. xinhuanet. com/gongyi/2017 -03/22/c_ 129515371. htm，2017年3月22日。

② 《中共中央办公厅印发〈共青团中央改革方案〉》，新华网，http：//news. xinhuanet. com/ politics/2016 -08/02/c_ 1119325051. htm，2016年8月2日。

层，人力、物力、可调配资源不足导致基层组织活力下降，工作难以开展。街镇一级的团干部"身兼多职"，然而，现实情况是服务青少年的主要工作需要由基层组织落实完成。因此，街镇一级的共青团工作开展得十分简单。"3＋"模式在设计理念上借助专业力量和社会力量，整合了社会资源，打造了一个全方位的服务团队，是应对基层活力不足的理想模式。现实中，"3＋"模式在上海、广东、四川、江苏等地实践取得很好的效果。

通过实地调研和访谈，课题组认为团干部与青少年事务社工的关系可以被概括为以下三方面：领导、协调和监督。所谓领导，团干部协助政府管理青少年事务是我国青少年事务管理的鲜明特征。[①] 这种领导并不是完全意义上的自下而上的领导，它是一种更广义的领导，即在自身职权范围内对青少年事务社工做好引导、组织和管理工作，既保持青少年事务社工和共青团组织服务广大青少年的宗旨相符，同时又要保持青少年事务社工在一定程度上的自主性和独立性，这将十分考验团干部自身的领导水平和实操能力。此外，在实际工作中，领导更多地表现为思想引领。这既要求青少年事务社工开展的工作与共青团巩固和扩大党的青年群众基础的宗旨保持一致，注重对青少年思想引领，又要突出自身工作的专业性，使共青团开展的活动具有更强的专业性，以更好满足青少年的多元需求。

调查结果显示，团干部要对青少年事务社工起到思想引领的作用，"非常同意""比较同意""不确定""比较不同意""非常不同意"分别占比58.1%、35.0%、5.7%、1.2%、0%，平均值为4.50，标准差为0.66。其中"非常同意"和"比较同意"占93.1%，这表明团干部对自身应发挥的领导者角色表示高度认可。现实中，对于团干部而言，如何更好地引领青少年事务社工有效开展工作却存在很大挑战。

所谓协调，是团干部借助共青团组织来整合社会资源，推动青少年事务工作的有效开展，这里更加突出团干部的资源整合能力。我国政府在管理青少年事务方面一直是采取齐抓共管的模式，如民政系统主要负责特殊

---

① 王殿文等：《共青团组织在青少年事务社会工作中的地位和作用》，《高等教育》2014年第7期，第84页。

青少年福利政策的规划、实施与监督，教育系统主要负责青少年在学校教育过程中的学业指导、困难帮扶和心理救助，人力资源和社会保障部、财政部、司法部分别负责青少年事务人才队伍建设、经费保障及临界预防等方面工作。共青团组织需要协同这些政府机构和部门为青少年事务社工开展各种工作协调更多的有利政策，同时，还要借助自身的政治优势和整合优势，将各部门的力量协调统一起来，共同推进青少年事务各项规划、政策的实施与落实。[①]

调查结果显示，在团干部负责争取政府、社会资源的问题中，受访者选择"非常同意""比较同意""不确定""比较不同意""非常不同意"的占比分别为47.6%、37.8%、11.0%、2.4%、1.2%，平均值为4.28，标准差为0.85。其中"非常同意"和"比较同意"相加之和为85.4%，这表明团干部自身也认为他们应该为青少年事务在政府和社会层面整合更多的资源。

所谓监督，是团干部要监督青少年事务社工各种专业性服务工作的有效开展。共青团组织不仅是一个政治组织，也是一个服务性组织，引入青少年事务社工的目的是为青少年提供公共利益和公共服务，最大限度满足不同青少年群体的多样化需求。为了保证青少年事务社工开展服务工作的质量，其工作完成情况必须有相关组织和人员负责监督与管理。团干部可以对青少年事务社工的资源使用情况和具体活动的开展情况进行有效监督。在市场经济体制下，共青团组织的改革更加突出其社会属性，也就是并不直接参与，而是成为专业服务的监督者。成为监督者实际上也能够帮助共青团组织实现快速的社会化过程。

调查结果显示，在团干部应该发挥监督作用的问题中，受访者选择"非常同意""比较同意""不确定""比较不同意""非常不同意"的占比分别为39.4%、46.3%、10.2%、3.3%、0.8%，平均值为4.20，标准差为0.81。其中"非常同意"和"比较同意"合计占比85.7%，这表明了团干部总体认可了自身承担监督的职能。但是，与思想引领和整合资源的

---

① 王殿文等：《共青团组织在青少年事务社会工作中的地位和作用》，《高等教育》2014年第7期，第84页。

功能相比，选择"非常同意"的比例略低，这在一定程度上表明团干部对共青团组织逐渐社会化的职能定位还没有完全适应。

目前，青少年事务社工的管理模式是一种多重管理的复杂模式。抽样调查结果显示，在社工日常管理模式的问题中，受访者选择"社工事务所管理""街道社区管理""团委管理""多头管理""其他"的分别占17.8%、17.3%、24%、29.8%、11.1%，平均值为2.99，标准差为1.28。其中"多头管理"、"团委管理"和"社工事务所管理"三项占比较高。现实中，三种管理方式从不同的角度阐述了青少年事务社工的职业属性，团委管理主要是明确了青少年事务社工从事青少年服务的行业属性，社工事务所管理是为了突出青少年事务社工工作专业属性，多头管理突出了青少年事务社工工作的综合属性。

与此同时，调查数据结合访谈反映出以下几个方面问题：第一，青少年事务社工发展存在明显地区差异。有些地区青少年事务社工工作开展得比较早，专门成立了社工事务所，建立了相对成熟的管理制度；有些地区的青少年事务社工已经初具规模，并在积极探索适合本地区特点的青少年事务社工工作；有些地区青少年事务社工工作才刚刚起步，更多地采取由团委直接管理的方式进行。第二，青少年事务社工科学的管理方式需要在实践中不断探讨。一般意义上，各个省份采取的管理方式是多重管理的方式，社工事务所负责遴选、聘任和考核等方面的管理，共青团组织、街道和社区机构负责青少年事务社工的日常工作布置与安排。这种多重管理在实践运行过程中还是会存在一些现实问题，比如应该以哪一方布置的任务优先，双方或者多方的绩效评价存在冲突应如何处理，这也导致青少年事务社工对自身身份的认同偏向等等，这些都需要在实践中进行不断地调整和改进。第三，团组织的管理和街道社区机构的管理之间是一种怎样的关系。街道和社区的团干部一般是兼职团干部，他们自身承担多种角色，青少年服务工作只是职责的一部分，青少年事务社工的工作属性是否会因此而淡化，这都是需要重新思考的现实问题。

另外，团干部与青少年事务社工之间的领导与被领导关系应如何科学定位也是需要进行探讨的重要问题。有很多基层团干部在访谈中表示，一般而言，他们在实际工作中联系几所学校已经力不从心，但青少年维权和未成人犯罪又是基层共青团工作的重要方面，应该给予高度的重视。由于工作精力有限，又不能面面俱到，因而，只能留出部分时间从事此项工作。团干部专业能力受限，加之各项工作压身，维护青少年合法权益工作的效率会降低。在引入青少年事务社工后，基层团干部可以将专业性较强的工作交给青少年事务社工完成，进而减轻自身工作压力，释放更多的精力，给青少年事务社工协调更多资源、创造更多机会。通过实地访谈课题组了解到，目前基层团组织会采取以下模式开展活动，即街镇团委书记负责制定某项活动的大方案，社工负责联系、统计和场地布置等，活动当天社工会承担现场事务性工作。另外，在共青团组织的青年活动中，青少年事务社工也可以组织其服务的特定群体参加活动，实现体系内部的资源共享。课题组在与团干部的访谈中了解到，大多数团干部认为青少年事务社工较为科学理想的工作结构是：专业服务60%（比如青少年维权和未成年人犯罪等），共青团工作30%（协助基层团委书记开展日常工作），机动时间10%。受访团干部认为，这种工作结构既能确保共青团对青少年事务社工的领导，又可以确保青少年事务社工自身的专业性。但是现实中往往也会出现工作结构不协调的情况，从而引发一系列的挑战和问题。

第一，团干部完全放手，只让青少年事务社工从事专业性工作。比如，完全让青少年事务社工借助心理疏导和法律援助的途径，实现青少年维权和对未成年人的保护。这样做的结果是青少年事务社工可能失去服务青少年特定群体的岗位属性，久而久之变成只是服务于一般对象的专业社工。第二，团干部完全主导，只让青少年事务社工从事共青团工作。比如，青少年事务社工所有的时间用来策划团干部安排的相关活动，或者完全从事与共青团组织相关的事务性工作。这样的结果是青少年事务社工将慢慢变成共青团工作的一部分或者二者完全融为一体，久而久之将完全失去自身的专业性。第三，团干部领导并给予一定的自主权，让青少年事务社工用一半的时间和精力从事专业性工作，一半的时间和精力从事共青团事务性工作。这样的结果是，对年轻的青少年事务工作者而言会失去工作的方向感，出现一种身份迷失，不清楚自身的工作重点和岗位属性。上述三种情况在理论上都可能存在，但现实情境中，团干部作为青少年事务社工的领导还要对其做出合理的实践结构安排。既要突出服务共青团组织的中心工作，又要突出工作的专业特性，使其能够成为在社会治理过程中真正能够发挥出自身作用的岗位。团干部和青少年事务社工两者之间关系是一种相互促进、共同发展的关系。

另外，团干部和青少年事务社工之间也不应该被限定为完全意义上的领导与被领导关系。青少年事务社工也是青年群体的重要组成部分，他们自身也需要被关怀、被服务。团干部也需要将青少年事务社工作为自己的服务对象，使他们感受到被尊重、被关注、被激励、被帮助，以激发其工作的热情和积极性，使青少年事务社工能够以饱满的热情投入实际工作中。因此，传统的上下级的领导与被领导的关系不适用于青少年事务社工，应该结合领导与服务并重的工作方式来应对团干部和青少年事务社工二者之间的关系。从这个角度上讲，从团干部的视角来探讨和分析青少年事务社工的职业困惑和需求就显得尤为重要。

三　青少年事务社会工作者实际存在的职业困惑

此前对职业困惑的分析主要是从一般的职业困惑以及团干部和青少年事务社工两者之间的关系角度展开，这只说明青少年事务社工和普通青年从业者一样会存在职业困惑，但对于他们而言，现实中遇到的困难与挑战才是职业困惑产生的最直接诱因。综合抽样调查结果分析，课题组认为现实的工作条件和社会评价会影响青少年事务社工对自身的职业评价，因此产生职业困惑。

（一）活动经费不足

调查结果显示，对于开展活动经费不足、支持不够的问题，受访团干部中选择"影响极大""影响较大""有些影响""影响不大""影响极小"的分别占44.8%、41.5%、12.5%、0.8%、0.4%，平均值为4.29，标准差为0.75。其中，"影响极大"和"影响较大"两者相加占比86.3%。这表明，在团干部看来，经费不足、支持不够是青少年事务社工面临的重要困难和挑战。开展任何活动都需要经费的保障和支持，团干部自身在开展活动时也会面临类似的问题。因此，在这一问题上团干部与青少年事务社工有共同的认识。在与团干部的访谈中，很多团干部多次谈到了目前青少

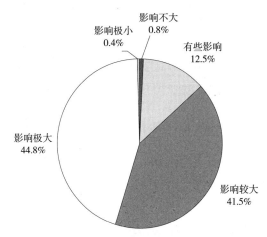

图 2 - 51　开展活动经费不足，支持不够

年事务社工面临经费不足、支持不够的问题。在与青少年事务社工代表的访谈过程中，他们认为团干部的优势是能够整合行政资源，青少年事务社工不具备整合社会资源的条件，因此，青少年事务社工需要团干部提供必要的支持和帮助。

调查结果显示，在回答社工经费是否纳入财政预算的问题中，受访团干部回答"是"和"否"的分别占比 34.6%、65.4%，平均值为 1.25，标准差为 0.48。在实地访谈中，团干部和青少年事务社工两者都十分关注经费是否纳入财政预算中。实际工作中，被纳入政府财政预算和未被纳入财政预算会产生两种不同的工作心理状态。被纳入财政预算中，表明青少年事务社工的财政经费有了基本的保障，在心理层面上社工会解除后顾之忧。没有纳入财政预算中，表明需要自筹经费，他们在心理层面上会感受到压力和缺少保障。此外，自筹经费在考验个人能力的同时，也必须纳入出资方的诉求。在与青少年事务社工代表的实地访谈中，很多人表示在筹措经费的过程中，必须考虑出资方的需求，比如，在企业资助开展了相关的活动后，社工机构需要在活动现场做适当的广告和宣传、给活动冠名等。受访青少年事务社工也表示，如果缺少直接拨付的资金支持，在一定程度上会使参与活动的青少年感觉到商业气息太浓、功利性太强，这与共青团组织和政府开展服务青少年工作的初衷会产生部分背离。在实地访谈中，课题组了解到不同地区青少年事务社工的资金筹措情况差别很大。青少年事务社工在沿海省份的资金筹措渠道较内地省份更多元，资金筹措也更容易。此外，资金问题是实地访谈中团干部和青少年事务社工提及最多的问题。这也反映出青少年事务社工工作整体的困难和挑战是资金少导致活动难以开展，或者效果无法达到预期。

（二）定位不清、专业性不强

当一个岗位的专业能力被评价为不足时，也就意味着它很可能面临存在危机或问题。在高速发展的当代社会，专业能力不足的从业者很容易被其他人所取代和替换。实际工作中，专业能力的基本表现是工作范围是否明确。如果工作范围十分宽泛而不明确，将意味着工作岗位缺少专业性，可以轻易被取代。

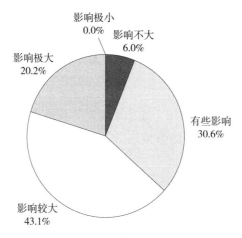

图 2 - 52 青少年事务社工的工作范围不明确

调查结果显示，在工作范围不明确问题中，受访团干部选择"影响极大""影响较大""有些影响""影响不大""影响极小"的占比分别为20.2%、43.1%、30.6%、6.0%、0.0%，平均值为 3.77，标准差为0.84。其中选择"影响极大"和"影响较大"占比之和为 63.3%。这表明团干部认为青少年事务社工的工作范围不明确是比较突出的职业困惑。在 2017 年 1 月团中央发布的第 3 期《全团要训》分析了青少年事务社工队伍建设方面取得的进展。其中，在关于形成机制、增强青少年事务社工队伍的稳定性问题上，特别指出在青少年事务社工队伍初建阶段存在岗位职责不明确、人才队伍不稳定、专业水平不高等问题。

青少年事务社工的岗位特征是"青年事务 + 社工",也就是说,是专门从事青少年事务的专业社工,他们需要使用专业的工作方式,包括小组工作法、个案分析法、开展社区服务等方式,但是其主要的服务对象是青少年,这包括组织、引导、服务青少年和维护青少年的合法权益。共青团四川省委在 2015 年做的调查结果显示,当时从事青少年事务的社会工作者中,没有职业资格或职称或兼职社工的比例均达到或超过84%,有将近一半人在进入青少年社会工作岗位之前没有接受过相关培训,且有六成社工在进入岗位一年之后接受的培训时间均在 30 学时以下。[①]

事实上,考取职业水平证书难度大也是现实存在的问题。大多数青少年事务社工不是专业科班出身,很少有专业理论和方法上的积累,都是"边做边学""边学边做"。另外,培训和考试会有一定的脱节。因此,考取职业水平证书对他们而言存在不小的难度。

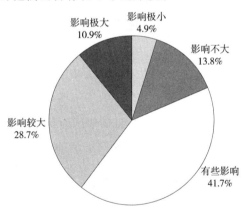

图 2 - 53　考取社会工作者职业水平证书太难

调查结果显示,在考取职业水平证书太难的问题上,受访团干部选择"影响极大""影响较大""有些影响""影响不大""影响极小"的占比分别为 10.9%、28.7%、41.7%、13.8%、4.9%,平均值为 3.27,标准差

---

① 中国青年报:《怎样留住年轻的青少年事务社工》,中青在线,http://career. youth. cn/ jyzc/201502/t20150204_ 6455328. htm,2015 年 2 月 3 日。

为 0.99。其中，"影响极小""影响不大"合计占 18.7%。这表明大多数团干部认为考取职业水平证书难是青少年事务社工突出的职业困惑。在实地访谈中，团干部也认为青少年事务社工的职业水平考试随着等级升高难度不断加大，助理社工师难度较低，参加考前辅导并进行系统复习，通过概率较高。但社工师资格考试的难度会较大，通过概率会大大降低。

实地访谈中，很多受访团干部认为取得从业资格证是从事实际工作的重要方面，但更为重要的方面是如何将所学的理论应用到实际的工作中。这个过程不但需要磨炼，更需要一定的悟性，这需要青少年事务社工个人的不断积累和努力。

（三）工资待遇过低

目前，青少年事务工作的工资待遇普遍偏低，而且没有大幅提升的可能性和现实性，因此会让青少年事务社工感到工作动力不足。这是团干部面临的重要挑战，他们需要借助其他方式不断激发青少年事务社工工作热情和积极性。在 2015 年共青团四川省委做的调研报告中，有 80% 的青少年事务社工自认为工资处于中等以下水平，45.5% 的青少年事务社工对当前的收入表示不太满意或者很不满意。关于不满意主要原因的调查中，工资、报酬低的个案数占 62.4%。[①] 以北京地区为例，2017 年刚刚入职的青少年事务社工每月的工资为 2500～3000 元。根据北京市人力资源和社会保障局最新发布的消息，2017 年北京市最低工资标准由每月 1890 元调整为 2000 元，增加 110 元，调整自 2017 年 9 月 1 日起执行。[②] 这意味着青少年事务社工的工资只比最低工资略高。此前也有学者对上海市青年社工收入做过调查，2009 年上海市人均月工资是 3566 元，而社工的收入则在 2500 元左右；2004～2009 年上海平均工资的年增幅是 10% 以上，而同期社工收

---

① 北京市人力资源和社会保障局：《关于调整北京市 2017 年最低工资标准的通知》，北京市人力资源和社会保障局网，http：//www. bjrbj. gov. cn/xxgk/zcfg/201707/t20170713_66689. html，2017 年 7 月 13 日。

② 中国青年报：《怎样留住年轻的青少年事务社工》，中青在线，http：//zqb. cyol. com/html/2015 – 02/03/nw. D110000zgqnb_ 20150203_ 1 – 07. htm，2015 年 2 月 3 日。

入的增幅在 2% 左右。这或许可以解释为何许多社工都转行当了公务员和进入事业单位。[①] 此外，2015 年调查结果还显示，在社会保障方面，仅有不到 18% 的青少年事务社工购买了全部五项社会保险，有超过 20% 的没有购买任何社会保险险种。[②] 在本次调研访谈中，购买社会保险的情况要比 2015 年调研的情况改善很多。在与青少年事务社工的访谈中，他们大多会避谈月工资收入。一些人认为谈工资会让人觉得很没面子，因为工资太低，没办法开口，尤其是没办法和亲友谈及，另一些人认为谈工资是"痛苦附加"，与其谈论微薄收入，不如选择刻意忘记，这样才会更好地工作。而一旦清楚了自己的工资收入和在社会中的位置，会让自己失去继续工作的动力。事实上，很多接受访谈的青少年事务社工是在完全忽视工资收入的条件下从事目前的工作，他们更多的是考虑其他因素，包括工作单位离家近、方便照顾老人孩子、能够认识很多兴趣相投的朋友等。总体而言，工资收入低势必会影响青少年事务社工工作的内在动力，团干部对此是有清晰认知的，并且也在利用各种机会和场合积极呼吁提高青少年事务社工的工资水平。

调查结果显示，在工资待遇低的问题中，受访团干部选择"影响极大""影响较大""有些影响""影响不大""影响极小"的占比分别为 31.7%、45%、19.3%、3.6%、0.4%，平均值为 4.04，标准差为 0.83。其中，选择"影响极大"和"影响较大"占比 76.7%，这表明团干部认为工资待遇低会对青少年事务工作产生较大的影响。选择"影响不大"和"影响较小"的只占 4.0%。这表明工资收入低已经成为团干部和青少年事务社工公认的职业困惑。在实地访谈中，课题组遇到了为数不多的男性青少年事务社工，他们对自己工资的评价是这份工作确实不适合男性从事。在他们看来，男性在传统观念中承担着养家糊口的重担，依靠目前的青少年事务社工工资收入，养家糊口是很难实现的。在北京地区的现实情况是，大多数青少年事务社工来自本地，在父母的帮助下可以免去购房置业

---

① 沈黎、刘林、刘斌志：《社会工作者的职业倦怠与组织承诺状况研究——以上海青少年事务社会工作者为例》，《青年探索》2011 年第 3 期，第 51 ~ 52 页。

② 中国青年报：《怎样留住年轻的青少年事务社工》，中青在线，http://zqb.cyol.com/html/2015－02/03/nw.D110000zgqnb_20150203_1－07.htm，2015 年 2 月 3 日。

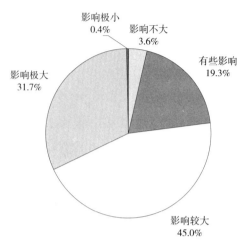

图 2 – 54　工资待遇低

的后顾之忧。此外，在个人面临生活困难时，家长可以及时给予必要的帮助。对此，团干部在访谈中也表示认识到问题的严重性，工资待遇较低难以吸引到更专业的人才。青少年事务社工在岗位设置上突出专业性，却因为工资收入低无法吸引到专业人才，这将会背离岗位设置的初衷。更为重要的是，如果一个工作岗位不能长期稳定地吸引优秀人才加入，它将会面临存在和发展危机。因此，解决工资收入低的问题成为关乎未来青少年事务社工发展的关键因素。

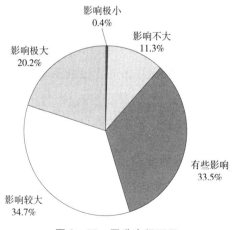

图 2 – 55　晋升空间不足

（四）晋升渠道狭窄

抽样调查结果显示，关于晋升空间不足的问题，受访团干部中认为"影响极大""影响较大""有些影响""影响不大""影响极小"的占比分别为20.2%、34.7%、33.5%、11.3%、0.4%，平均值为3.63，标准差为0.94。其中，"影响极大""影响较大""有些影响"占比总和为88.3%，这表明大多数团干部认为晋升空间不足对青少年事务社工的职业生涯发展有很大影响。在实地访谈中，团干部和青少年事务社工较多提到的问题也是青少年事务社工的未来职业规划问题。目前，各方力量关注的焦点都是青少年事务社工的岗位设置以及它的专业性。课题组从调研中了解到，北京地区青少年事务社工可能晋升的渠道是专业督导，管理型的总干事和副总干事。然而，这种晋升路径是相对狭窄的，而且并没有让青少年事务社工看到更加长远的发展。社会工作发展处于全国领先水平的上海在2013年就探索出一套25级社工晋升机制，其中，初级社工设10级，中级社工设5级，副高级社工设5级，高级社工设5级。[1] 每一个层级都与社工的薪酬挂钩。在设立晋级机制后，社工流失率明显降低，从此前的百分之十几降低到百分之几。

在实际工作中，青少年事务社工可能一直存在职业迷茫或不安全感。这种迷茫的现实意义是，随着自身年龄的增长，个人如何寻求自我的职业突破，以获得更多的社会认可和尊重。但是，由于晋升途径过于狭窄，很多人最终选择放弃这个岗位，转而寻求晋升渠道更宽、发展前景更好的工作岗位。此前的研究结果也表明，社工队伍基本属于管理和技术系列合二为一，晋升空间过于扁平化。[2] 另外，晋升渠道狭窄也将会回溯到另一个问题，即晋升之后的工资收入是否具有显著的提高。在实地访谈中，团干部认为从普通青少年事务社工晋升到社工督导，月工资涨幅在1000~2000元不等。单从数据看，青少年事务社工在职位晋升后，工资待遇的增幅过小。此外，在成为社工督导后，缺少新的晋升渠道成为新的问题。

---

[1] 王烨捷、周凯：《上海：预防青少年犯罪不做"表面文章"》，载《中国青年报》2014年12月25日，第1版。

[2] 沈黎、刘林、刘斌志：《社会工作者的职业倦怠与组织承诺状况研究——以上海青少年事务社会工作者为例》，载《青年探索》2011年第3期，第53页。

职业晋升机制在实践中至少有两方面作用，第一是实现资源配置，第二是提供激励。这两方面作用都可以降低员工的流失率。实现资源的配置，首先，使合适的人得到合适的岗位，做到人尽其才，最大化地实现人力资源的有效配置。其次，能够调动员工工作动力的重要方法就是提供激励。实际工作中，对于员工而言，最直接的激励是升职，其中隐含的内容是单位对其工作的肯定，也是社会认可的重要指标。

（五）管理与保障机制不健全

青少年事务社工的管理和保障机制包括以下几个方面：相关政策落实不到位、工作任务重、行政事务过多、工作考核标准不合理、团干部支持力度不够等。

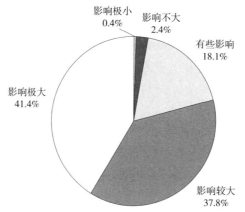

图 2 - 56　国家出台了相关政策，但落实不到位

抽样调查结果显示，在国家出台了加强青少年事务社工工作专业人才队伍建设的相关文件但落实不到位问题中，受访团干部选择"影响极大""影响较大""有些影响""影响不大""影响极小"的占比分别为 41.4%、37.8%、18.1%、2.4%、0.4%，平均值为 4.17，标准差为 0.84。其中，选择"影响极大"和"影响较大"占比总和为 79.2%。这表明大多数团干部认为相关政策落实不到位是青少年事务社工面临的非常突出的职业困惑。政策落实不到位的原因很多，包括地方政府重视程度不够、资金支持力度不到位、实际开展工作效果不好、社会认可度低等。抽样调查结果和实际访谈都表明政策落实不到位的情况是现实存在的突出问题。

　　此外，工作任务重也是青少年事务社工的一个职业困惑，它与工资待遇低存在相关性。工作任务重却工资待遇高，会让人产生获得感，即付出就会有回报。但是，工作任务重却工资待遇低，会让人产生挫败感，即付出和回报不成正比，久而久之劳动者会产生职业倦怠，增加劳动者的流失率。

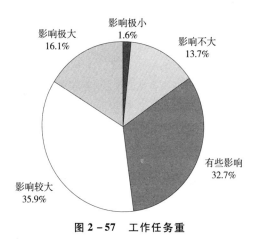

图 2 - 57　工作任务重

　　抽样调查结果显示，在工作任务重的问题中，受访团干部选择"影响极大""影响较大""有些影响""影响不大""影响极小"的占比分别为16.1%、35.9%、32.7%、13.7%、1.6%，平均值为 3.51，标准差为0.97。其中，选择"影响极大"和"影响较大"占比总和为 52%，这表明团干部认为工作任务重并不是青少年事务社工突出的职业困惑。在实际访谈中，团干部也认为青少年事务社工工作有一定的机动性和灵活性，特定时段工作任务会较重，除特定时段外的时间，工作任务不会很重。

　　抽样调查结果显示，在行政事务性工作多、所学专业被荒废的问题中，受访团干部选择"影响极大""影响较大""有些影响""影响不大""影响极小"的占比分别为16.1%、38.2%、33.3%、11.2%、1.2%，平均值为 3.57，标准差为 0.93。其中，选择"影响极大"和"影响较大"占比总和为 54.3%。这表明多数团干部认为行政事务多是青少年事务社工较为突出的职业困惑，但影响并不突出。

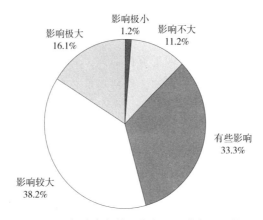

图 2 - 58　行政事务性工作多，所学专业被荒废

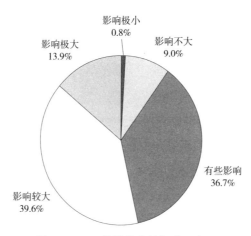

图 2 - 59　工作绩效考核标准不合理

　　抽样调查结果显示，在工作绩效考核标准不合理问题中，受访团干部
选择"影响极大""影响较大""有些影响""影响不大""影响极小"的
占比分别为 13.9%、39.6%、36.7%、9.0%、0.8%，平均值为 3.57，标
准差为 0.87。其中，选择"影响极大"和"影响较大"占比总和为
53.5%。这表明多数团干部认为工作绩效考核不合理是青少年事务社工
较突出的职业困惑。有地区在总结青少年事务社工经验的过程中指出考
核机制存在问题，以四川省成都市为例，其存在的主要问题包括考核主
体分散，主要是购买服务的相关业务主管单位自行组织，广大接受服务
的青少年群体及其家庭以及第三方机构的参与度不高；考核指标体系还

不够科学和完善,缺乏专业设计与相关认可;针对社工组织服务活动的评估考核形式需要进一步丰富,以反映社会组织提供服务质量和水平的客观真实性。①

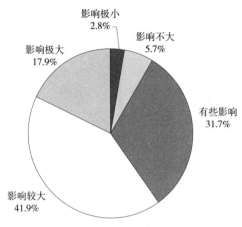

图 2 - 60　基层团干部支持不够

抽样调查结果显示,在基层团干部支持不够问题中,受访团干部选择"影响极大""影响较大""有些影响""影响不大""影响极小"的占比分别为17.9%、41.9%、31.7%、5.7%、2.8%,平均值为3.66,标准差为0.93。其中,选择"影响极大"和"影响较大"占比总和为59.8%。这表明多数团干部认为基层团干部的支持力度不够是青少年事务社工突出的职业困惑。抽样调查结果在一定程度上也反映了团干部认为自身发挥的作用会影响青少年事务社工的职业发展。

（六）培训体系不完善

青少年事务社工工作是专业性很强的岗位,但很多青少年事务社工在参加工作之前完全没有或者几乎没有接触过与岗位相关的知识,因此,相关机构和部门需要通过组织培训的方式对其进行指导和帮助。通过对团干部的访谈发现,他们的培训机会并不多,培训体系也不够健全。然而,培

---

① 朋甦:《成都市青少年事务社工队伍现状与发展路径调研报告》,人民网 – 四川频道, http://sc.people.com.cn/n2/2017/1208/c379469 – 31011146.html, 2017 年 12 月 8 日。

训对青少年事务社工专业队伍的建设却发挥着非常重要的作用。与此相比，团干部培训已经建立了比较完善的体系，因而，他们对培训之于现实工作的指导性意义有非常全面的认识，他们也呼吁应该给青少年事务社工提供更多的培训机会。

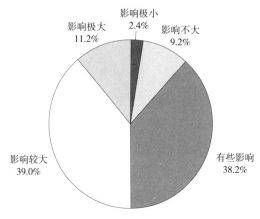

图 2 – 61　少有参加培训的机会

抽样调查结果显示，在少有参加培训的机会问题中，受访团干部选择"影响极大""影响较大""有些影响""影响不大""影响极小"的占比分别为11.2%、39.0%、38.2%、9.2%、2.4%，平均值为3.47，标准差为0.90。其中"影响极大""影响较大""有些影响"三者相加占比88.4%，这表明团干部认为培训机会不足将会限制青少年事务社工的职业发展。很多受访团干部认为，培训的机会少，不利于青少年事务社工工作属性的确定，不利于青少年事务社工的开展。实际工作中，团干部能够在思想引领、工作方式方面为青少年事务社工提供指导，但不能在专业领域给青少年事务社工以指导和帮助，培训机会少也会给团干部领导青少年事务社工工作带来挑战。

另外，培训不够系统也是问题的重要方面。抽样调查结果显示，在培训不够系统的问题中，受访团干部选择"影响极大""影响较大""有些影响""影响不大""影响极小"占比分别为14%、39%、37%、8%、2%，平均值为3.57，标准差为0.89。其中"影响极大""影响较大""有些影响"三者相加占比90%，这表明了绝大多数团干部认为培训体系的建立与完善对青少年事务社工作为专业岗位起着非常重要的作用。在实地访谈

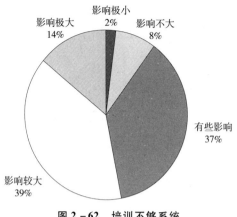

图 2-62　培训不够系统

中，很多团干部也表示培训体系建立后，青少年事务社工可以通过参加系统培训明确自身的职业定位，获得对实际工作有价值的方法，这对青少年事务社工建立科学的晋升体系和评价体系也有指导意义。因此，增加培训机会、建立健全培训体系对整个青少年事务社工机制的建设具有现实意义。

（七）社会认同度低

职业的社会认同是一个心理学概念，它是个体对所从事的职业的肯定性评价和职业人发展的内在激励因素。职业社会认同一般是指在长期从事某项职业过程中，职业人对职业的认可和肯定，愿意接受职业规范，从业过程中实现了自身价值，并获得满足感；它既是一个过程，也是一种状态。① 职业社会认同的主体是服务对象的认同和周边人群的认同。青少年事务社工的社会认同度应该包含相互影响的两方面含义：从社会角度来看，社会工作职业的社会认同度是指政府和公众对社会工作职业价值的认知程度；从社会工作者角度看，社会工作职业的社会认同度是指社会工作者对自身职业的满意和认可程度。社会工作职业认同度既表明政府和社会对社会工作者的一种积极态度，也表明社会工作是社会需要的服务。事实上，社会认同度低将影响青少年事务社工工作动力，也可能导致社工队伍人才流失。

① 黎燕丽：《社工认同度与社工专业能力发展探究》，载《社会工作与管理》2015 年第 3 期，第 24 页。

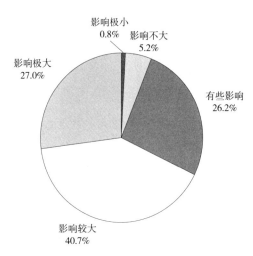

图 2 - 63　社会对青少年事务社工工作的认同不够

　　调查结果显示，在社会对青少年事务社工工作认同不够的问题上，受访团干部选择"影响极大""影响较大""有些影响""影响不大""影响极小"的占比分别为 27.0%、40.7%、26.2% 、5.2%、0.8%，平均值为3.88，标准差为 0.90。其中选择"影响极大"和"影响较大"的占比67.7%，这表明大部分团干部也认为社会对青少年事务社工工作的认同度较低。此外，很多青少年事务社工在实地访谈中认为整个社会对其岗位的认同度不高。在此前其他学者做的实地访谈中，当被问及遇到困难是否会寻求青少年事务社工帮助时，大多数人表示自己会想办法解决或者寻求亲人和朋友的帮助。[①] 这表明服务对象对青少年事务社工工作的认同度也不够，原因可能有以下两个方面，一是民众对青少年事务社工的专业度还存在质疑，认为年轻的青少年事务社工缺少社会阅历和经验，不能很好地处理现实问题，因而不会将他们作为求助的首选；二是职业效能不能在短时间内得到凸显，社工服务效果的显现也需要一个周期，而不会在短时间内显现，因而，也会降低民众对社工效能的认同度。有学者 2013 年于广州市

---

　　① 张丽芬、童翔：《论社会工作职业的社会认同度》，载《贵州师范大学学报》（社会科学版）2015 年第 3 期，第 157～158 页。

做的调查显示，92.9%的调查对象认为很多市民不了解什么是社会工作。[①]
此外，如果将认同度低问题拓展到青少年事务社工领域，青少年对青少年
事务社工和其工作的了解和认知程度也不高。此前也有研究表明，由于经
济发展和文化素质的限制，民众对社工工作者认同度不高，不管是专业社
会工作者还是中国传统的非专业社会工作人员，在我国普通民众心中接受
度都不高，并且他们觉得社会工作者与志愿者类似，没有专业技术可言。[②]

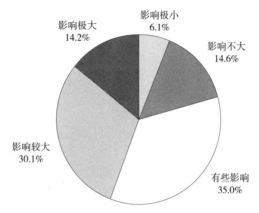

图 2 - 64　家人对我的工作不认可

此外，受访者尤其谈及家人、亲戚和朋友对其工作的认同度很低，这
将会直接影响他们的工作动力和工作热情。抽样调查结果显示，在家人对
我的工作不认可的问题中，受访团干部认为"影响极大""影响较大"
"有些影响""影响不大""影响极小"的占比分别为 14.2% 、30.1% 、
35.0% 、14.6% 、6.1% ，平均值为 3.32，标准差为 1.08。其中选择"影
响极大""影响较大""有些影响"总占比 79.3% 。这表明绝大多数团干
部认为家人对其工作的认可度对青少年事务社工工作的影响很大。青少年
事务社工在访谈中也谈到，当被问及工作岗位的时候，他们并不能很好地
做出职业界定和类比，因此，也就得不到家人、亲戚和朋友的理解和支
持。此外，受到社会传统观念的束缚，很多人会把工作岗位主观地分成等

① 陈泳秀、王静、卫利珍：《社会认同对社会工作者工作状态的影响》，《重庆工商大学学
报》（社会科学版）2013 年第 8 期，第 66 页。
② 叶莹莹：《社会工作者的社会认同现状及原因分析》，载《消费导刊》2016 年第 6 期，第
346 页。

级，比如公务员、国企员工、事业单位员工、专业技术人员等被人们认为是社会地位高的人员，而很多受访者都谈到其家人认为青少年事务社工的工作不是"正经工作"，认为他们的工作就是整天东奔西走、搞搞活动，没有什么社会价值。周边人的不认可对青少年事务社工情绪会产生较大影响，也会影响其自身对于工作本身的认同度。

在实地访谈中，大多数团干部对青少年事务社工的职业认同度低的问题有较为全面的理解与认知。团干部处理这类问题有自身优势，他们十分擅长做思想工作并能够整合社会资源。在实地访谈中，团干部表示会安排和青少年事务社工定期进行面对面的交流，会通过思想引导的方式，使青少年事务社工鼓足勇气、坚定信心，帮助青少年事务社工化解工作中产生的各种消极情绪。另外，团干部确实可以利用自身的岗位优势为青少年事务社工创造更多的机会，使其获得更多可以利用的资源，开展更多服务青少年的活动，使青少年事务社工产生成就感，推动青少年事务社工工作的长效发展。

表 2 - 7　团干部对青少年事务社工职业困惑评价的平均值、标准差汇总

类　　别	平均值	标准差
1. 开展活动经费不足，支持不够	4.29	0.75
2. 工资待遇低	4.04	0.83
3. 工作任务重	3.51	0.97
4. 晋升空间不足	3.63	0.94
5. 少有参加培训的机会	3.47	0.90
6. 培训不够系统	3.57	0.89
7. 青少年事务社工的工作范围不明确	3.77	0.84
8. 工作绩效考核标准不合理	3.57	0.87
9. 行政事务性工作多，所学专业被荒废	3.57	0.93
10. 社会对青少年事务社工工作的认同不够	3.88	0.90
11. 基层团干部支持不够	3.66	0.93
12. 国家出台了相关政策，但落实不到位	4.17	0.84
13. 考取社会工作者职业水平证书太难	3.27	0.99
14. 家人对我的工作不认可	3.32	1.08

通过对以上各项职业困惑评价平均值和标准差进行对比，课题组发现受访团干部认为青少年事务社工突出的职业困惑，按重要性排序依次是"活动经费不足""相关政策落实不到位""工资待遇低""社会认同度不够""工作范围不明确"。而"职业水平证书难考""家人对工作不认可""少有培训机会"则显得并不突出。这与实地访谈中团干部认为的青少年事务社工存在的职业困惑大体相符。

四　具体应对措施和解决办法

职业困惑的分析实际上从多个角度反映出青少年事务社工工作发展中面临的诸多问题，这些问题的解决对于青少年事务社工工作的长足发展具有重要意义。有学者就指出，加强青少年事务社工队伍建设是一项系统工程，必须坚持问题导向，对接青少年社会事务需求，立足提高社会服务水平，坚持走专业化、职业化道路，创新社会治理，为青少年社会事务提供科学化、精细化的服务和保障。[①] 事实上，解决青少年事务社工面临的职业困境主要应该从以下几个方面着手：争取政府资金的支持、建立系统的培训机制、探索科学的管理模式、完善人才保障和职业发展机制、加强宣传以提升职业认同度。

现实中，很多地方团组织实际的经验和做法也确实具有很强的启示意义。2015 年四川省的调查报告给出的建议是，必须把宏观层面上法制导向、价值导向，中观层面上的共青团组织统筹，与微观的人力资源管理策略相结合，以解决这一群体所面临的问题。[②] 对于物质保障问题，调研报告建议财政部门逐渐加大财政投入力度，加强对基层社工组织建设和工作的财力保障，将由政府负担的青少年事务社工工作管理人才队伍建设经费纳入财政预算，并将此项服务纳入政府购买支持范围。

在培训方面，上海形成了分层递进、形式多样的培训体系，既有针对社工日常专业技能和实务知识的初任培训，也有针对骨干社工的专业深化

[①]　韩振峰、易帅东：《青少年事务社工人才队伍建设研究》，《北京交通大学学报》2017 年第 4 期，第 138 页。

[②]　《怎样留住年轻的青少年事务社工》，中青在线，http：//zqb. cyol. com/html/2015 - 02/03/nw. D110000zgqnb_ 20150203_ 1 - 07. htm，2015 年 2 月 3 日。

及管理培训，还选派优秀社工赴港、台地区的专业机构进行挂职实训。①
随着青少年事务社工队伍的不断壮大，北京团市委在加强社工队伍建设方
面实施了一系列的针对性举措。

为了探索适合本土化特点的社工机构管理运营模式，北京团市委孵化
成立了北京厚德社工事务所，与香港无国界社工合作，聘请香港资深督
导，在一线社会工作实务等方面全程对社区青年汇专职社工给予指导，发
挥机构在社工培养和管理工作中的积极作用。

四川省在参与政府购买服务工作方面有较好的探索。四川团省委牵头
起草了《关于支持群团组织参与政府向社会力量购买服务工作的实施方
案》，积极争取党政支持，加大群团组织购买社会服务力度，成立了由团
省委作为主管单位的两个社会服务机构——四川协力公益发展中心和四川
启明星青少年活动发展中心，依托团属社会组织承接政府购买服务。

广西南宁市探索的应对措施是通过加强社工的在职培训、建立人才培
养基地、建立专业督导制度等途径，提升青少年事务社工的实务工作能
力；完善和出台青少年事务社工考核和管理办法，依托第三方对服务项目
进行评估，逐步建立专业化的项目运作体系。

第三节　共青团干部对青少年事务社会
工作者职业需求的看法

青少年事务社工的需求既指他们应该具备怎样的职业素养来适应这一
工作岗位，也指青少年事务社工能够得到的社会认同度。职业素养是指劳
动者对所从事职业的了解与适应能力的一种综合体现，其主要的表现是职
业兴趣、职业能力、职业个性及职业认同等。影响和制约职业素养的因素
很多，主要包括受教育程度、实践经验、社会环境、工作经历以及自身的
一些基本情况（如身体状况等）。一般说来，劳动者能否顺利取得职业成
就，在很大程度上取决于本人的职业素质，职业素质越高的人，获得成功

---

① 林宇等：《青少年事务社会工作的地方实践》，民政部官网，http://www.mca.gov.cn/article/yw/shgzyzyfw/mtgz/201502/201502007704959.shtml，2015 年 2 月 6 日。

的机会就越多，成功的概率也越大。青少年事务社工作为一个新兴岗位，必须明确从业者应该具备的基本素质。只有如此，从业者才能不断获得成功，青少年才能获得满意的服务，共青团改革才能实现初衷。另外，青少年事务社工也是一个服务型的岗位，其工作需要得到团干部的认可，也需要得到服务对象的认可，更为重要的是得到社会的认可。社会认可度对于青少年事务社工为专业岗位具有重要意义。本节内容主要是从团干部对青少年事务社工需求的理解和认知角度，来分析青少年事务社工的需求。

一 一般劳动者的职业发展需求

一般劳动者的职业发展需求是指他们对所从事岗位的渴求和欲望，这种渴求和欲望是一个人职业行为的积极性源泉。自从出现了劳动分工，人类社会就出现了职业需求。原始的职业需求实际上只是一个人的一种简单的生存需求。随着社会的发展，职业不断分化和产生，不断赋予职业需求以新的内容。随着社会分工的细化，人们的职业需求也在发生变化。

职业需求是个体的职业选择，个体选择工作的目的十分明确，即它是个体生存和延续后代的基本条件。可以说，获取生存的物质保障是个体工作的自然动机。与此同时，个体也不是孤立存在的，每个个体都生活在社会当中，他们构成了社会的基本单位，社会也会影响个体的职业需求。在社会生产生活中，人们逐渐形成了对社会整体的理解和认知。选择职业也会受到社会因素的影响，个体也存在政治需求、经济需求和文化需求等，他们在选择职业时也会综合考虑这些因素。现代社会中，个体职业需求的社会方面变得更加重要。个体在实现自然需求满足后，必然会去追求社会性职业需求的满足。追求社会性职业需求满足是要求个体通过参与职业追求一种内心满足的方式。如果一份职业只能满足个体的生存需要，那么个体将难以获得长期坚持从事这一职业的原动力，这份职业本身也难以延续。此外，人的职业需求也存在合理和不合理两种情况。合理的职业需求是当时能够满足个人需求或者当时不能满足个人需求而在一段时间后能够满足个人需要的职业。只要通过努力和奋斗，个人就可以创造条件和机会最终实现目标。不合理的职业需求主要是不现实的需求，主要是个人对职业存在不现实的渴求和欲望。这种不现实的职业需求因为无法得到满足，会给自身的职业发展带来严重的负面影响。

个体在确定职业选择后，更为重要的是对自身选择的职业发展需要有清楚的认识，也就是使个体能够和从事的岗位相匹配，能够发挥自身的潜能，并能够不断地提升能力、挖掘潜能。一方面，个体需要对自己提出要求；另一方面，岗位本身也能够给个体素质的提升创造条件，也就是实现一种双向互动。个体在从事某一岗位工作后，需要做好职业生涯规划。职业生涯规划的第一步是了解自身，正确认识自身的兴趣爱好、能力特长，以及家庭、学校、社会对自己的影响，即生理自我、心理自我和社会自我。第二步是了解工作岗位。在了解自己的基础上，了解自己从事的工作，它的职业特点是什么、不同职业需要的能力有哪些、行业发展前景是什么、行业有哪些机遇和挑战等。第三步是在知己知彼的基础上努力完善自身，使个体能够符合岗位的要求。第四步是进行评估，评估个体在从事岗位工作后是否实现了此前设定的职业目标。职业生涯规划也要遵循四项基本原则。第一，喜好原则，个体需要喜欢自己选择的职业，才有可能在出现困难的时候，坚持不放弃。第二，擅长原则，个体需要做自己擅长的事，有能力做好和解决实际的问题。只有做自己擅长的事情才能做得比别人好，个人的能力才能得到承认。第三，价值原则，也就是认为自己所从事的职业是有价值的，值得坚持和付出。第四，发展原则，在有机会做的基础上不断地扩展自己的职业发展空间。

二　青年事务工作者的职业需求

目前，我国从事青年工作的主要人员是团干部。《中国共产主义青年团章程》（以下简称《团章》）对团干部属性和特征做出了明确界定，并对其基本素质提出了要求。《团章》规定，团的干部是团工作的骨干。共青团要按照德才兼备、以德为先的原则，大胆选拔年轻干部，保持团干部队伍年轻化的优势，努力实现团干部队伍的革命化、知识化和专业化，在"保留骨干、以资熟手"的同时，不断为党和国家输送年轻干部。[①] 《团章》对团干

---

① 《中国共产主义青年团章程》，中国共青团网，http：//www.ccyl.org.cn/ccylmaterial/regulation/200612/t20061224_ 12141.htm，2013 年 6 月 20 日。

部的能力和素质也做了具体的规定。第一，政治要坚强。具有相应的马克思列宁主义、毛泽东思想和邓小平理论的水平，自觉实践"三个代表"重要思想，带头贯彻实现科学发展观，坚持讲学习、讲政治、讲正气，坚决执行党的基本路线和各项方针政策，立志改革开放，献身社会主义现代化建设事业。第二，学习要刻苦。带头学习政治、经济、文化、历史、法律、科学技术和现代管理知识，不断提高思想政治水平和实际工作能力。第三，工作要勤奋。有强烈的革命事业心和责任感，勤于思考，勇于创新，知难而进，积极主动地在青年中开展工作，努力做出实绩。第四，作风要扎实。朝气蓬勃、实事求是，发扬民主、敢想敢干，深入基层、调查研究，讲实话、办实事、求实效，不搞形式主义、不沾染官僚习气，热心为青年服务，做青年的知心朋友。第五，品德要高尚。顾全大局，公道正派，团结同志，助人为乐，诚实谦虚，清正廉洁，有自我批评精神，自觉接受团员和青年的监督。①

从《团章》对共青团的要求看，从事青少年事务工作必须具备五个方面的素质。第一，对党的理论、方针和政策要能够全面掌握，并要做到理论联系实际，将党的理论、方针和政策在青年中做好宣传工作，使青年能够响应党的号召并和党中央保持一致。第二，多元知识储备的重要性。在时代不断发展、社会不断进步的背景下，从事青少年事务工作者要成为一名"通才"，要尽可能多地掌握各方面知识，才能够讲青少年听得懂的话，想青年之所想，急青年之所急，解青年之所困。第三，思维要跟得上时代发展。随着时代的发展，社会环境在不断发生变化，必须不断地开拓思维，放宽眼界，不断地更新工作理念和工作方法。第四，脚踏实地的作风。在社会不断向前发展的新时代，青年自我判断能力在增强，他们会以客观理性的视角看待团干部的工作。单纯追求个人发展，将共青团工作简单地视为升迁的跳板，会让青年产生职业疏离感。第五，高尚的品德和情操是先决条件。德行和操守是评价一个领导者的关键要素。团干部要带领一支服务团队必须有较强的道德修养和职业操守，要有大局意识，在关键

---

① 《中国共产主义青年团章程》，中国共青团网，http://www.ccyl.org.cn/ccylmaterial/regulation/200612/t20061224_12141.htm，2013年6月20日。

时刻，甘愿做出自我的利益牺牲。

习近平总书记在2013年与团中央新一届领导班子集体谈话中指出，扩大团的工作有效覆盖面，关键是要把工作延伸到广大青年最需要的地方去。青年在哪里，团组织就建在哪里；青年有什么需求，团组织就要开展有针对性的工作，努力使团组织成为联系和服务青年的坚强堡垒。团组织要努力做值得广大青年信赖的贴心人，深入青年之中，倾听青年呼声，把青年安危冷暖挂在心上，发挥组织优势，调动社会资源，千方百计为青年排忧解难，使团组织成为广大青年遇到困难时想得起、找得到、靠得住的力量。① 习近平总书记强调，推动共青团事业不断开创新局面，关键在团干部。团的干部必须坚定理想信念，应该最富有理想、富有理想主义，团干部要在广大青年中树立威信、形成号召力，首先要高扬理想旗帜。团的干部必须心系广大青年，坚持以青年为本，深深植根青年、充分依靠青年、一切为了青年，做青年友，不做青年"官"，努力增强党对青年的凝聚力和青年对党的向心力。团的干部必须提高工作能力，勤奋学习，向书本学习，向实践学习，向青年学习，在同广大青年的密切交往中提高工作本领，在同他们打成一片中找到做好青年工作的有效办法。团的干部必须锤炼优良作风，既要有干事创业的激情，更要有脚踏实地的作风。要深刻领会中央八项规定的精神实质，养成慎始、慎独、慎微的意识，走好人生每一步。要坚决反对形式主义、官僚主义、享乐主义和奢靡之风这"四风"，着力解决广大青年反映的突出问题，为做好团的工作提供坚强作风保障。② 习近平总书记的讲话明确了时代发展对团干部提出的新要求，即必须坚定理想信念，必须心系广大青年，必须提高工作能力，必须锤炼工作作风。

《团章》的相关规定和习近平总书记的讲话精神明确了对团干部的要求，也是对一名优秀团干部的具体要求，二者之间都有鲜明的时代特征。实际工作中，团干部会根据上述要求不断地提升自身的能力。这也是从一

① 《习近平同团中央新一届领导班子成员集体谈话》，人民网，http://politics.people.com.cn/n/2013/0620/c1024-21916944.html，2013年6月20日。
② 习近平：《团干部应做青年友，不做青年"官"》，中国新闻网，http://www.chinanews.com/gn/2013/06-20/4952676.shtml，2013年6月20日。

般职业者的角度出发，团干部首先要明确自身的职业选择，然后根据确定的职业选择，来明确自身的职业发展需要。团干部的现实需求也与此存在密切的关联性。

三　专业社工人才的职业需求

国家十九部委出台的《社工专业人才队伍建设中长期规划（2011～2020年)》，明确了对青少年事务社工专业人才的界定。社会工作专业人才是具有一定社会工作专业知识和技能，在社会福利、社会救助、扶贫济困、慈善事业、社区建设、婚姻家庭、精神卫生、残障康复、教育辅导、就业援助、职工帮扶、犯罪预防、禁毒戒毒、矫治帮扶、人口计生、应急处置、群众文化等领域直接提供社会服务的专门人员。[①] 具体而言，社工专业人才是指高校社会工作及相关专业毕业或参加和通过社会工作职业水平考试的人。[②] 上述《规划》明确指出要不断提升社会工作专业人才能力和素质，要使未系统接受过社会工作专业教育的社会服务人员普遍接受一定时数的社会工作专业培训。社会工作专业人才思想政治和职业道德水平不断提高，专业价值伦理不断强化，专业理论与知识不断丰富，专业方法与技术不断完善，专业实务能力不断增强，综合素质大幅度提升。[③] 同时也提到了社会专业人才队伍建设的体制需要更加完善，包括培养开发、评价发现、选拔使用、流动配置、激励保障方面的法规、政策与制度不断完善，不断健全服务与管理网络。

从专业性角度上看，社会工作是一套助人理念和技术体系组成的实务方法引导的实践活动，强调助人自助专业理念的同时更加强调实务性。有研究者认为优秀的专业社工需要具备九项能力，分别是：第一，发展规划的能力，即为发展对象设置应对问题的方案，分析原因并和服务对象共同制定应对方案；第二，问题评估的能力，主要是评估服务对象问题的能力，通过不断接触，对服务对象问题的根本成因进行判断，即是否具备借助手中

---

① 《社会工作专业人才队伍建设中长期规划（2011～2020年)》，民政部官网，http://www.mca.gov.cn/article/zwgk/jhgh/201204/20120400302325.shtml，2012年4月26日。

② 王思斌：《加强培训促进社工人才队伍建设》，载《中国社会工作》2012年第6期（上），第60页。

③ 《社会工作专业人才队伍建设中长期规划（2011～2020年)》，民政部官网，http://www.mca.gov.cn/article/zwgk/jhgh/201204/20120400302325.shtml，2012年4月26日。

资源对问题进行判断的能力。第三，资源整合的能力，主要是帮助服务对象对身边、社区周边资源进行有效的争取和整合，为服务对象所用。第四，专业角色扮演的能力，即在帮助服务对象的过程中扮演不同角色。这主要包括五重角色，即能动者、练者、教育者、倡导者和治疗者的角色。第五，过程控制与引导的能力，即为服务对象设定有效的方案，并在执行过程中设定轻重缓急，注重细节控制。在这个过程中，社工需要具备助人素质、开放的心态和较强的沟通能力。第六，同理与沟通的能力。主要是设身处地地为服务对象着想。要懂得尊重、开诚布公和善于倾听。第七，处理突发事件的能力。社会工作中的突发事件主要是在助人过程中遇到的意外问题和纠纷。作为社工，需要理性冷静处理并引导服务对象按照预期计划执行。在这个过程中，需要冷静观察，不急不躁，耐心热心。第八，自我调节学习的能力。自我调节学习是社工为了提升自身的素质和技能，主动运用与控制认知、动机与行为的过程，主要是根据自身的特点进行自我评价、目标设定和策略执行。第九，专业方法运用的能力。社工的专业工作方法非常多，比如个案工作中常用的专业方法：人本治疗理论和方法、行为派治疗理论与方法、危机干预和家庭治疗等。小组工作中常用的模式：社会目标模式、互惠模式、治疗模式和发展模式等。①

　　这九项能力是非常综合的能力，对社工自身的综合能力和素质提出了很多要求。优秀的社工不仅要具有很强的专业理论知识和有效的工作方法，同时要具有很高的情商，即一种同比心，去理解和体会服务对象的内心感受，千方百计地为青少年排忧解难。此外，社工还要对自己有清醒的认识和严格的要求，也就是不断地认识自身优势和不足。在实际工作中不断地发挥自身的优势和特长，弥补自身的短板和不足，同时，还要严格要求自己，要不断加强学习，加强理论联系实际，加强对不同工作方法的综合运用等。

四　青少年事务社会工作者的职业需求

　　青少年事务社工既是一般意义的劳动者，也是从事青少年事务的劳动

---

① 《一线社工的九项能力》，北斗星社区，http：//www.bdstar.org/Article/Class52/Class59/201206/5080.html，2012 年 6 月 4 日。

者，又是专业社工人才。因此，他们的现实需求融合了这三重不同社会角色的需求。作为普通的劳动者，他们需要通过工作满足自然需求，也就是一般意义所谓的"养家糊口"。同时，他们还需要通过工作不断地提升自身，使自身在精神层面得到满足，不断取得个人进步，不断得到社会的认可。其次，作为青少年事务工作者，他们要有坚定的理想信念，要有服务青年的意识，要不断与时俱进。再次，作为专业社会工作者，他们要有专业的知识和专业的技能以及从业资格证书。课题组在团干部对于青少年事务社工职业困惑的调查中，发现其职业困惑主要有活动经费不足、专业能力不强、工资待遇低、晋升渠道狭窄、培训机制不健全、社会认同度低等挑战。这些困惑和此前的学者分析有共同之处。比如，易帅东和郑雄以北京市青年汇青年事务社工为对象进行的调查提出了影响青少年事务社工队伍稳定和发展的六方面因素，即工作环境和条件，岗位职责，收入水平，社会认同感，专业培训以及发展和晋升空间。[①] 韩振峰和易帅东在分析青少年事务社工人才队伍建设的问题中认为影响青少年事务社工队伍建设的核心因素包括四个方面，即职业定位和发展、薪酬待遇、专业化和职业化程度以及社会认知度。通过对抽样调查的比对和分析，受访团干部认为，应对青少年事务社工的职业困惑，可以有以下几方面有效的措施。

（一）加大活动经费投入

团干部作为青少年事务社工的领导，也十分清楚青少年事务社工的经费并不充足。在市场经济的大环境下，依靠第三方赞助的形式获取经费很容易改变青少年事务社工工作的性质，作为服务对象的青少年也会关注活动经费的来源，他们很可能会从关注经费来源的层面思考活动的属性，因此，团干部也认为政府加大经费投入对于青少年事务社工工作的开展意义重大。

调查结果中，在加大活动经费投入的问题上，受访团干部选择"非常需要""比较需要""不确定""不太需要""完全不需要"的占比分别为

---

① 易帅东、郑雄：《北京市社区青年汇专职社工人才队伍建设研究报告》，载《中国青年研究》2015 年第 6 期，第 13 ~ 14 页。

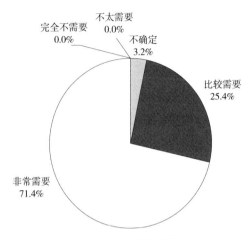

图 2 - 65　加大活动经费投入

71.4%、25.4%、3.2%、0.0%、0.0%，平均值为 4.68，标准差为 0.53。其中，"非常需要"和"比较需要"占比总和为 96.8%。这表明加大活动经费投入是大多数团干部十分关注的问题。团干部也受到经费不足问题的困扰，事实上，基层共青团组织活力不足最重要的两方面原因是经费不足和人手不够。因此，团干部对于青少年事务社工的工作困难是感同身受的，因而绝大多数赞同应加大经费投入力度。在实地访谈中，绝大多数团干部提到，活动经费是影响青少年事务社工工作开展的关键因素。

（二）提高工资待遇

在实地访谈中，大多数团干部认为青少年事务社工的待遇亟待提高，需要政府将整个青少年事务社工工作纳入财政预算当中，按照人头拨付整体工资。青少年事务社工工作是一个社会化程度很高的岗位，也需要通过激励机制突出其社会化的属性，因此，他们也认为要对青少年事务社工建立工作激励机制。事实上，建立工作激励机制不但能够使他们满足个人的自然需求，更能满足社会需求。抽样调查结果显示，大多数团干部认为青少年事务社工的工资待遇需要提高，同时还要引入工作激励机制，使其更有工作动力。

调查结果显示，在提高工资待遇问题上，受访团干部中选择"非常需要""比较需要""不确定""不太需要""完全不需要"的分别占比

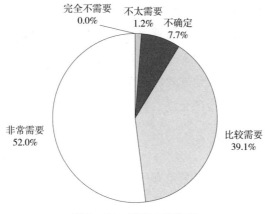

图 2 - 66　提高工资待遇

52.0%、39.1%、7.7%、1.2%、0.0%，平均值为4.42，标准差为0.69。其中，选择"非常需要"和"比较需要"共占比91.1%，这表明绝大多数团干部认为青少年事务社工的工资待遇应该得到提高。以北京地区为例，目前刚刚入职的青少年事务社工的工资为每月2500~3000元，按照当地的消费水平至少应该提高到每月4000~5000元。这样的工资收入水平确实很难满足青少年事务社工自身生存和发展的基本需要。

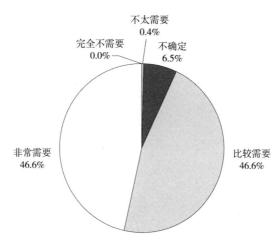

图 2 - 67　建立青少年事务社工的激励奖励机制

调查结果显示，在建立激励奖励机制的问题中，受访团干部选择"非常需要""比较需要""不确定""不太需要""完全不需要"的分别占比46.6%、46.6%、6.5%、0.4%、0.0%，平均值为4.39，标准差为0.63。

其中"非常需要"和"比较需要"两者相加占比 93.2%，这表明团干部认为需要通过建立激励奖励机制带动青少年事务社工的工作积极性。在实地访谈过程中，团干部和青少年事务社工都提到，在经费没有落实到位的情况下，团干部会通过其他方式对青少年事务社工给予奖励，这包括提供出差交流机会、赴先进地区交流、参加集中培训等。

（三）提供晋升机会

实际工作中，团干部自身是有行政级别的，他们可以通过努力工作不断得到晋升，然而，青少年事务社工的晋升空间却十分狭窄。虽然，相关部门关于社工认证方面提出了很多专业级别设定，但在实际运转中，社工岗位设置还十分有限。大多数团干部认为青少年事务社工的晋升路径只是限制在专业社工和社工督导两级，因此，需要有更多的晋升机会。青少年事务社工的晋升渠道未来需要更加开放，他们可以通过考评选拔进入团委、民政部门和相关的事业单位工作。创造更多晋升机会有益于青少年事务社工职业生涯的发展，更有利于其岗位得到社会更广泛认可。在实地访谈中，大多数团干部也认为，青少年事务社工要有更畅通的晋升渠道，这样才能留住更多人才。

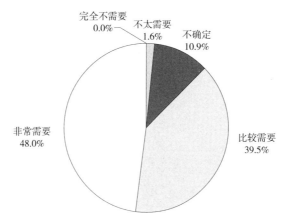

图 2-68　提供更多晋升机会，拓宽职业发展空间

调查结果显示，在提供更多晋升机会、拓展职业发展空间的问题中，受访团干部选择"非常需要""比较需要""不确定""不太需要""完全

不需要"的占比分别为 48.0%、39.5%、10.9%、1.6%、0.0%，平均值为 4.34，标准差为 0.74。其中"非常需要"和"比较需要"两者相加占比 87.5%，这表明绝大多数团干部认为晋升机会和职业发展空间对于青少年事务社工的未来发展是至关重要的。在实地访谈中，很多团干部也提到，青少年事务社工近年来大量流失的重要原因是缺少晋升机会，职业发展空间太小。此外，缺少晋升机会和发展空间也导致青少年事务社工在职业生涯中产生很多困惑和问题。

（四）系统培训和交流学习

系统性的培训对于个人职业的发展具有非常重要的意义，它可以给青少年事务社工提供学习理论知识和实际技能的机会。青少年事务社工工作具有自身独特性，它融合了青少年事务工作者和专业社工两个职业的特质。它既需要学习党的理论、方针和政策以及青少年事务的相关政策和青少年事务工作的方法技巧，又需要学习专业社工所需要的理论知识和工作方法。事实上，大多数青少年事务社工在入职前对青少年事务社工工作并没有清晰的认识，他们对自己的工作范围和岗位性质都不了解。同时，很多刚从大学校门走出来的社工专业大学生虽然具备社工工作的理论基础，却缺少现实经验和工作技巧，因此，系统和长期的培训对于青少年事务社工的职业能力提升和个人成长都是十分必要的。

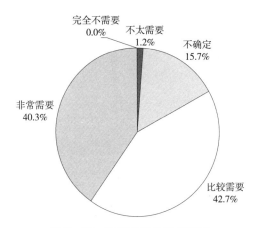

图 2-69 提供系统长期的培训

调查结果显示，在提供系统长期的培训问题中，受访团干部中选择
"非常需要""比较需要""不确定""不太需要""完全不需要"的占比分
别是40.3%、42.7%、15.7%、1.2%、0.0%，平均值为4.22，标准差为
0.75。其中"非常需要"和"比较需要"两者相加占比83%。这表明绝
大多数团干部认为青少年事务社工需要接受长期系统的培训。在实地访
谈中，很多团干部表示，在接触中他们也了解到很多青少年事务社工
是在高校毕业后直接上岗的，他们中的大多数并不是社工相关专业的
毕业生，他们中很多人对于青少年事务社工工作的了解不多，对于社
工工作的理论和方法知之甚少，因此，系统的培训是非常必要的。在
系统培训开展方面，需要有专业的专家和教师、科学的教材以及相应
的培训课程，长期系统培训是一项工程，需要在实践中不断地探索和
完善。

此外，与培训相关的需求是职业资格认证。在实地访谈中，很多团干
部认为专业社工资格认证的门槛较高，但职业资格认证的获得是从业者对
自己职业认同的前提条件。简言之，没有取得职业资格证书会使从业者处
于一种茫然状态，不能确定自己的专业身份。在实地访谈中，绝大多数团
干部会鼓励青少年事务社工去考取从业资格证书，并且在工作中不断地为
其创造机会和条件，比如很多团干部表示支持对青少年事务社工提供必要
的职业资格认证考试辅导，鼓励青少年事务社工考取职业资格证书。

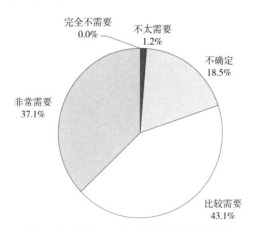

图2-70　提供社工职业资格证书考试辅导

调查结果显示，在提供职业资格证书考试辅导的问题中，受访的团干部选择"非常需要""比较需要""不确定""不太需要""完全不需要"的占比分别为 37.1%、43.1%、18.5%、1.2%、0.0%，平均值为 4.16，标准差为 0.76。其中"非常需要"和"比较需要"两者相加占比 80.2%。这表明大多数团干部希望给青少年事务社工在职业资格证书考取上提供更多的便利。事实上，提供社工资格证书考试辅导至少有两方面好处。第一，青少年事务社工可以通过参加考试辅导，全面地梳理社工专业的理论知识与实务案例；第二，团干部鼓励青少年事务社工参加考试辅导，可以使他们感受到自己是受关注的群体，有利于青少年事务社工本人强化对其所从事职业的认同。

然而，单纯的理论培训也是不够的，青少年事务社工之间还需要有经验的借鉴和交流。在团干部培训体系中，团中央就组织了相关的挂职活动，包括东部发达地区团干部去西部地区挂职，西部偏远地区团干部和少数民族地区团干部到东部地区挂职等，这些方式对于地区之间的优势互补和不同地区团干部业务能力的提升都有非常重要的意义。团干部在访谈中，也特别谈到青少年事务社工的培养模式可以采取类似的方法和路径。

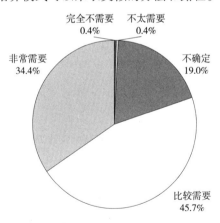

图 2 - 71 组织青少年事务社工到其他地区调研交流

调查结果显示，在组织青少年事务社工到其他地区调研交流的问题中，受访团干部选择"非常需要""比较需要""不确定""不太需要""完全不需要"的占比分别为 34.4%、45.7%、19.0%、0.4%、0.4%，平均值为 4.13，标准差为 0.76。其中"非常需要"和"比较需要"两者相加占比 80.1%，这表明绝大多数团干部赞同并支持组织青少年事务社工到其他地区调研交流。青少年事务社工工作实操性很强，不同地区青少年事务社工之间交流工作经验和体会具有十分重要的意义。但是，组织青少年事务社工到其他地区调研和交流，相比较之前的数据，认为"非常需要"的比重有所下降。这表明很多团干部还是希望青少年事务社工能够留在本地，这样对青少年事务社工工作队伍的人力补充有帮助。

（五）完善相关制度建设

青少年事务社工需要明确自身的工作职责和范围。虽然共青团中央已经出台相关文件，对青少年事务社工本身和其职责范围有了比较清晰的界定。但各个基层团组织的情况不同，青少年社工服务的重点领域也不同。团干部也认为需要明确青少年事务社工的工作范围，减轻行政事务并完善考核机制。

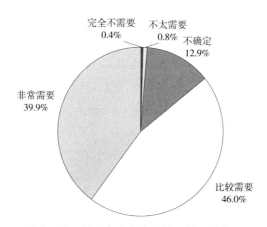

图 2 - 72　明晰青少年事务社工的工作范围

调查结果显示，在明晰青少年事务社工工作范围的问题中，受访的团干部选择"非常需要""比较需要""不确定""不太需要""完全不需要"的占比分别为 39.9%、46.0%、12.9%、0.8%、0.4%，平均值为 4.24，标准差为 0.74。其中"非常需要"和"比较需要"两者相加占比 85.9%，这表明绝大多数团干部认为明晰青少年事务社工的工作职责和工作范围是十分必要的，他们在实地访谈中表示明晰工作范围才能更有利于后续工作的开展。在实地访谈中，很多青少年事务社工提到自身通常也都承担了大量行政工作，工作负担较重，希望能够减少行政工作。

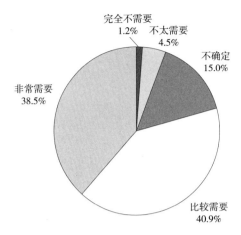

图 2 - 73　减轻青少年事务社工的行政事务工作量

　　调查结果显示，在减轻青少年事务社工的行政事务工作量的问题中，受访的团干部选择"非常需要""比较需要""不确定""不太需要""完全不需要"的占比分别为 38.5%、40.9%、15.0%、4.5%、1.2%，平均值为 4.11，标准差为 0.90。其中"非常需要"和"比较需要"两者相加占比 79.4%，这表明绝大多数团干部也支持减轻青少年事务社工的行政事务工作量。尽管如此，但事实上，青少年事务社工主要从事的行政事务工作是由团干部安排和布置的。现实情况是，共青团工作也存在人手不足的问题，团干部也需要青少年事务社工帮助分担一部分行政事务。为了满足两者的共同需要，团干部在实地访谈中就表示可以通过增加青少年事务社工数量的办法，减少双方面对的共同问题。

　　调查结果显示，在完善青少年事务社工考核评估体系的问题中，受访的团干部选择"非常需要""比较需要""不确定""不太需要""完全不需要"的占比分别为 40.9%、47.0%、11.3%、0.8%、0.0%，平均值为 4.28，标准差为 0.70。其中"非常需要"和"比较需要"两者相加占比 87.9%，这表明绝大多数团干部认为完善青少年事务社工的考核评估体系势在必行，这是决定青少年事务社工工作岗位能够长久发展的必备条件。

　　调查结果显示，在增加青少年事务社工岗位数量的问题中，受访的团干部选择"非常需要""比较需要""不确定""不太需要""完全不需要"的占比分别为 50.8%、38.3%、9.7%、1.2%、0.0%，平均值为 4.39，

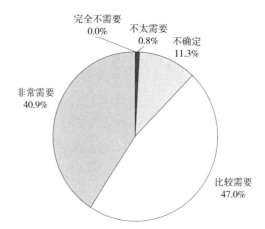

图 2 - 74　完善青少年事务社工考核评估体系

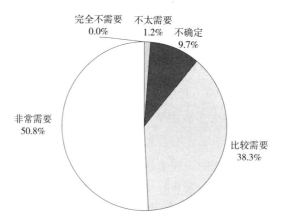

图 2 - 75　增加青少年事务社工岗位数量

标准差为 0.71。其中"非常需要"和"比较需要"两者相加占比 89.1%。从"非常需要"的占比可以看出，团干部也迫切希望增加青少年事务社工岗位的数量。他们中大多数人在实地访谈时表示，只有人手多、经费充足，青少年事务社工工作才更容易开展。

（六）构建良好外围环境

青少年事务社工工作作为一个新兴岗位，需要得到更多的支持和认可，才能得到长效化的发展，因此，良好的外围环境显得十分重要。团干部在实地访谈中表示应该给予青少年事务社工更大的支持力度，并加大对青少年事务社工工作的宣传，这样才能使青少年事务社工得到社会更多的了解、接受和认可。

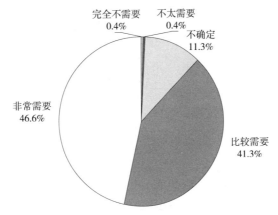

图 2 - 76 基层团干部加大对青少年事务社工支持力度

调查结果显示，在基层团干部回答对青少年事务社工支持力度的问题中，受访的团干部选择"非常需要""比较需要""不确定""不太需要""完全不需要"的占比分别是 46.6%、41.3%、11.3%、0.4%、0.4%，平均值为 4.33，标准差为 0.72。其中"非常需要"和"比较需要"两者相加占比 87.9%，这表明绝大多数团干部是希望能够给予青少年事务社工更多的支持。在"3 +"模式中，青少年事务社工是在团部的领导之下组织和开展活动，基层团干部将其视为开展工作的手臂和延伸。因此，他们必然会认同加大对其支持的力度。与此同时，团干部也希望借助对青少年事务社工的支持力度，强化青少年事务社工对工作和岗位的自我认可度。

调查结果显示，在大力宣传青少年事务社工工作的问题中，受访的团干部选择"非常需要""比较需要""不确定""不太需要""完全不需要"的占比分别是 47.8%、42.5%、8.9%、0.8%、0.0%，平均值为 4.37，标准差为 0.68。其中"非常需要"和"比较需要"两者相加占比 90.3%，这表明团干部认识到目前社会对于青少年事务社工工作的了解和认知还不多，对青少年事务社工工作的认可度还不高。在实地访谈中，大多数团干部表示，需要对青少年事务社工和社会工作本身进行更多的宣传。只有这样才可能引起全社会对青少年事务社工重视，青少年事务社工工作也才能在未来得到更多的支持和帮助。

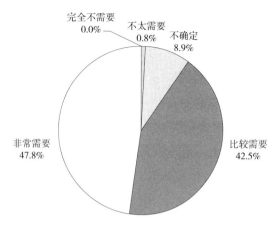

完全不需要
0.0%
不太需要
0.8%
不确定
8.9%

非常需要
47.8%

比较需要
42.5%

图2-77　大力宣传青少年事务社工工作

表2-8　团干部对青少年事务社工的职业需求认知平均值、标准差汇总

单位：分

类　　别	平均值	标准差
1. 加大活动经费投入	4.68	0.53
2. 提高工资待遇	4.42	0.69
3. 提供更多晋升机会，拓宽职业发展空间	4.34	0.74
4. 提供系统长期的培训	4.22	0.75
5. 提供社工职业资格证书考试辅导	4.16	0.76
6. 组织青少年事务社工到其他地区调研交流	4.13	0.76
7. 明晰青少年事务社工的工作范围	4.24	0.74
8. 完善青少年事务社工考核评估体系	4.28	0.69
9. 建立青少年事务社工的激励奖励机制	4.39	0.63
10. 基层团干部加大对青少年事务社工支持力度	4.33	0.72
11. 大力宣传青少年事务社工工作	4.37	0.68
12. 增加青少年事务社工岗位数量	4.39	0.71
13. 减轻青少年事务社工的行政事务工作量	4.11	0.90

　　通过对以上有关职业需求数据进行对比，课题组发现团干部认为青少年事务社工的突出职业需求，按照重要性排序依次是"加大活动经费投入""提高工资待遇""建立激励奖励机制""增加工作岗位""大力宣传社会工作"等。而"减轻行政事务数量""组织调研交流""提供长期的培训"则被团干部认为是青少年事务社工并不突出的职业需求。这和此前青少年事务社工的职业困惑存在很强的关联性。

五　经验分享和总结思考

从 2014 年 1 月，共青团中央等六部门印发了《关于加强青少年事务社会工作专业人才队伍建设的意见》后，各地方开始推动本地青少年事务社工工作的具体实施。在过去的几年中，各地也积累了相当多的实践经验，以下只选择其中的具有代表性的进行介绍。

北京经验：北京团市委在加强社工队伍建设方面实施了一系列的针对性举措。为了探索适合本土化特点的社工机构管理运营模式，北京团市委孵化成立了北京厚德社工事务所，与香港无国界社工合作，聘请香港资深督导，在一线社会工作实务等方面全程对社区青年汇专职社工给予指导，发挥机构在社工培养和管理工作中的积极作用。为了推进北京青少年社会工作行业的发展，北京团市委主导成立了北京青少年社会工作协会，制定并发布了《北京青少年社会工作专职社工职位设置及薪酬待遇指导标准》，让一线社工看到了在社工这个岗位上的发展路径和薪酬提升空间。为提升社区青年汇专职社工的专业化水平，北京团市委建立了《社区青年汇专职社工胜任力培训课程体系》，聘请中国青年政治学院青少年社会工作领域专家，开设新社工入职、实务操作、职业资质等培训课程。同时，北京团市委与北京大学继续教育学院合作进行社会工作专业专升本培训，与清华大学合作开设社会工作专业硕士班，选拔优秀专职社工进行深造；建立《社区青年汇社会工作服务考核评估指标体系》，对社区青年汇专职社工的工作业绩进行考核评价，并基于考评结果，组织优秀社工赴广东、香港等地学习交流。

天津经验：注重发挥青少年事务社工队伍在共青团工作中的积极作用，天津团市委近些年在以下四个方面取得了积极成效。第一，在政策争取方面，联合综治办、民政局等部门制定《关于加强天津市青少年事务社会工作专业人才队伍建设的实施意见》，将青少年事务社工队伍建设工作纳入平安天津建设和全市综治考核的整体内容及《天津市预防未成年人犯罪条例》。第二，在人才保障方面，注册成立"天津市青少年事务社工管理服务中心"，公开招录青少年事务社工，并分配至团区委和街镇团工委，兼任团区委权益部副部长和街镇团工委副书记，聘请第三方评估机构对青少年事务社工工作进行评估。第三，在工作内容方面，注重思想引导、维护权益、预防犯罪和青少年健康成长，利用社工岗位和专业知识，与"向上向善好青年"活动、"青年之声"线上线下平台、12355青少年综合服务平台等有效结合。第四，在运行机制方面，研发"天津市青少年事务社工动态服务管理系统"，建立全市青少年事务社工综合评价体系，人员经费通过政府购买服务方式，由市、区财政按1∶1比例负担。

上海经验：上海先后出台了7个推动社工人才队伍发展的市级层面重要文件。政府每年购买青少年事务社工服务的经费近5000万元。上海市民政局推出的公益创投与招投标等举措更进一步拓展了项目化筹资渠道。2014年上海又出台了《关于加强青少年事务社会工作专业人才队伍建设的意见》，提出将预防和减少犯罪工作体系内的青少年社工专业服务按150∶1向来沪青少年延伸，并明确到2020年原则上按社区青少年与社工比例不高于100∶1进行配置，实现重要突破。同时，上海建立了初、中、高三级青少年社工职业晋阶制度，满足社工在权利、成就、薪酬和自我实现等方面的需求。2014年，政府购买社工服务费用从人均每年的6万元调整为8万元，进一步增强了队伍的稳定性。在培训方面，上海形成了分层递进、形式多样的培训体系，既有针对社工日常专业技能和实务知识的初任培训，也有针对骨干社工的专业深化及管理培训，还选派优秀社工赴港台地区的专业机构进行挂职实训。上海市社区青少年事务办公室还成立了"上海市社工协会青少年社会工作专业委员会"，并指导阳光中心成立"专家督导委员会"，一批专家学者定期对一线青少年事务社工开展专案跟踪、项目督导等工作。在推进青少年事务社工工作中，上海注重对本土方法的提炼，并创新服务项目、塑造品牌形象。2013年，上海市预防青少年犯罪研究会成立，增强了理论研究的能力。社工还结合上海实际和预防犯罪工作实践，创立了"小秦工作室""小海豚"等一系列品牌项目。同时，以阳光中心为品牌，积极塑造上海青少年事务社工专业形象，2013年便策划并制作了国内首部青少年事务社工主题微电影《我有阳光》。上海还通过社工援疆、援滇，为兄弟省市提供机构督导、实训等方式，积极服务于全国青少年事务社工工作的发展。

总结思考：在好的经验和做法的基础上，未来青少年事务社工工作还是要突出团干部在解决困惑和满足需求方面发挥的作用。作为"3+"模式中的领导者，团干部需要真正地了解青少年事务社工的职业困惑，即他们所面临的问题和挑战，并提出解决问题的路径和办法。从上两节内容分析不难看出，青少年事务社工的职业困惑和现实需求存在着密切的关联性。职业困境包括活动经费不足、工资待遇低、晋升途径狭窄，相应的需求就包括加大经费投入、提高工资待遇、提供晋升机会。团干部需要根据不同问题，在自身的能力范围内，为青少年事务社工提供更多解决办法和路径。比如，对待活动经费、工资待遇和晋升渠道等问题，团干部需要帮助青少年事务社工寻求上级机关和相关部门的政策支持；对于专业能力不强、培训机制不健全等问题，团干部需要通过整合资源，为青少年事务社工提供更多培训和锻炼的机会；对于社会认同度低的问题，团干部需要利用各种场合帮助青少年事务社工进行宣传，让社会更加认同青少年事务社工的岗位和他们提供的专业性服务。各地成功的经验和实地访谈反映出来的共同问题是青少年事务社工工作还处于发展的初始阶段，在工作定位、职责划分、管理规范和相关配套机制建设方面还不完善，未来还需要不断地改进与完善。

第四节　共青团干部对"团干部＋社工＋青年志愿者"模式的态度与认知

2016 年 8 月，中共中央办公厅印发的《改革方案》强调，共青团是党的助手和后备军，是党和政府联系青年的桥梁和纽带。推进共青团改革，是全面从严治党的一部分，是焕发共青团生机活力的重要举措。《改革方案》在"改革创新团的工作、活动和基层组织建设"中以全新思维为共青团加强基层组织建设，充实基层工作力量提出了"3＋"模式。这一"3＋"新模式的提出，为在改革中推进和加强共青团基层组织建设提出了新要求。在"3＋"模式中，团干部作为带领者及核心成员，唯有按照《青年发展规划》要求引领青少年事务社工和青年志愿者，才能使这支队伍更好地协同工作、形成合力，才能使该模式在共青团组织开展基层青少年工作中发挥建设性、创新性、实效性作用。

本调查就"有关建设'团干部＋社工＋青年志愿者'工作模式的问

题"和"在'团干部＋社工＋青年志愿者'工作模式中，对每个群体所扮演角色的认识"两方面对团干部进行了调查。

一　共青团干部对《共青团中央改革方案》中有关建设"团干部＋社工＋青年志愿者"工作模式问题的认知

思想是行动的先导，只有自觉认识，认识才会到位，只有认识到位，行动才会自觉。团干部只有对"3＋"基层工作队伍建设模式有认识，了解了，才能在共青团基层组织建设改革中自觉行动。

（一）对《共青团中央改革方案》提出的"建设'团干部＋社工＋青年志愿者'队伍，充实基层工作力量"内容的了解

对"建设'团干部＋社工＋青年志愿者'队伍，充实基层工作力量"内容的了解，是判断团干部对这一内容掌握、领悟程度的重要指标。本调查时间段为《改革方案》颁布后 1～2 年，在这一时间段内，团干部对《改革方案》提出的"建设'团干部＋社工＋青年志愿者'队伍，充实基层工作力量"了解程度如何呢？

团干部对"您了解《改革方案》中提出的建设'团干部＋社工＋青年志愿者'队伍，充实基层工作力量的内容吗"问题，认为"非常了解""比较了解"的分别占 22.9% 和 41.4%，两项合计占 64.3%。"听说过一些"的占 24.1%，"听说过一点"的占 10.4%，有 1.2% 的人"没听说过"。这一数据反映出多数团干部对"建设'团干部＋社工＋青年志愿者'队伍，充实基层工作力量"的了解程度较高。但也有 34.5% 的团干部对这一内容不甚了解，个别团干部完全不了解。

（二）对"加强'团干部＋社工＋青年志愿者'三者合作，充实基层工作力量"和"'团干部＋社工＋青年志愿者'工作模式作用"的态度

团干部对"加强'团干部＋社工＋青年志愿者'三者合作，充实基层工作力量"和"'团干部＋社工＋青年志愿者'工作模式作用"的态度如何，对判断团干部心理倾向的稳定性及因态度而生的针对这两个问题的行

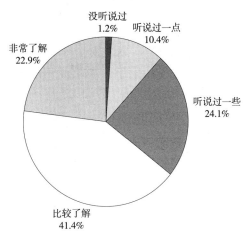

图 2 - 78   对"建设'团干部 + 社工 + 青年志愿者'队伍，充实基层工作力量"内容的了解

为具有一定参考价值。

团干部对"您认为需要加强'团干部 + 社工 + 青年志愿者'三者合作，充实基层工作力量吗"问题，认为"非常需要""比较需要"的分别占55.9%、35.3%，两项合计占91.2%。认为"一般"的占7.2%，认为"不太需要"的占0.8%，认为"没有必要"的占0.8%。这一数据反映出绝大多数团干部认为需要加强"'团干部 + 社工 + 青年志愿者'三者合作，充实基层工作力量"。但也有少数团干部认识不到位，个别人认识存在偏差。

团干部对"您认为'团干部 + 社工 + 青年志愿者'工作模式的作用"问题，认为"积极作用非常大""积极作用比较大"的分别占40.6%、41.4%，两项合计占82.0%。认为"有一些积极作用"的占13.7%，认为"有点积极作用"的占3.2%，有1.2%的人认为"作用不大"。

由于《改革方案》颁布后，对方案所提出的相关改革内容的领会以及相关改革内容的落地需要一定时间。所以，这一数据反映出大多数团干部对"'团干部 + 社工 + 青年志愿者'工作模式的作用"抱有较高预期。少数团干部预期一般。个别人对这一改革措施的作用不抱希望。

（三）对"上级团干部对工作给予的支持"的认识

在2017年9月中旬共青团中央举办的"共青团改革攻坚专题研讨班"

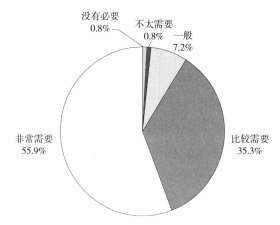

图 2 - 79　对"加强'团干部＋社工＋志愿者'三者合作，
充实基层工作力量"的态度

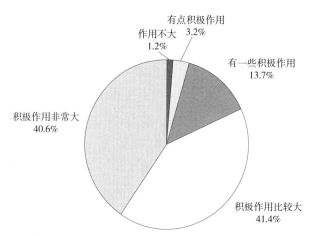

图 2 - 80　对"团干部＋社工＋青年志愿者"
工作模式作用的态度

上，参会人员梳理出目前共青团组织存在的最为突出的一些问题，即"基层缺编制、缺经费、缺办公场所、缺工作人员"等"四缺"问题。这"四缺"问题中的每一个问题，对推进共青团改革，特别是基层共青团在改革中发展、建设都会产生巨大的影响。如果再加上基层团干部的工作得不到上级团组织以及直接领导者的支持，那更是"雪上加霜"。

被调查团干部对"在工作中，上级团干部对您工作给予的支持"问题，认为"非常多""比较多"的分别占 22.7％、41.7％，两项合计占 64.4％，认为"一般"的占 26.7％，认为"比较少"的占 6.1％，认为

"非常少"的占2.8%。这一数据反映出多数团干部在工作中能够得到上级团干部的支持。但有8.9%的团干部在工作中得到上级团干部的支持"比较少""非常少"。

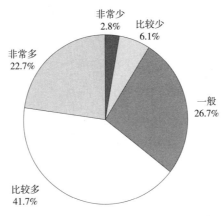

图 2 - 81 上级团干部对工作的支持

（四）团干部从主体角度对在工作中"与社工、青年志愿者一起推进'团干部+社工+青年志愿者'工作模式"的态度

建设"3 +"队伍，充实基层工作力量，亮点是"3 +"队伍构架，明确"三者"组合，希望通过"三者"合作形成合力达成"1 + 1 + 1" > 3的绩效结果。在"3 +"队伍中，应以团干部为主导，社工提供专业支持，青年志愿者广泛、深度参与，"三者"各司其职并同时发力，才能形成"核动力"，才能使"3 +"队伍在基层工作中取得真正的高绩效。

本次调查共获得团干部有效问卷249份。从覆盖面上看，有效问卷覆盖全国内地29个省（自治区）、直辖市。从覆盖层级上看，本调查对象覆盖省（自治区）、直辖市（地）、县共青团组织各层级。从被调查团干部的基本情况看：局级占比1%，正处级占比11.3%，副处级占比16.3%，合计占28.6%。另外，调查数据显示，科级占比71.4%，占被调查对象的绝大多数。这些团干部对"3 +"模式的态度，直接影响该模式的推展。

被调查团干部对"您会在工作中与社工、青年志愿者一起推进'团干部+社工+青年志愿者'工作模式吗"问题，认为"会积极推进"占

71.9%，认为"可能会推进"的占23.2%，认为"不清楚"的占4.1%，认为"可能不会"的占0.4%，还有0.4%的选择"根本不会"。这一数据反映出多数团干部会积极支持或积极参与推进"3＋"工作模式。但有一些团干部对在工作中推进"3＋"工作模式存在疑问，不完全肯定。个别团干部对在工作中推进"3＋"工作模式态度消极。

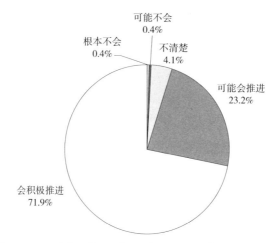

图2-82　对共同推进"团干部＋社工＋青少年志愿者"
工作模式的态度

二　在"团干部＋社工＋青年志愿者"工作模式中，对每个群体所扮演角色的认识

社会学家米德于20世纪30年代将戏剧中的"角色"一词引入社会心理学，以此概念说明个体在社会舞台上的身份及其行为。社会学将"角色"定义为与社会地位相一致的社会限度的特征和期望的集合体。在社会生活中，处于一定社会地位的个体都扮演着某种角色或多种角色，是一个集多种角色于一身的角色丛。

（一）团干部对"建设'团干部＋社工＋青年志愿者'队伍，充实基层工作力量"自我扮演角色的认识

针对《改革方案》提出的"建设'团干部＋社工＋青年志愿者'队伍，充实基层工作力量"，本研究在调查问卷中为团干部设了三个问题：

"团干部起到思想引领的作用""团干部起到监督的作用""团干部负责争取政府、社会资源"。

对"团干部起到思想引领的作用","非常同意""比较同意""不确定""比较不同意""非常不同意" 的分别占 58.1%、35.0%、5.7%、1.2%、0.0%。平均分 4.50 分,标准差 0.662。

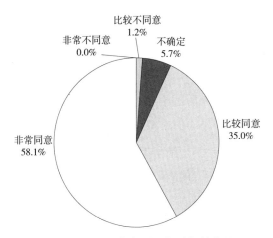

图 2 – 83　团干部起到思想引领的作用

对"团干部起到监督的作用","非常同意""比较同意""不确定""比较不同意""非常不同意"的分别占 39.4%、46.3%、10.2%、3.3%、0.8%。平均分 4.20 分,标准差 0.813。

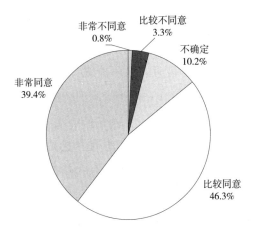

图 2 – 84　团干部起到监督的作用

对"团干部负责争取政府、社会资源"，"非常同意""比较同意"
"不确定""比较不同意""非常不同意"的分别占 47.6%、37.8%、
11.0%、2.4%、1.2%。平均分 4.28 分，标准差 0.847。

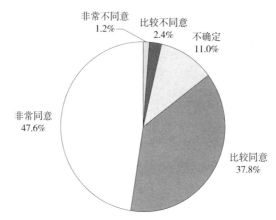

图 2-85　团干部负责争取政府、社会资源

表 2-9　团干部在"3+"模式中作用评价的平均值与标准差汇总

单位：分

作　　用	平均值	标准差
1. 团干部起到思想引领的作用	4.50	0.662
2. 团干部起到监督的作用	4.20	0.813
3. 团干部负责争取政府、社会资源	4.28	0.847

共青团干部对自己在"3+"模式中作用的认同程度由高向低排序依
次为："团干部起到思想引领的作用""团干部负责争取政府、社会资源"
"团干部起到监督的作用"。可见，在三个选项中，共青团干部对他们在
"3+"模式中起到思想引领的作用给予最高的认同，对起到监督的作用认
同度最低。

习近平总书记在与团中央新一届领导班子成员集体谈话中指出："共
青团要做好青年思想引导工作、增强吸引力和凝聚力，必须站在理想信念
这个制高点上。只有思想上精神上的吸引力和凝聚力，才是内在的强大的
持久的。"习近平总书记强调："把牢密切联系青年的核心任务，把思想政
治引领贯穿团的工作和活动全过程，通过报告宣讲、分享交流、社会实践

等途径，培养广大青年对党的深厚感情，做共产主义远大理想和中国特色社会主义共同理想的坚定信仰者、忠实践行者。"①

上文我们讨论过，团干部对青少年事务社会工作者掌握"思想引领能力"重要性的认同度较高。本题设问数据统计显示，团干部认为，他们在工作中起到思想引领作用最为重要。这说明思想引领的重要性已为共青团干部高度重视。这是他们深刻领会习近平总书记"共青团要做好青年思想引导工作""把牢密切联系青年的核心任务，把思想政治引领贯穿团的工作和活动全过程"讲话精神的具体体现，亦与他们认真学习党对共青团组织的要求、共青团组织对共青团干部的要求以及共青团干部对自身的要求存在密切关系。

习近平总书记指出："团组织要努力做广大青年值得信赖的贴心人，深入青年之中，倾听青年呼声，把青年安危冷暖挂在心上，发挥组织优势，调动社会资源，千方百计为青年排忧解难，使团组织成为广大青年遇到困难时想得起、找得到、靠得住的力量。"②

本题设问数据统计结果显示，共青团干部对"团干部负责争取政府、社会资源"较为认同。这说明他们对"发挥组织优势，调动社会资源"有认识、有理解、有态度。

习近平总书记指出："如果每个团干部都有二三十名贴心的青年朋友，那做工作就不一样！共青团必须牢固树立'做青年友、不做青年官'的意识，转变机关工作方式和运行机制，健全团干部联系青年的长效机制，落实好常态化下沉基层、直接联系青年、向基层服务对象报到等制度，畅通密切联系青年的渠道，促进团组织和青年紧密融合，让深入青年、凝聚青年的新工作机制内化为团干部的思维方式和工作自觉。"③

本题设问数据统计结果显示，团干部对"起到监督的作用"认同度最低。这说明绝大部分团干部已将"做青年友、不做青年官"牢记在心。

---

① 习近平：《共青团干部应做青年友不做青年"官"》，中国青年网，http：//news. youth. cn/jsxw/201306/t20130620_ 3397772. htm，2013 年 6 月 20 日。
② 习近平：《共青团干部应做青年友不做青年"官"》，中国青年网，http：//news. youth. cn/jsxw/201306/t20130620_ 3397772. htm，2013 年 6 月 20 日。
③ 共青团中央书记处：《新的历史起点上共青团事业发展的基本遵循（深入学习贯彻习近平同志系列重要讲话精神）》，《人民日报》2017 年 5 月 4 日，第 7 版。

2016 年 2 月 19 日，习近平总书记在党的新闻舆论工作座谈会上讲话中强调了党的新闻舆论工作的引导力和引领导向。习近平总书记在党的新闻舆论工作座谈会上的重要讲话，为共青团做好青年思想引领工作提供了强大思想武器和根本遵循，是共青团青年思想引领的行动指南。青年思想引领是党的宣传思想工作的组成部分，是共青团组织的根本任务。面对青年价值观念日趋多元多样多变、各种社会思潮不断交流交融交锋，青年思想引领工作变得越发迫切。在复杂艰巨的形势面前，团干部只有在思想上高度重视，在工作上精准有力，才能切实完成好党赋予共青团育人的任务。

团干部要想做好青年思想引领工作，就要"高举旗帜、引领导向"，始终把正确政治方向摆在第一位，坚持党性原则，增强看齐意识，在思想上政治上行动上始终同以习近平同志为总书记的党中央保持高度一致，引导广大青年不断增强"三个自信"，坚定不移听党话、跟党走；就要"围绕中心、服务大局"，帮助广大青年深刻理解以习近平同志为总书记的党中央治国理政的新理念新思想新战略，把党的理论和路线方针政策变成青年的自觉行动，在全面建成小康社会进程中充分发挥生力军作用；就要"团结人民、鼓舞士气"，遵循团结稳定鼓劲、正面宣传为主的方针，持之以恒地深化中国梦和中国特色社会主义宣传教育，把握好思想引导的时、度、效，引导广大青年多看主流、多看本质、多看光明面，牢固树立五大发展理念，坚定发展信心；就要"成风化人、凝心聚力"，大力开展社会主义核心价值观培育和践行，着眼于落细落小落实，把向上向善的导向立起来，把社会主义核心价值观的根扎牢植正；就要"澄清谬误、明辨是非"，面对各种错误思想观点敢于举旗亮剑，旗帜鲜明地与错误言论做斗争，引导广大青年争当好网民，发出好声音，传播正能量；就要"连接中外、沟通世界"，引导中国青年拓展国际视野、树立世界眼光，学习借鉴人类一切优秀文明成果，面向海外讲好中国青年故事，大力展示中国青年风采。

"明者因时而变，知者随事而制"。当今时代是网络新媒体普及的时代，是青年思想认知规律变革的时代，是沟通交流大众化、扁平化的时代，青年对宣传思想文化工作的质量、品味、风格、载体等有着更高的要求。身处这样的时代，青年思想引领工作只有坚持与时俱进才能跑得赢，只有不断进行创新才能不掉队。我们必须更加"走心"，用导向正确、深入浅出的内容打动青年，用贴近生活、贴近时代的文化产品化育青年，用身边人、身边事感染青年，让思想引领这个"虚功"发挥出最大实效。[①]

（二）团干部对青少年事务社工在"建设'团干部+社工+青年志愿者'队伍，充实基层工作力量"中所扮演角色的认识

针对《改革方案》提出的"建设'团干部+社工+青年志愿者'队伍，充实基层工作力量"，本研究在调查问卷中就青少年事务社工所扮演的角色为团干部设计了"社工负责组织开展活动、提供专业服务""社工在'团干部+社工+青年志愿者'队伍中起到承上启下的作用""社工按照共青团的要求带领志愿者开展活动""社工按照党和国家的要求服务青少年"四个问题。

团干部对"社工负责组织开展活动、提供专业服务"，"非常同意""比较同意""不确定""比较不同意""非常不同意"分别占59.7%、35.8%、4.5%、0.0%、0.0%，平均分4.55分，标准差0.581。

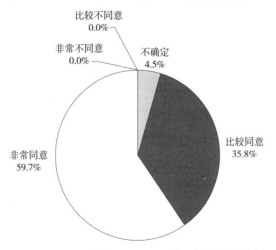

图2-86 社工负责组织开展活动、提供专业服务

---

① 中国青年报评论员：《青年思想引领的行动指南——论共青团学习贯彻习近平总书记在党的新闻舆论工作座谈会上重要讲话精神》，《中国青年报》2016年2月25日，第1版。

团干部对"社工在'团干部＋社工＋青年志愿者'队伍中起到承上启下的作用""非常同意""比较同意""不确定""比较不同意""非常不同意"分别占55.7%、34.6%、8.1%、1.2%、0.4%，平均分4.44分，标准差0.730。

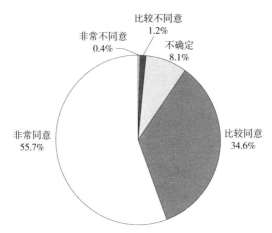

图2－87　社工在"团干部＋社工＋青年志愿者"队伍中起到承上启下的作用

团干部对"社工按照共青团的要求带领志愿者开展活动"，"非常同意""比较同意""不确定""比较不同意""非常不同意"分别占47.6%、39.8%、11.0%、0.4%、1.2%，平均分4.32分，标准差0.781。

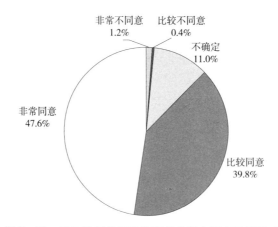

图2－88　社工按照共青团的要求带领志愿者开展活动

被调查团干部对"社工按照党和国家的要求服务青少年"，"非常同意""比较同意""不确定""比较不同意""非常不同意"分别占60.2%、32.9%、6.5%、0.0%、0.4%，平均分4.52分，标准差0.656。

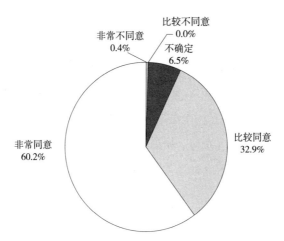

图 2 - 89　社工按照党和国家的要求服务青少年

表 2 - 10　对社工在"3 +"模式中作用评价的平均值和标准差汇总

单位：分

作　　用	平均值	标准差
1. 社工负责组织开展活动、提供专业服务	4.55	0.581
2. 社工在"团干部 + 社工 + 青年志愿者"队伍中起到承上启下的作用	4.44	0.730
3. 社工按照共青团的要求带领志愿者开展活动	4.32	0.781
4. 社工按照党和国家的要求服务青少年	4.52	0.656

　　从调查数据可见，团干部对在"3 +"模式中青少年事务社会工作者的重要性的四个设问，按重要性排序依次为"社工负责组织开展活动、提供专业服务""社工按照党和国家的要求服务青少年""社工在'团干部 + 社工 + 青年志愿者'队伍中起到承上启下的作用""社工按照共青团的要求带领志愿者开展活动"，即共青团干部认为青少年事务社会工作者最重要的作用是组织开展活动、提供专业服务，最不重要的是按照共青团的要求带领志愿者开展活动。

　　组织青少年开展各种活动，向需要者提供专业服务，是青少年事务社会工作者的主要任务，他们的作用也是通过组织活动和提供服务体现出来。所以，共青团干部对此作用高度认同。其次，共青团干部认为"社工按照党和国家的要求服务青少年"也是十分重要的，这既（上文研究发现）说明团干部爱党爱国，听党的话、跟党走，又说明了他们认为青少年事务社会工作者只有按照党和国家的要求组织活动、向青少年提供服务，他们的作用才能体现出来。共青团干部对青少年事务社会工作者在"3＋"模式中起承上启下的作用不够认同。原因在于，在共青团基层工作中，目前的工作或合作方式是"团干部＋青年志愿者"，即团干部带领、组织青年志愿者开展活动或"社工＋青年志愿者"，即社工在开展活动或实施项目时，邀请、动员志愿者参与。如果说团干部与社工合作，那么多是因为共青团组织购买了社会组织或社工的服务，或政府相关部门购买了社会组织、社工的服务，而这些服务与共青团组织有关或需要获得共青团组织的支持。所以，青少年事务社会工作者在目前的工作中，起到承上启下的作用并没有体现出来。"3＋"模式是一种全新的提法，怎么"3＋"？在"3＋"模式中，共青团干部、青少年事务社会工作者、青年志愿者分别扮演什么角色，"3＋"模式中怎样合作才能达至合力最大化，均需要一个实践和探索过程才能逐渐找到答案。其实，并非共青团正在探索"3＋"机制。探索建立"社工＋青年志愿者"联动机制，即探索"2＋"机制，在2017年5月由全国爱卫会办公室、共青团中央等五部门发出的《关于在健康城市健康村镇建设中充分发挥青少年事务社工工作专业人才和青年志愿者作用的通知》中已被明确提出。目前，这一模式的探索已经开始。我们相信，随着"3＋""2＋"联动机制探索的不断深入，"3＋""2＋"联动机制建设都将取得成效。最后，共青团干部对青少年事务社会工作者按照共青团的要求带领志愿者开展活动的认同度最低。共青团干部做出这种判断的原因可能有三：一是从要求的层面来说，共青团组织和青少年事务社会工作者都是按照提出要求的最高层面——党的要求开展工作的，共青团干部即使对青少年事务社会工作者提出要求，也更多是操作层面的要求，或是将党的要求传递给青少年事务社会工作者；二是青少年事务社会工作者不是团务工作者，许多社工并不隶属于共青团组织，所以操作层面的要求更多来自这些社工所隶属的机构；三是志愿者按照个人意愿参与社会工作项目、活动的，青少年事务社会工作者与他们的关系多为合作的关系。如果说带领，青少年事务社会工作者带领的是他们的服务对象，即青少年。基于以上三点，共青团干部会认为，青少年事务社会工作者带领志愿者开展活动就不太重要了。

习近平总书记在同团中央新一届领导班子成员集体谈话时强调，团的干部必须心系广大青年，坚持以青年为本，深深植根青年、充分依靠青年、一切为了青年，做青年友，不做青年"官"，努力增强党对青年的凝聚力和青年对党的向心力。习近平总书记指出，扩大团的工作有效覆盖面，关键是要把工作延伸到广大青年最需要的地方去。青年在哪里，团组织就建在哪里；青年有什么需求，团组织就要开展有针对性的工作，努力使团组织成为联系和服务青年的坚强堡垒。团组织要努力做广大青年值得信赖的贴心人，深入青年之中，倾听青年呼声，把青年安危冷暖挂在心上，发挥组织优势，调动社会资源，千方百计为青年排忧解难，使团组织成为广大青年遇到困难时想得起、找得到、靠得住的力量。①

本调查数据显示，共青团干部对团干部对社工起到监督的作用认同度最低，对青少年事务社会工作者按照共青团的要求带领志愿者开展活动的认同度亦最低。这充分说明，被调查的团干部已将习近平总书记的"做青年友，不做青年'官'"牢记在心。

《关于在健康城市健康村镇建设中充分发挥青少年事务社会工作专业人才和青年志愿者作用的通知》提出：要探索建立"社工+青年志愿者"联动机制。共青团组织要负责青少年事务社工工作专业人才和青年志愿者队伍的招募、培养、使用等管理培训工作和具体项目的设计实施。做好这些工作，就要求共青团干部要充分认识青少年事务社会工作者的作用和职责。

令课题组欣慰的是，上述调查数据表明，团干部对"社工在'团干部+社工+青年志愿者'队伍中起到承上启下的作用"问题，表示"非常同意"占55.7%，"比较同意"的占34.6%，两项合计的占90.3%。对"社工按照共青团的要求带领志愿者开展活动"问题，表示"非常同意"的占47.6%，"比较同意"的占39.8%，两项合计占87.4%，即团干部对青少年事务社会工作者的作用和职责有较好的认识。本研究调查数据显示，青少年事务社工对"社工在'团干部+社工+青年志愿者'队伍中起到承上启下的作用"问题，表示"非常同意"的占49.8%，"比较同意"的占35.3%，两项合计占85.1%。对"社工按照共青团的要求带领志愿者开展活动"问题，表示"非

---

① 习近平：《共青团干部应做青年友不做青年'官'》，中国青年网，http：//news. youth. cn/jsxw/201306/t20130620_ 3397772. htm，2013 年 6 月 20 日。

常同意"的占 47.8%，"比较同意"的占 34.4%，两项合计占 82.2%。可见，青少年事务社工与团干部的认识存在差距。另外，也有少数共青团干部和青少年事务社工在认识上存在问题。如此看来，在落实《改革方案》提出的建设"3＋"共青团基层队伍工作机制的过程中，教育、引导共青团干部统一思想、提高认识还需要一个过程。探索建立"社工＋青年志愿者"联动机制与"3＋"共青团基层队伍工作创新机制不谋而合，可谓异曲同工。共青团干部应充分发挥自身的主动性和能动性，应抓住联动机制借力发力，在探索中认真推进"3＋"新机制，在实践中寻找突破口，以问题为导向采用有针对性的方法解决问题，只有这样才能在共青团改革中取得新绩效。

其实，自《改革方案》提出建设"3＋"共青团基层队伍工作机制以来，基层共青团组织已经做了许多有意义的探索，取得了一些经验和成果。

（三）青年志愿者

针对《改革方案》提出的"建设'团干部＋社工＋青年志愿者'队伍，充实基层工作力量"，本研究在调查问卷中就青年志愿者所扮演的角色为团干部设定了"志愿者扩充工作队伍，执行活动"一个问题。

被调查团干部对"志愿者扩充工作队伍，执行活动"问题，表示"非常同意"的占 54.5%，"比较同意"的占 37.0%，两项合计占 91.5%。表示"不确定"的占 7.3%，表示"比较不同意"的占 1.2%，"非常不同意"的占 0.0%。

可见，团干部对"志愿者扩充工作队伍，执行活动"的角色高度认同。

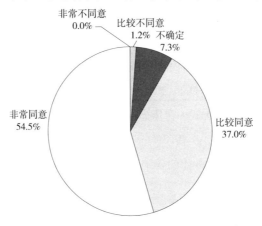

图 2－90　志愿者扩充工作队伍，执行活动

第五节　共青团干部对青少年事务社会工作者
思想引领的态度和认知

一　共青团干部对青少年事务社会工作者思想引领重要性的认识

思想引领是共青团青少年事务工作区别于其他青年社会组织的根本标志。共青团思想引领是用先进思想引导教育青年，即用马克思列宁主义、毛泽东思想和中国特色社会主义理论体系引导教育青年，广泛开展中国梦主题教育和社会主义核心价值观教育，进一步坚定青年对中国特色社会主义道路的信念。2013 年 12 月，中共中央办公厅印发《关于培育和践行社会主义核心价值观的意见》，并将其精髓"爱国、敬业、诚信、友善"融入社会主义核心价值体系的构建当中。24 字的社会主义核心价值观，是中国特色社会主义思想精髓与中华优秀传统文化相结合的重要体现，也是凝聚全党力量实现伟大中国梦的共同思想基础。共青团思想引领是贯彻党的方针政策的前提与基础，是共青团青少年事务工作的生命线，决定着青少年社会主义核心价值观的构建与完善。

思想引领是青少年事务工作的重要内容，如何增强团组织思想引领青年的能力，如何巩固和扩大党执政的青年群众基础，这是共青团组织做好青少年事务工作关键所在。我国历来重视青年的世界观、价值观教育。无产阶级政党从建立之初就特别重视青年的先进性教育，中国共产党从产生之初就是马克思主义与中国的先进阶级相结合的产物，正是由于其先进性才领导中国革命取得了胜利。马克思主义政党之所以有不竭的生命力就在于其具有高素质的党员和青年马克思主义者。无产阶级政党的先进性不仅表现在重视党员选择上，更重视青年的成长与发展。如何将青年党员教育培养为一名真正的马克思主义者，一直是中国共产党孜孜以求的事业。中国共产党成立的 90 年里，既面临着个别党员丧失革命性而导致的腐化堕落现象，也面临着有些投机分子分裂党、谋取个人私利的危险，因此中国共产党一直十分重视党员的质量与素质问题，不断在自我完善过程中加强先进性教育，从 1942 年的延安整风运动到现在的共产党员先进性教育活动，无不彰显了中国共产党对党员先进性教育的重视。在教育过程中清理整顿了入党动机不纯的投机分子以及捞取个人好处的部分党员，纯洁了党的队伍，为党的发展壮大注入生机与活力。中国共产党在不断完善自身建设的同时，又从汇聚各方面青年人才的角度，极其重视培养与吸纳德、智、体全面发展的青年，使共产党得以不断实现吐故纳新，发展壮大。青年是祖国的未来和民族的希望，只有在对他们的培养过程中自始至终加强先进性教育，才能使他们成长为坚定的马克思主义者。随着知识经济时代的到来，社会对青年的思想引领提出了新的要求，青年不仅要有崇高的理想，还要有专业知识和技能，只有对青年实行全面发展的教育与引领，才能使青年适应现代化建设的需要，成为新型、全面发展的人才。1980年，邓小平从我国的基本国情出发，针对青年处于成长阶段，具有不成熟性、可塑性等特点，提出了具体的教育指导方针。邓小平指出："要加强各级学校的政治教育、形势教育、思想教育，包括人生观教育、道德教育""要努力使我们的青少年成为有理想、有道德、有知识、有体力的人，使他们立志为人民做贡献，为祖国做贡献，为人类做贡献"。邓小平多次强调以"有理想、有道德、有文化、有纪律"的"四有"新人标准培养青年。"有理想、有道德、有文化、有纪律"是邓小平青年价值观思想的判别标准，同时也是为青年马克思主义者培养注入新的时代内容。团中央在2007年5月启动了"青年马克思主义者培养工程"，其宗旨为在青年中广泛深入地传播马克思主义，培养造就一大批坚定的马克思主义者。共青团组织作为培养青年精英的汇聚地，是传播马克思主义的重要阵地。探索建立青年马克思主义培养长效机制，确保马克思主义的教育规范化、科学化，是促进青年学生接受马克思主义，从而使其成为坚定的马克思主义者的重要保障。

本研究结果显示，团干部认为青少年事务社工在活动设计中思想引领的频率"每次活动都有""经常涉及"的分别占9.3%、54.7%，合计占64%，"偶尔涉及"占27.1%，"很少涉及""从未涉及"分别占7.2%、1.7%。可见团干部对青少年事务社工在活动设计中思想引领的频率给予了较高认同。

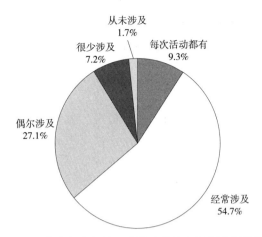

图 2－91　青少年事务社工在活动设计中思想引领的频率

　　团干部认为青少年事务社工在活动实施中思想引领的频率"每次活动都有""经常涉及"分别占 5.2%、52.9%，合计占 58.1%，"偶尔涉及"为 31.9%，"很少涉及""从未涉及"分别占 8.3%、1.7%。可见团干部对青少年事务社工在活动实施中思想引领的频率给予了一定认同。

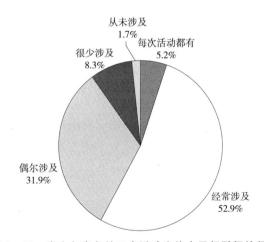

图 2－92　青少年事务社工在活动实施中思想引领的频率

　　青少年事务社工的思想引领不仅体现在理论的学习当中，同时要将理论与实践相结合，将理论与基本原则渗透在青少年事务工作的各项活动中。青少年事务社工的思想引领应体现如下原则。第一，坚持理论教育和实践锻炼相结合的原则。马克思主义认为：实践是认识的源泉；实践是检验真理的唯一标准。随着改革开放的不断深入发展，当代青年的价值观、人生观呈现多样化的特点，如何引导青年坚定马克思主义、社会主义核心价值观，是青少年事务社工应思考的问题。在重视马克思主义理论引导的同时，有针对性地引入实践教育模式，帮助青年认识和了解国情，提高分析解决现实问题的能力，形成正确的价值观、人生观，是思想引领的最终落脚点。以现实生活为依托，以创新活动模式为载体，对青年进行立体交叉式培养，才能将为社会实践所验证的世界观转化为青年的内在需求并为广大青年认知和接受。如果我们的思想引领只是片面地注重灌输理论体系，而忽视其与现实结合的社会实践导向作用，那么这种教育只能流于形式，而达不到思想引领的目的。教育是一种导向，但生活本身就是教育，就是导向。所以我们的马克思主义教育只有根植于现实生活，充分发挥社会生活的教化作用，并以此来检验马克思主义原理传递的内容，青年才能将马克思主义原理内化为强大的精神动力并为社会做出贡献。第二，坚持长期教育与动态教育相结合的原则。青年的培养是一个长期与短期教育相结合的过程。青年世界观的形成是一个长期的过程。为了使青年成为合格的马克思主义者，就要遵循青年的成长规律，既要坚持教育的长期性，又要在培养过程中，把握教育引领的关键点，做到既有长期规范化教育又有与时俱进的动态教育。在长期教育方面，要根据青年心理特点制定分阶段培养方案，初期阶段侧重马克思主义原理教育，使青年认识了解马克思主义的世界观与方法论。中期阶段应更多地进行国情、党史教育，使青年认识到马克思主义对中国革命与建设的重大作用。最后阶段则注重培养青年社会责任感与社会实践能力。在动态教育方面，应更多地关注社会热点以及重大历史事件问题，教育引导青年在大是大非面前坚定立场、明确方向，以此增强青年明辨是非的能力，确保青年思想观念不偏离正确的方向又与时俱进。青年阶段是世界观、人生观形成的关键时期，只有建立马克思主义培养的长效机制，又兼顾动态教育，才能在培养对象的选拔、教育中发挥其能动作用，培养出具有实际践行力的马克思主义者。第三，坚持整体带动与局部突破相结合的原则。共青团组织作为青年马克思主义者培养的重要阵地，要根据青年的特点从全局上制定培养目标。应在统一的指导思想上明确相关部门的任务，完善各级党团组织教育培养机制。在整合各种社会资源的基础上，兼顾整体带动局部，从而形成一个全员齐抓共管的局面，对青年进行全面系统的教育引领。从全局的角度出发，新时期马克思主义传播的对象应该既包括坚定的青年马克思主义者，同时也包括普通青年学生。这种全面系统培养青年马克思主义者的原则，夯实了马克思主义大众化的群众基础，避免了马克思主义传播过程中缺乏青年学生群体的参与互动，既促进了青年马克思主义者的快速成长，又带动了普通青年学生学习马克思主义的热情与向往，在突出精英培养的基础上，确保了马克思主义培养对象的全员覆盖。

在新形势下，青年只有具备扎实的马克思主义理论功底，才能肩负改革开放和社会主义现代化建设的任务，这就要求团组织应促进青少年事务社工在青少年事务社会工作中创新马克思主义教育体系，改变受教育者的被动接受状况，赋予马克思主义教育生机与活力。青年的积极互动和参与是解决问题的关键所在，因此，只有创新教育引领体系，激发青年参与马克思主义理论学习的热情，使青年在学习过程中将马克思主义原理用于解决实际问题，在社会热点、社会现实等问题解决过程中感同身受，产生共鸣，才能确保青年真正接受马克思主义，从而成为坚定的马克思主义者。

二 共青团干部对青少年事务社会工作者思想引领主要内容的认识

此次调查根据最终探索性因子分析的结果将团干部对青少年事务社工思想引领的主要内容分为：引导青年热爱祖国；激发青年民族自豪感；促进青年了解和热爱中国优秀传统文化；坚定青年对中国特色社会主义道路的信念；引导青年听党话跟党走；引导青年积极面对人生；引导青年树立社会主义核心价值观；引导青年遵纪守法；引导青年遵守公序良俗；其他十个层面。所设问的"思想引领"是指"团干部对青少年事务社工思想引领在青少年事务社工工作中重要性的认识"。从重要程度看，团干部认为"引导青年热爱祖国""激发青年民族自豪感""促进青年了解和热爱中国优秀传统文化""坚定青年对中国特色社会主义道路的信念""引导青年听党话跟党走""引导青年积极面对人生""引导青年树立社会主义核心价值观""引导青年遵纪守法""引导青年遵守公序良俗"分别占93.5%、86.6%、83.4%、87.4%、86.2%、86.2%、90.3%、82.6%、74.1%、其他只占 1.2％，可见团干部对青少年事务社工思想引领内容一致性的高度认同。

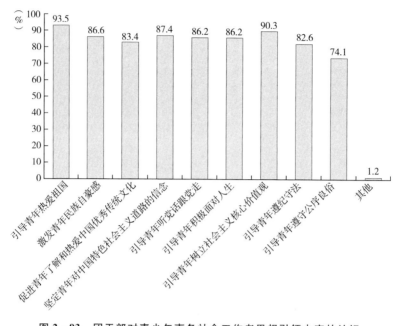

图 2-93　团干部对青少年事务社会工作者思想引领内容的认识

（一）引导青年热爱祖国，激发青年民族自豪感

奋发向上是中华民族勇于进取的力量所在，是中华民族千百年来得以存续的宝贵精神财富。从盘古开天地、女娲补天、"愚公移山"时起，中华民族就在征服大自然的过程中践行着自强不息的精神。这种开拓创新、与时俱进的精神深深印刻在中华民族绵延五千年的历史长卷当中，激励了无数仁人志士为之抛头颅、洒热血，成为中华民族繁衍生息、日益强大的精神财富与动力来源。爱国主义是中国传统文化中的重要内容，纵观千年历史，涌现了无数可歌可泣的爱国主义篇章。北宋诗人范仲淹以"先天下之忧而忧，后天下之乐而乐"对爱国主义做了最好的诠释。爱国主义体现了中华民族的血脉相连，是各族儿女为之奋斗的精神动力，爱国主义精神是中华民族抵御外来侵略、维护民族独立统一的重要驱动力。在 1840 年鸦片战争后，中华民族陷于水深火热当中，在民族精神的感召下，中华儿女走上了救亡图存的道路，有多少仁人志士赴汤蹈火在所不惜。正是由于对

中华传统文化的传承与发展，在民族危亡之际，中华儿女同仇敌忾、心存浩然正气，使民族精神历久弥新，焕发出勃勃生机。民族危亡的紧急关头，中国人民众志成城，英勇反抗，最终建立了社会主义国家，实现了民族独立与人民自由平等。在当代，爱国主义不仅继承了前人的优秀品质，同时随着时代的发展而注入新的时代主题。中国人民在中国共产党的领导下，推翻了帝国主义、封建主义、资本主义在中国的统治，实现了人民当家做主。近现代的革命和建设证明只有中国共产党才能领导中国人民实现伟大的中国梦。只有社会主义才能救中国。爱国主义为社会主义提供了重要的思想来源，社会主义为爱国主义提供正确的发展方向，发展社会主义事业需要继承和发展爱国主义精神，而爱国主义只有坚持中国特色的社会主义理论，才会焕发出勃勃生机。先人们在征服自然、改造自然、抵御外敌入侵的过程中的拼搏进取精神是当代大学生构建价值观必不可少的精神要素。在今天的社会主义现代化建设当中，发扬爱国主义精神就是为中国特色社会主义建功立业，使爱国主义与祖国的强大紧密相连。当代青年继承和发扬爱国主义精神，投身于改革开放和社会主义建设当中，是践行爱国主义精神的重要体现。

（二）引导青年听党话跟党走，坚定青年对中国特色社会主义道路的信念

习近平总书记在 2016 年 7 月 1 日庆祝中国共产党成立 95 周年大会上说："青年是祖国的未来、民族的希望，也是我们党的未来和希望。"青年人在工作中有更多的热情，有更大的积极性、主动性和创造性。他们是这个时代的新生力量，是社会未来发展的忠实接班人和后备军。青年人具有积极进取和顽强拼搏的精神，为社会发展带来希望和自信。青年的成长决定社会的成长，青年的发展决定社会的进步，青年的未来决定社会发展的未来。在现代社会中，谁赢得了青年，谁就赢得了希望；谁把握了青年，谁就把握了事物的发展命脉。青年人以"五四精神"为高扬的光辉旗帜，以艰苦奋斗为成长成才的必由之路，努力成为理想远大、信念坚定的新一代，努力成为开拓进取、奋发向上的新一代。青年肩负着祖国未来发展的光荣使命，他们将是社会未来发展中不可替代的中坚力量。

　　青年是中国革命与社会主义现代化建设的重要生力军。我们党从建党之初就极为重视青年和青年工作。无产阶级政党领导中国人民经过艰苦卓绝的斗争夺取了政权，建立了新中国，如何长期执政并且得到全国人民的拥护是我党面临的一项重要任务。因此，党从建立之初就非常重视自身的建设与执政经验的积累。而确保党长期能够经受住执政考验并得到人民群众的拥护，除了应加强党的建设外，还要重视青年和青年工作，得到青年的拥护与支持。中国共产党自1921年成立以来，在发展过程中历经风雨，逐渐成为挽救中华民族于危亡的中流砥柱。她在领导全国各族人民反帝反封建的进程中，始终重视青年群众基础的建立与巩固，并把创建青年组织——共青团作为自己的重要政治任务。1922年，中国共产党为了便于领导蓬勃兴起的青年运动，充分发挥青年在中华民族救亡图存道路上的积极作用，于1922年5月5日在广州召开中国社会主义青年团第一次全国代表大会，这标志着中国青年团组织的正式成立。从此，青年团作为中国共产党的助手和后备军在党的领导下，团结带领全国各族青年，积极投身到振兴中华、实现中华民族伟大复兴的事业当中。无产阶级政党领导中国人民经过艰苦卓绝的斗争推翻了帝国主义、封建主义、资本主义三座大山，建立了新中国。在新的历史条件下，作为党的后备军，共青团组织必须深刻认识巩固扩大青年群众基础的重要性，探索青年群众工作的内在规律性，发挥共青团组织的凝聚作用，扩大巩固青年群众基础，引领青年在社会主义现代化建设的伟大实践当中锐意进取、奋发向上。

　　只有赢得青年的支持与拥护，才能使党的事业兴旺发达、后继有人。中国共产党无论在革命战争年代还是社会主义现代化建设时期始终高度重视青年工作，并把培养和使用青年作为重要工作来抓。1957年毛泽东在莫斯科会见我国留学生和实习生时的谈话中指出："世界是你们的，也是我们的，但是归根结底是你们的。你们青年人朝气蓬勃，正在兴旺时期，好像早晨八、九点钟的太阳。希望寄托在你们身上。世界是属于你们的。中国的前途是属于你们的。"邓小平也曾指出，青年一代的成长是我们的事业必定要兴旺发达的希望所在。习近平在2013年5月同各界优秀青年代表座谈时的讲话中指出，"历史和现实都告诉我们，青年一代有理想、有担当，国家就有前途，民族就有希望，实现我们的发展目标就有源源不断的强大力量"，"中国梦是我们的，更是你们青年一代的。中华民族伟大复兴终将在广大青年的接力奋斗中变为现实"。而我们党要赢得青年，就必须按照马克思主义理论教育引导青年，使青年真正认识到马克思主义对中国革命与建设的重大指导意义。

（三）促进青年了解和热爱中国优秀传统文化

本研究显示，团干部认为青少年事务社工掌握"传统文化"，"非常重要""比较重要"的分别占 36.2%、41.5%，"非常不重要""比较不重要"的分别占 1.6%、0.4%，"一般"的占 20.3%，可见，部分团干部对青少年事务社工掌握"传统文化"重要性的认识存在偏差。

加强中华优秀传统文化教育，是培育和弘扬社会主义核心价值观的必要前提。中华优秀传统文化是社会主义核心价值观的重要思想源泉，从实践层面上将优秀传统文化的精神内涵传递给青年，培养青年的社会主义核心价值观，是抵御外来思潮侵袭的有力武器。在世界日益多极化的今天，以美国为首的西方发达国家通过意识形态领域的渗透，对社会主义国家实施"西化"的图谋，从而达到分化社会主义国家的目的，使我国在思想领域面临着严重的挑战。抵御来自西方的意识形态领域的分化瓦解图谋，坚定社会主义方向，树立共产主义理想信念，是当代大学生应面对的重要课题。优秀传统文化中的民族精神是抵御西方国家在意识形态领域推行"西化"图谋的有力武器。老子曰："胜人者力，自胜者强"，弘扬中华民族自强不息、奋发向上的精神，有利于青年树立共产主义的理想信念，坚定社会主义的信心，抵御西方国家在意识形态领域的"分化"图谋。只有把中华优秀传统文化融入社会主义核心价值观教育，把民族精神传承下去，才能使青年树立正确的世界观，同时也能有效抵御外来文化的侵袭和分化。

社会主义核心价值观教育是青年思想政治教育的重要内容。由于多年形成的思想政治教育方式的单一、教条和僵化，使得思想政治工作的方式与方法亟待改善与提高。要创新教育的方式、方法，使社会主义核心价值观教育做到灵活多样、见微知著、落到实处，真正使社会主义核心价值观走入青年的精神世界。中华优秀传统文化是社会主义核心价值观的重要来源，加强中华优秀传统文化的教育与传播，是青年社会主义核心价值观形成的关键所在。近年来，高校思想政治教育中增加了许多中华优秀传统文化的内容，教育的形式与方法也得到了一定程度的创新。但是面对当前意识形态领域斗争的新形势，高校在传播优秀传统文化、构建大学生社会主义核心价值观上还存在一些问题。首先，存在认为中华优秀传统文化离现实遥远、教育周期长、达不到立竿见影效果的现象，因此存在对其重要性认识不足的现象。人们多单纯从思想政治教育的角度加强大学生思想品德建设，而忽视传统教育对青年学生道德情操、人文修养重要性的认识。重视短期思想政治教育的培训，而忽视长期优秀传统文化的浸润、陶冶。其次，对中华优秀传统文化教育缺乏长远、系统的规划与设计，在科学组织实施和配套保障方面严重滞后，使教育工作难以落实到位。最后，课程和教材内容僵化、教条，缺乏鲜活的事例，难以激发学生的共鸣，只重视知识的罗列，缺少传统文化的精神内涵和现实发展等。如何将传统教育融入社会主义核心价值观教育，提升思想政治教育高度与水平，使传统优秀文化成为社会主义核心价值观的重要教育载体，是共青团组织与高校应肩负的重要责任与义务。

党的十八大报告明确提出"文化是民族的血脉，是人民的精神家园"。中华民族在长期发展的过程中形成了自身固有的优秀传统文化，其内容博大精深，主要体现在政治、经济、文化等各个领域，正是在这种文化理念的引导下，中华民族逐步走向文明进步。优秀民族文化的发展与繁荣都是建立在传统文化的深厚基础上的，传统文化是历史发展的原动力，是中华民族的精神家园。继承和弘扬中华优秀传统文化，构建中华民族的精神家园，是中华民族发展与繁荣的精神动力与源泉。中国传统文化是中华民族宝贵的精神财富，是几千年来中华优秀儿女孜孜以求的价值所在，崇尚爱国、诚信、人人平等、大公无私、匡扶正义、推陈出新、拼搏进取是其精神价值追求的最重要体现。

中华优秀传统文化是社会主义核心价值观的重要思想源泉。习近平总书记指出，"博大精深的中华优秀传统文化是我们在世界文化激荡中站稳脚跟的根基"，"中国特色社会主义植根于中华文化沃土"，"要认真汲取中华优秀传统文化的思想精华和道德精髓"，"使中华优秀传统文化成为涵养社会主义核心价值观的重要源泉"。党的十八大报告提出："倡导富强、民主、文明、和谐，倡导自由、平等、公正、法治，倡导爱国、敬业、诚信、友善，积极培育和践行社会主义核心价值观。"这从国家、社会、个人三个层面阐述了社会主义核心价值观的原则和要求，深刻地体现了社会主义核心价值体系来源于中国古代传统文化，是中华优秀传统文化在当代社会的发展与创新。

（1）社会主义核心价值观中的"富强、民主、文明、和谐"，是传统文化中治理国家追求的最高境界。民主是传统文化中"以民为本"思想的根本体现，即"大道之行也，天下为公"。纵观中国历史，"民本"思想历来受到统治阶级的重视，体现在治理国家上就是制定"利民惠民"的各项政策，这种"民为贵"的思想对于缓和社会矛盾、维护社会秩序起到了一定的作用。儒家就特别强调民本思想，孟子道："民为贵，社稷次之，君为轻。"荀子曰："天之生民，非为君也；天之立君，以为民本。""君者，舟也；庶人者，水也。水则载舟，水则覆舟。"深刻揭示了民众在国家中的地位与作用，是儒家"民本"思想的重要体现。中国共产党借鉴了传统文化中的"民本"思想中的积极因素，把"民本"思想发展到了前所未有的高度，在政治上建立了人民民主专政的国家政权，人民成为国家的主人。并把全心全意为人民服务作为自己的宗旨与目标，坚持从群众中来，到群众中去的工作方法，践行了"以民为本"的最高理念。"民本"思想的发展充分体现了社会主义核心价值观来源于中华优秀传统文化，二者是一脉相承、创新发展的相互关系。

（2）中国传统文化中的"和谐"思想更是体现在自然、社会生活的方方面面。在处理人与人之间关系方面就像《周易·象传》道："地势坤，君子以厚德载物。"寓意就是君子要与大地一样具有广大的胸怀，能够包容世间万物，真正的君子应修身养性，具有仁厚之心。在与他人相处时应心胸宽广，像大地一样具有博大的胸怀，能容纳理解他人；在人与自然方面，"天人合一"就是最好的诠释，适应自然界的规律，在改造自然的同时做到与自然的和谐相处，才能建立宜居的和谐家园；在处理外交关系方面，做到睦邻友好、和平共处，为建立良好的外交关系奠定基础。"厚德载物""天人合一""和而不同"的思想是构建民族精神的重要基石，贯穿了中华文明的始终，达到人与人、人与社会、人与自然界和谐相处是和谐思想的最高境界，像这样的思想和理念都带有鲜明的民族烙印，民族优秀文化基因随着时代的进步而不断地发展创新，成为中华民族独特的精神家园与价值追求。今天我们所提倡的建立社会主义和谐社会，以社会和谐促进共同发展，就是民族优秀文化中"厚德载物""天人合一""和而不同"的传承和升华。社会主义核心价值观的和谐思想是社会主义意识形态的本质体现，是中国传统文化在意识形态领域的创新发展，是青年达到自我修养、自我教育价值观的最高追求。这种和谐共处的精神是中华民族团结统一、屹立于世界民族之林的精神基础。

（3）社会主义核心价值观中的敬业、诚信、友善来源于传统文化。孟子说："天时不如地利，地利不如人和。"《论语》："君子喻于义""君子坦荡荡，小人长戚戚。""言必信，行必果。""人而无信，不知其可也。"这些古语要求人们诚实守信，修身养性。敬业、诚信是传统文化当中建立良好谋生手段的准则，是在个人层面强调人与人之间团结友爱的重要性，是立足于社会的行为规范，是人与人、人与社会和谐相处的基础与准则。现代社会对诚信以及职业道德极为重视，可见传统文化与现代文化一脉相承，相互贯通，共同构建了现代先进的文化体系，是社会主义核心价值观的重要来源。作为改革开放和现代化建设时期成长起来的青年，应吸收传统文化中的精华，修身养性，注重品德的培养与践行，胸怀远大理想与抱负，在当代就是立足本职工作，担当起时代所赋予的历史使命，进而建功立业达到为他人、社会做贡献，实现中华民族伟大复兴的中国梦。

（4）社会主义核心价值观中爱国主义更是中华传统文化的重要内容。爱国主义精神是社会主义核心价值观中的重要内容，是青年的责任与义务。但是也应看到传统文化中的爱国主义与当今的爱国主义有着本质的区别，传统文化的爱国思想主要体现在爱国忠君上，虽然这种思想有一定的历史局限性，在激励人民抵御外寇、保家卫国、民族团结以及促进国家富强上起到了重要作用。对待传统文化中爱国主义应坚持"去粗取精、去伪存真"的原则，真正把爱国主义发扬光大，使其更好地服务于改革开放与社会主义现代化。中国两千年的儒家文化所宣传的爱国主义也包含着忠君的思想，今天践行社会主义核心价值观中的爱国主义应摒弃这种"家天下""忠君"思想，将爱国主义升华为对国家、民族的热爱，并投身到社会主义现代化建设当中，最终实现中国梦。对待传统文化要坚持"古为今用、推陈出新"的原则，有鉴别地加以对待、有扬弃地予以继承，真正把中华优秀传统文化发掘好、利用好，使其更好地服务于培育和弘扬社会主义核心价值观的实践进程。

（四）引导青年积极面对人生，树立社会主义核心价值观

青年价值观就是青年对人生目标以及各种社会生活现象的取向与评价，是青年群体共同拥有和信奉的价值观念和理想信仰，是其行为的动力来源和精神支柱，它在青年理念文化中具有统领作用，是基于一定文化背景的青年的思想特征与价值取向。青年的价值观是对社会变革和社会文化的反映，随着中国社会的改革与发展，青年的价值观也经历了重新建构与发展。尤其是在中国社会发生深刻变革的今天，青年的价值观发生了深刻变化并形成了自身的特点。虽然在其发展过程中有困惑与冲突，但就其发展的整体方向而言是进步并且日渐成熟的。

良好的思想道德是青年人不断成长、走向成功的基础。广大青年人一定要在人生道路上树立正确的世界观、人生观、价值观，始终做到忠于祖国、忠于社会。青年人必须把自己的前途命运与社会的兴衰荣辱紧密结合起来，把个人的价值真正融入无限的社会实践中去，增强自己的责任感和使命感。为此，必须做到精心培育，引导青年把思想统一到我国经济发展的大潮流上来，统一到改革发展的各项决策中来。同时，积极引领青年做社会发展的支持者和实践者，使之成为推动社会发展的中坚力量。

党团组织是传播马克思主义的重要组织机构，肩负着对青年进行思想政治教育的重要任务。在新时期，我们应发挥党团组织的教育优势地位对青年学生进行有的放矢的教育，使其成为坚定的马克思主义者。创新基层党团组织的活动方式，活动内容应根植于现实生活，以青年关注的社会热点问题为切入点，使其成为思想交流的载体，帮助青年分析问题和解决问题，这样才能最大限度地发挥基层党组织的作用。发挥团委、学生会、社团等组织的作用，调查了解学生的思想动态，帮助解决学生面临的生活困难与就业问题，只有这样才能使学生更好地接受思想政治教育，使青年学生紧密团结在党团组织周围，成为坚定的马克思主义者。

　　培养青年树立社会主义核心价值观，要重视课程体系的设计。在课程设计上既要突出马克思主义基本理论的内容，同时也要体现历史的厚重感，如课程体系应涵盖中国近现代史、建设有中国特色社会主义等，并展现中国人民反帝反封建、建设社会主义国家的内容。在此基础上还应兼顾拓展国际视野，将国外政治经济与国际关系、国际思潮等方面的内容涵盖在课程体系的建设当中。帮助青年认识马克思主义是指导中国革命和建设的法宝，是构建社会主义核心价值体系的源泉与动力，只有这样才能使青年树立共同的理想和价值追求，凝聚青年为建设有中国特色的社会主义而努力奋斗。同时在课堂教学当中要关注社会热点问题，积极引导青年将马克思主义基本原理用于解决实际现实问题。在马克思主义理论课的教学中要改变传统的灌输式教学，使学生由被动接受变为主动感受。要重视师生间、学生之间的互动，充分调动学生的主观能动性，将马克思主义基本原理内化为指导实践的理论武器，成为解决现实问题的世界观与方法论。

　　加强校园文化的营造与建设，形成良好的校园文化氛围。利用学校的大型活动如开学典礼、教师节、重阳节、五月节等开展丰富多彩的主题教育活动，始终将传统文化教育贯穿于教育的具体过程当中，使学生德、智、体、美得到全面发展。加强校园传播媒体的建设工作，严格管理新闻、出版、讲座等传播渠道，抵制西方社会思潮对大学生的侵蚀。坚持用马克思主义以及传统文化引领大学生的价值追求与取向，使马克思主义内化为青年的自觉行动。

　　各级团组织应利用现代新兴传播方式建设以网络数字平台为传播载体的图书馆、文史博物馆、名人大课堂、大学生网络活动室等项目，通过各种数据平台传播和弘扬马克思主义与中华民族精神。针对网络教育碎片化的特点，收集整理适合大学生特点的中华传统故事、知识、成语、诗歌书法、绘画、社会热点问题等，以贴近现实生活的方式来传递中华优秀传统文化精神，在网络方便、快捷、全覆盖下使青年接受马克思主义理论与中华优秀文化知识，使青年在传统文化与身边的小事中将理论与实践紧密结合起来，达到以小见大、见微知著的效果。要应用新媒体，把中华优秀传统文化中的大道理变成大学生乐于接受的小道理，把社会主义核心价值观的 24 个字变成与大学生日常生活息息相关的小故事，切实增强教育的实效性。另外要加强网络文明环境建设，以传统优秀文化的"诚信""爱国""和谐"教育青年提高个人素养，杜绝网络暴力、不健康语言、失信失德等行为，倡导健康、文明的网络环境。

在文化建设上要创新活动载体，在实践活动中将马克思主义思想贯穿其中。在活动上既注重青年能力与素质的培养，又要突出时代主旋律，帮助青年树立正确的世界观与人生观。通过组织丰富多彩的文化活动，青年在实践中锻炼成长。在活动内容上彰显马克思主义、中华民族精神元素，通过演讲比赛、社团一帮一活动等帮助青年认识国情，感受我们党选择马克思主义以及建设有中国特色社会主义道路的正确性。

注重马克思主义理论与实践相结合，以实际行动践行中华民族精神。积极为青年学生创造条件参加社会实践锻炼，如组织青年学生到老、少、边、穷地区进行志愿服务工作，使青年在社会实践中认识国情，建立与人民群众的血肉联系，增强社会责任感，增长服务社会的能力。通过参观红色景点，参加党的纪念日活动、党课学习等活动，青年学生认识到马克思主义、中国共产党的伟大，从而成为坚定的马克思主义者。

面对新形势、新问题，党团各级组织应整合资源，充分发挥各种优势资源，找准青年马克思主义者培养的切入点，在弘扬中华民族精神的同时有针对性地开展青年马克思主义者培养，力争培养出更多的优秀青年马克思主义者。

将中华优秀传统文化教育与传播载体的创新相结合，构建青年社会主义核心价值观。随着互联网的飞速发展，新兴媒体宣传教育阵地日益扩大，要充分利用各种网络传媒将中华传统优秀文化渗透在社会生活的各个方面，使广大青年多角度、全方位接受中华优秀传统文化的教育。基层团组织要建设以中华优秀传统文化传播为主要内容的网络学习平台，合理搭建数据平台，完善网上数字图书馆、期刊数据库、网上课堂等项目，使新兴网络平台成为推进优秀传统文化的重要载体，通过网站、微博、微信等新兴传播载体传播民族的大众的优秀文化成果，影响触动青年的情感世界，为社会主义核心价值观的构建与完善提供精神资源和动力支持。同时应维护与营造良好的网络环境，抵御网络中不良思想的侵袭，净化网络环境，通过网络语言、网络热点问题等规范和引导青年的世界观和价值取向，使网络成为中华优秀传统文化教育的重要平台，促进青年社会主义核心价值观的培育。

（五）"互联网＋"时代引导青年遵纪守法，遵守公序良俗

近年来随着信息技术的迅猛发展，互联网走入千家万户，我国已经成为世界上第一大互联网发展国家，网络方便快捷，给人们带来海量信息的同时，也成为各种虚假信息、反动言论的集散地。西方发达国家为了达到占领意识形态主战场，宣传其价值观念的目的，凭借着先进的信息技术在网络这一领域宣扬资产阶级意识形态和价值观念，借助网络诋毁马克思主义和社会主义，在别有用心的蛊惑下一些民众尤其是青年极易对马克思主义产生疑虑，再加上在生活中以及网络上看到某些社会不公现象，使得部分青年从而失去对党和国家的信任。网络具有聚拢信息的功能，同时也具有分散信息的作用，信息资源的聚拢有利于形成核心价值观念和社会所倡导的主流意识形态，而网络的分散性特征不利于社会舆论导向的聚拢与形成，这也恰恰是网络带给人们方便快捷的同时不利于主导文化形成的原因，新时期只有占领网络阵地，大力通过网络传播和宣传马克思主义，弘扬积极向上的意识形态和价值观，才能引导人们建立起抵御西方文化侵略的防线。可见借助网络宣传马克思主义，在互联网上引导舆论导向，使青年建立正确的世界观是何等重要。因此，共青团组织应从掌握舆论导向的高度认清网络阵地的重要性，从而切实加强网络信息的发布与导向，抵御外来信息的侵袭与破坏。

面对新形势、新问题，青少年事务社工应整合资源，转变思维方式，利用互联网充分发挥各种优势资源，找准大学生社会主义核心价值观构建的切入点，全方位、多角度开展思想政治教育，力争培养出更多的优秀青年马克思主义者。加强法制建设，强化刚性约束，以完善的法律规范来影响青年价值观的形成。中华民族具有重教化重个人修养和自律的传统，这一传统今天依然应当继承与弘扬。同时，价值观作为人的一种内在追求，强调的也是自律自求，对人的约束也是"软性"的，并不能保障人们协调一致地奉行某些价值准则。因此，在社会转型时期人们的自律意识比较匮乏的情况下，更应该强化刚性约束机制。相对于政策与制度及其运行而

言，法律是最具刚性的约束机制，是对人的行为、人的价值取向的强行定位。它既向人们提供可以做什么、必须做什么、不得做什么的行为模式，更通过对合法行为的确认、保护，对违法行为的惩罚，引导与迫使人们遵守法律，把权利的行使与义务的履行有机结合起来。因此，在社会转型时期进行青年价值观教育，就必须把价值观教育与法制建设、法制教育结合起来，一方面使一些最基本的社会价值观法律化、制度化，并通过法律手段来弘扬某些价值精神；另一方面通过法制教育使青年能够确立社会主义法制观念、法律意识、法治精神，实现青年价值取向与社会基本要求的一致，并在此基础上使青年的价值取向向更高层次、更高境界跃升。完美的人格和强健的体魄对青年实现远大理想同样重要，青年不仅要有强健的体魄，更要有优秀的品格。完善修养，加强青年队伍建设是青年成长成才的重要基础。有了强健的体魄，青年人才能够经受起各种考验，能够在艰苦的环境中逆流而上，勇往直前；有了完善的人格，青年人能够养成良好的习惯，增强自己的使命感和责任感，正确认识自己，不断反思改进，树立切合实际的发展目标，做有利于社会的事情，做有利于实现个人价值的事情。加强基础文明的教育，从最低层次影响青年价值观的形成。一个社会不管其成员的价值观呈现多少花样，是如何的"多元化"，也都存在一些绝大多数社会成员共同认可的、最起码的、最基本的价值标准。而作为一个社会成员，不管其在一生中有什么样的理想，追求什么样的价值目标，有一些基本的行为准则和规范还是无论如何必须共同遵守的，否则，人们的社会行为就会充满冲突和对抗，整个社会就会走向崩溃。基础文明主要包括人类社会共同遵守的一些基本的道德准则和行为规范。一些调查数据显示，当代青年在一些基础文明方面，如节俭、勤劳、责任感等，有随着年龄变小而不断弱化的趋势。这一趋势实际上反映了我们在基础文明教育方面的薄弱。基础文明在很长时间里没有受到人们的重视，其根本原因就在于人们普遍认为它的层次太低。但近些年社会生活的实际情况表明，虽然基础文明的层次比较低，但其作用绝对不可忽视。这不仅是因为它在青年的社会生活中的协调人际关系方面有重要作用，而且因为它在青年的品德形成过程中也有非常重要的作用。尤其在当前社会转型时期，在人们的价值观和行为日趋功利化的情况下，大力加强基础文明教育，从小奠定青年的良好思想和道德品质，这对于减少异质文化、功利性文化对青年的负面影响和挽救道德趋于弱化的局面有着重要的作用。青年为社会的发展注入新的血液和活力，当代青年肩负着祖国兴旺发达和繁荣强盛的重任，必须不断加强自身修养，锤炼坚毅品格，用昂扬向上的精神风貌迎接社会和企业的挑战，展现新一代青年人别样的风采。

文化塑造青年，青年创造文化。在新时代，加强青年文化建设，强化青年主人翁意识，把服务社会发展和服务青年成长结合起来，不断强化青年的精神文化理念，促进青年的快速成长。良好的文化氛围能够促进青年成才，通过学习园地和宣传媒介等将先进人物的模范事迹广为传播，启迪并引导广大青年人，确保青年在充满竞争而又和谐有序的环境中不断进步。青年时期占据人一生三分之一的时间，在这宝贵的时间中，广大青年要珍惜光阴，刻苦学习，促进自身能力的全面提升。"问渠哪得清如许，为有源头活水来"，学习是不断进步的源泉，青年人必须立志高远、勤奋学习，不断增长自己的知识。在日常生活中，必须分秒必争，惜时如金，用水滴石穿、铁杵成针的毅力勤奋学习，不断拓宽视野，掌握专业技能。当然，学习不是一蹴而就的事情，必须持之以恒坚持下去。"活到老，学到老"，作为新世纪的青年，必须树立终身学习的理念，提高思想境界，增强综合素质。青年人需要养成讨论问题、解决问题的能力。注重理论与实践的结合，通过实践把书本知识转化为专业技能，在实践中不断总结经验，促进自身能力的提高。为此，社会必须为青年一代营造良好的学习实践氛围，帮助广大青年认清社会形势，把握时代潮流，激发他们自身蕴藏的无限创新能力。

我们党从诞生之日起就是有着强烈历史使命感、与时俱进理论品格的政党。党的十九大报告指出，十八大以来的五年，我们党在理论上的最大收获、最大成果，就是形成了习近平新时代中国特色社会主义思想。这是我们党带领人民不断推进中国特色社会主义事业的重要里程碑，标志着马克思主义中国化的新飞跃。用习近平新时代中国特色社会主义思想指导共青团工作实践，坚定不移地深化共青团改革攻坚，聚焦重点问题，切实增强政治性、先进性、群众性，使广大团员、青年始终坚定跟党走的初心，肩负历史重任，积极进取，开拓创新，与祖国共奋进，与社会同发展，与时代齐进步，才能全面发挥个人才能，谱写社会主义更加辉煌灿烂的篇章！

三　共青团干部对青少年事务社会工作者思想引领的认知

（一）共青团干部对青少年事务社会工作者思想引领的方法的看法

团干部认为，青少年事务社工进行思想引领的方法最多的是组织参观等思想教育类活动，占70.2%；另外，提出主题、组织思想讨论活动占58.3%；使用板报等传统媒体进行思想宣传的占56.2%；在活动中安排思想教育专题环节的占55.8%；在活动中隐含思想教育内容的占53.3%；和青少年交流时，直接说服教育的仅占46.7%。排在前三位的依次是组织参观等思想教育类活动；提出主题、组织思想讨论活动；使用板报等传统媒体进行思想宣传。

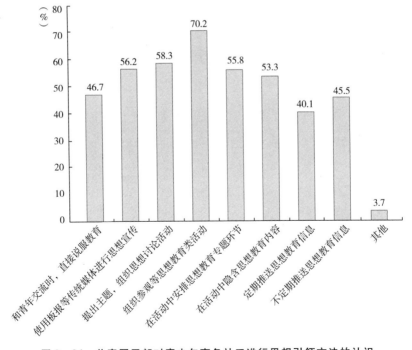

图 2 - 94　共青团干部对青少年事务社工进行思想引领方法的认识

在"您所在辖区，青少年事务社工在实际工作中对青年思想进行引导的效果"的设问中，团干部认为青少年事务社工在实际工作中对青年思想引领效果"非常好""比较好""一般""不太好""非常不好"的分别占4.3%、36.6%、46.4%、11.1%、1.7%。可见青少年事务社工在实际工作中对青年思想进行引导的效果一般，有待提高。

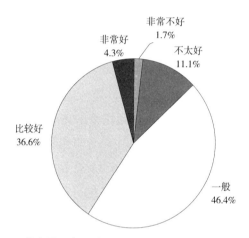

图 2－95　共青团干部对青少年事务社工思想引领效果的认识

（二）共青团干部对青少年事务社会工作者思想引领不足的原因的看法

对"社工在活动设计或实施中思想引领不足的原因"，团干部认为："社工缺乏思想引导的技能"占68.9%；"担心参加活动的青年反感，影响活动效果"占53.3%；"社工没有这个意识"占44.7%。

在本研究对青少年事务社工思想引领存在不足的分析中，青少年事务社工认为其并不缺乏专业技能。而团干部却认为导致青少年事务社工思想引领不足的原因更多的是"社工缺乏思想引导的技能"。导致本体认识与客体认识不一致的原因应该是青少年事务社工没有很好地将专业社会工作方法运用于思想引领活动之中。的确，由于社会工作专业服务内容与思想引领内容有所不同，生搬硬套地将专业社会工作方法运用在思想引领活动中自然难以取得预期成效。所以，这就要求青少年事务社工在开展青少年思想引领活动中，找到将社工专业方法用于思想引领活动的"切入点"和

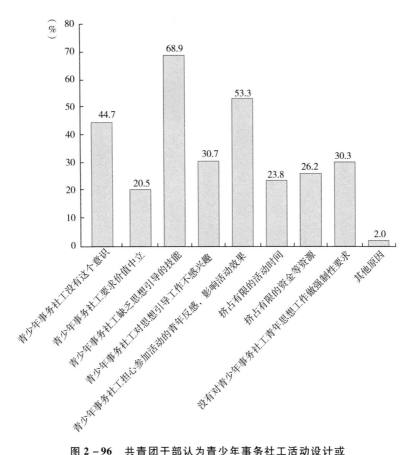

图 2 - 96　共青团干部认为青少年事务社工活动设计或
实施中思想引领不足的原因

"契合点"，立足于青年的需求，避免强行灌输，注重寻找、发现能够使思想引导活动取得理想效果的方法、技能。另外，团干部通过教育强化青少年事务社工思想引领价值意识，鼓励他们大胆开展思想引领活动，在青少年事务社工的培训中通过"故事活动""游戏活动"培养他们对思想引领工作的兴趣。这样，青少年事务社工在思想引领工作中存在的问题才会得到解决。

第四部分

问题与对策

第一章 关于社会工作者发展中存在的问题与对策

在本章中，我们将就包括青少年事务社会工作者在内的，我国社会工作者队伍的现状和问题以及推进我国社会工作者队伍建设的主要路径进行讨论。

第一节 我国社会工作者人才队伍的现状和问题

当前我国青少年事务社工工作和社会工作人才队伍建设尚处于起步阶段。青少年事务社工工作队伍规模小，受众有限、分布不均衡，使最需要得到帮扶的老、少、边、穷地区以及乡村的青少年得不到服务；专业化水平不高、专业能力不足，难以满足青少年对事务服务的需要；制度建设滞后，使青少年事务社工的薪资待遇不高、发展空间不大；加之工作密度、专业能力、职业认同等诸多原因，使得青少年事务社工流失率居高不下。下文笔者将对这些问题进行讨论。

一 规模问题

20 世纪 80 年代后期，我国高校中开始建立社会工作与管理专业（后改名为社会工作专业），经过 30 年的发展，目前全国高校中已有 330 多所高校开设了社会工作本科专业，有 105 所高校获得了 MSW 学位授予权。2011 年国务院学位委员会和教育部发布的《学位授予和人才培养学科目录（2011 年）》将社会学列为一级学科。此后，具有一级学科博士学位授予权的高校设立了社会工作（或社会工作与社会政策）二级学科（专业）博士和硕士学位点，以培养硕士和博士层级的社会工作高级学术型人才。目前，我国高等教育机构中已经形成从大专（高职）到本科、硕士、博士全层级的社会工作专业人才培养体系。但是，由于我国社会工作专业起步较晚，虽然事实上早就存在大量人员从事相关"实际社会工作"，但其专业性和职业化一直没有得到足够的发展和应有的重视。直到 2004 年 7 月，社会工作才被正式确定为我国的新职业。此后，随着社会工作专业人才从高校毕业进入社会相关工作领域并在工作中逐渐取得成效，社会工作专业人才队伍建设越发受到国家的重视。2012 年 4 月，中央和国家 19 部门又联合发布了《中长期规划》，提出了到 2015 年我国一线社会工作专业人才总量增加到 50 万人、到 2020 年增加到 145 万人的目标。据民政部公布的统计数据，到 2016 年底，我国在各类组织（事业单位、群团组织、社区和社会组织）中的社会工作专业岗位有二十多万个，全国社会工作专业人才规模总量达到 76 万人，其中持证社工近 30 万人，全国共有社会工作服务机构 6600 余家。

在传统的基层社区工作中，社会工作者的工作一直包含有青少年工作的职能，如服务青少年成长发展、维护青少年权益、预防青少年违法犯罪以及救助保护、困难帮扶、生计发展、就业援助、思想引导、心理疏导、情感关怀、精神抚慰、家庭监护随访、家庭教育指导、亲子关系调适、正面联系、临界预防、行为矫治、社会观护、危机干预、功能修复、教育辅导、成长支持、能力提升、社会融入、社会参与和其他为特殊困境青少年提供保护性、补缺性和替代性服务以及为普通青少年提供预防性、发展性和支持性服务。但是，在较长一个时期，我国一直没有明确地将专门从事青少年具体事务的专业社会工作者从社会工作者中分离出来。直到 2007 年 11 月共青团中央等五部门联合印发《关于开展青少年事务社会工作者试点工作的意见》（中青联发〔2007〕41 号），青少年事务社会工作者才被正式以专有名词提出，此后，以试点工作为切入点，各试点地区初步建立青少年事务社会工作者队伍，基本建立有效的工作机制，青少年事务社会工作者的作用明显体现。2014 年 1 月，团中央、民政部等六部门联合印发《关于加强青少年事务社会工作专业人才队伍建设的意见》（中青联发〔2014〕1 号），提出到 2020 年初步建立 20 万名青少年事务社工工作人才队伍的目标。然而，在同年 8 月召开的全国青少年事务社工工作专业人才队伍建设暨重点青少年群体服务管理和预防犯罪工作推进会上，我们看到来自团中央对各级团组织统筹管理的青少年事务社工工作从业人员、专业人才数量以及岗位设置、项目开发、专业培训等情况的摸底调查数据，全国青少年事务社工工作从业人员（不包含专职团干部）约有 2 万人，其中，取得社会工作专业学历的不到 6000 人，通过社会工作者职业水平考试的仅有 7000 余人。每 10 万名青少年仅拥有 5.3 名青少年事务社工工作从业人员。① 这样的规模，实在不能满足青少年事务工作的需要。

二 分布问题

由于各地经济发展水平、人口受教育水平、对青少年事务社工工作的重视程度以及对青少年事务社会工作者作用的认识存在差距，使不同省份青少年事务社会工作者数量存在较大差距。据公布的数据，截至 2014 年底，浙江省青少年事务社工工作专业人才有 1800 名左右；② 而湖南截至 2014 年底，与青少年事务相关的社工只有 674 人；③ 广东省截至 2015 年底，青少年事务社工达到 9207 人。④ 同样截至 2015 年底，贵州省内持证青少年事务社工只有 816 人。⑤

城乡之间存在的各种差距，亦使大多数青少年事务社会服务机构如 12355 青少年服务台、青少年宫、青年中心、社区青年汇、青年家园等集中于城市，此特征在不发达地区尤显突出。在许多老、少、边、穷地区，脱贫正在进行时，青少年事务社会服务只能是以后的事情。

当然，我们必须看到，全国各省、区市中，一些省、区市对 2020 年青少年事务社工工作人才队伍建设提出了不同目标。比如海南省到 2020 年将

① 《中国每 10 万名青少年仅有 5.3 名青少年社会工作从业人员》，人民网，http://edu.people.com.cn/n/2014/0821/c1053-25514134.html，2014 年 8 月 21 日。
② 郑茜茜：《加快青少年事务社工队伍建设迫在眉睫》，杭州政协网，http://www.hzzx.gov.cn/cshz/content/2015-01/15/content_5611964_2.htm，2015 年 1 月 15 日。
③ 《2020 年全省社工人数将达 6 万》，湖南省人民政府网，http://www.hunan.gov.cn/hn-yw/tjdt/201501/t20150115_1354320.html，2015 年 1 月 15 日。
④ 《2020 年广东省青少年事务社工人数将达到 19000 人》，中青在线，http://news.cyol.com/content/2016-06/19/content_12834289.htm，2016 年 6 月 19 日）。
⑤ 《2020 年贵州省将建成万名青少年事务社工队伍》，社工中国网，http://trade.swchina.org/trends/2016/0905/27259.shtml，2016 年 9 月 5 日。

建设 1800 名青少年事务社工队伍；① 天津市到 2020 年青少年事务社工工作专业人才要达 5000 人以上；② 共青团云南省委提出，到 2020 年全省将建立 6500 人的青少年社会工作专业人才队伍；③ 湖南省到 2020 年与青少年有关的社工将达到 9000 人；浙江省到 2020 年预计要发展 10000 名青少年事务社工工作专业人才；贵州省提出，到 2020 年将建成 10000 人的青少年事务社工人才队伍；四川省提出到 2020 年建成 11000 人的青少年事务社工工作专业人才队伍；④ 山东省表示力争到 2020 年初步建立 1.5 万人的青少年社工专业人才队伍；⑤ 广东省计划在 2020 年青少年事务社工人数将达到 19000 人；湖北省计划至 2020 年初步建立 1 万人的青少年事务社工工作专业人才队伍，每 10 万名青少年拥有青少年事务社工工作专业人才不低于 60 人；⑥ 上海市提出到 2020 年，每 10 万名青少年拥有专业社工至少 80 名。⑦ 按这样的目标数量，"2020 年初步建立 20 万名青少年事务社工工作人才的目标"应该可以实现。

三 专业化水平与专业能力问题

尽管我国青少年事务社工专业人才队伍建设走上了专业化、职业化道路，但由于多种原因，目前较高比例的青少年事务社工专业人员的专业化水平明显不足。缺乏专业训练，职业资质不高等问题较为突出。⑧ 本调查数据显示，在 800 名被调查社工中，来自社会工作专业的社工占 29.4%，

---

① 《海南 2020 年将建 1800 名青少年事务社工队伍》，北京社会建设网，http：//www. bjshjs. gov. cn/412/2016/07/25/90@25376. htm，2016 年 7 月 25 日。

② 《〈关于加强天津市青少年事务社会工作人才队伍建设的实施意见〉解读》，《中国社会工作》2016 年第 4 期（上）。

③ 《到 2020 年，云南将建立 6500 人青少年社会工作队伍》，中国昆明文明网，http：//km. wenming. cn/wcnr/201501/t20150116_1549098. html，2015 年 10 月 26 日。

④ 钟振宇：《我省青少年事务社工薪酬有保障》，《四川日报》2015 年 2 月 12 日，第 13 版。

⑤ 《山东制度化加强青少年事务社工人才队伍建设》，中国青年网，http：//qnzz. youth. cn/place/shengji/201411/t20141127_6129224. htm，2014 年 11 月 27 日。

⑥ 《湖北计划 2020 年建立万人青少年社工队伍》，湖北日报网，http：//news. cnhubei. com/xw/zw/201505/t3255686. shtml，2015 年 5 月 12 日。

⑦ 《上海：2020 年每 100 个重点青少年配备 1 名社工》，社工中国网，http：//trade. swchina. org/trends/2017/0724/29564. shtml，2017 年 7 月 24 日。

⑧ 韩振峰、易帅东：《青少年事务社工人才队伍建设研究》，《北京交通大学学报》（社会科学版）2017 年第 4 期。

社会学、心理学专业占 12.3%，其他专业占 64.6%（多选）。通过社会工作者职业水平考试的社工占 43.4%。这些数据与 2014 年全国青少年事务社工专业人才队伍建设推进会提供的数据基本一致：来自社会工作专业的社工占比几乎相同，通过社会工作者职业水平考试的社工比例有 5.7 个百分点的提升。几年过去，有社会工作专业背景的青少年事务社工占青少年事务社工总数的比例几乎没有提升，通过社会工作者职业水平考试的青少年事务社工比例有所提升，但并不具有普遍性（本调查对象：北京、上海、广州、天津总计 640 人，占总人数的 80%）。所以，社会工作专业"科班出身"的社工数量和通过社会工作者职业水平考试的青少年事务社工数量均显不足，说明大多数青少年事务社会工作者的专业基础有待夯实，专业化水平有待提高。

对于绝大多数在岗青少年事务社会工作者来说，参加专业培训是提高他们专业能力的重要途径，对非社会工作专业的从业者来说，专业培训亦是他们填补专业基础"空白"的主要方法。但是，在接受本研究问卷调查的青少年事务社工中，对"少有参加培训的机会"问题，回答"非常符合""比较符合"分别占 16.7%、22.4%，合计占 39.1%；对"培训不够系统"问题，回答"非常符合""比较符合"分别占 19.8%、24.0%，合计占 43.8%。在本次调查问卷所涉及的"青少年事务社会工作者对本职业的行为认同"中，青少年事务社工行为层面的职业认同各维度平均得分在 4 分上下浮动。其中，"愿意积极参加相关培训"的情况最好，平均得分 4.39，进行了"清晰的职业规划"的情况相对较差，平均得分为 3.91。由此可见，青少年事务社工有很强的参加培训的意愿，但有将近 40% 的青少年事务社工很少得到专业培训，再加之培训不够系统，使得许多非社会工作专业的青少年事务社会工作者得不到专业培训或得不到系统的专业培训。由此造成目前青少年事务社会工作者专业化水平不高。

社会工作实务，像其他所有的专业实务一样，是价值观、目的、授权许可、知识和方法的一种聚合体。任何单独的某个部分并不能成为社会工作实务的特点，而且任何单独的某个部分也不是社会工作所独有的。恰恰是这种特定内容和特定组合的聚合体，既构成社会工作实务，又使社会工作实务截然不同于其他的专业实务。社会工作实务具有如下三种目的：一是协助个人和群体发现和解决，或是最小化他们自己与其环境之间失衡产生的各类问题；二是确定个人或群体与其环境之间失衡的潜在领域，以便预防这种失衡状态的发生；三是寻找、发现和加强个人、群体与社区潜能最大化。[①]可见，社会工作实务作为一种聚合体，唯有全面为青少年事务工作者所具有，才能使青少年事务工作取得较高绩效。

本调查发现的事实是：青少年事务社会工作者认为沟通能力、实践知识与专业技能对于保证一个青少年事务社工在目前评价体系中的工作绩效具有非常重要的作用，它们是知识技能层面最重要的影响因素。这充分说明，青少年事务社工对与青少年事务工作直接相关的能力和理论、知识重要性高度认同。在本研究项目中，课题组就"青少年事务社会工作者的职业认同状况"所涉 11 个问题做了问卷调查，调查发现：从认知层面看，青少年事务社会工作者对青少年事务社工工作的职业伦理、工作模式、专业技能和方法以及职业契合性认知程度都比较高，青少年事务社工的情感认同强于认知认同，强于行为认同。

然而，青少年事务社工对上述诸多胜任力因素较高的认同，并不代表他们的专业能力水平已经能够满足青少年事务工作的需要。也就是说，对诸多胜任力因素较高的认同并不能说明他们已经具备足够的服务青少年的专业能力。有研究指出，青少年事务社工所服务的青少年群体面临的问题和需求具有较强的共性，也具有显著的个性差异，往往需要有一定工作和生活阅历的人才能理解和把握。青少年服务需要教育学、社会学、法学、心理学、社会工作等多方面的知识。而由于薪酬待遇、职业发展、工作条件、社会评价等多种原因，导致青少年事务社工队伍整体年轻化，多数人工作时间短，加之培训不足，对相关政策认知不够，使他们缺乏社会阅历和相关工作经验，所学专业理论和方法难以有效地运用到实际工作中，使整体专业、实务能力不足，难以较好胜任青少年服务的工作。笔者认为，与年龄、阅历相比，青少年事务社工的任职年限、所学专业与青少年事务社工的专业能力更为相关。本调查数据显示：在 800 名青少年事务社工中，

① 〔美〕Bartlett, H. M.：《"社会工作实务"的工作定义》，《社会福利》（理论版）2013 年第 3 期。

从事青少年事务社工工作6个月以内的占20.8%，工作6个月至1年的占14.5%，二者合计占35.3%，只有24.9%的青少年事务社工所学专业是社会工作专业。试想，超过1/3"新手"，且如果所学专业不是社会工作专业，他们的专业能力从何而来？

另外，对本研究"不同群体青少年事务社会工作者对本职业胜任能力的看法比较"的数据分析表明，无论一线社工、督导社工或是管理社工，他们有更多机会面对普通青少年，因而他们对自身定位更多的是服务性工作，而能否平等对待服务对象决定了他们能否与青少年建立关系并开展后续工作，所以他们对平等爱心价值观更加重视，因而平等友爱的能力在胜任工作方面十分重要。预防型青少年事务社工对有差异的两项能力（基础理论，相关政策）比其他服务类型青少年事务社工要更加重视，在其他能力上无差异，说明他们对做好预防性事务工作的能力需求比处理既成事实的能力需求更高。根据国家社会治理要求，未来将需要更多的青少年事务社工投身青少年问题的预防工作。所以，提高从事预防工作青少年事务社工的各项专业能力显得尤为重要。这些也是我们今后在提升青少年事务社会工作者的胜任能力中应该注意的。

四　流失问题

社工流失率较高，已经是不争的事实。多数观点将流失率较高的原因指向职业满意度普遍不高，这点也得到业内外人士的认同。的确，从业者的流动与他们对职业满意度之间存在着紧密的反向联系。社工对工作满意度不高，就会找机会另谋他就。然而，影响职业满意度的因素有很多，包括发展机会、自我认知、工资福利、工作适合度、工作条件、工作方式、工作价值感、工作中的人际关系、工作认同感等，在这些因素中，哪些因素对于青少年事务社工对职业的满意度有影响，我们将基于本研究项目调查数据，通过青少年事务社工对"工作动机""职业认同""职业需求"等的认知分析，以判断影响该群体职业满意度的主要动因。

此次针对青少年事务社会工作者的工作动机的调查发现：从动机的大类看，为了更好地胜任现在的工作，青少年事务社工认为最重要的是他们的职业兴趣（平均分4.49），然后是驱动力（平均分4.48），最后是成就动机（平均分 4.41）。在驱动力的五个选项中，最具重要性的是社会责任感（平均分 4.31）和喜欢青少年（平均分 4.23），最不具有驱动力的是工作清闲（平均分 2.95）和待遇可接受（平均分 3.41）。可见，工作不清闲（劳碌）和待遇难接受（工资福利一般）是青少年事务社工对职业不满意的重要外部动因。

此次针对青少年事务社工在工作中遇到问题的调查发现，按平均分高低及严重程度前三位排序依次是：工资待遇低，工作任务重，晋升空间不足。

此次针对青少年事务社会工作者的职业认同（认知层面、情感层面、行为层面）的调查发现：青少年事务社会工作者对于青少年事务社工工作的职业伦理、工作模式、专业技能和方法以及职业契合性认知程度都比较高，青少年事务社工的情感认同（有成就感，乐意表明身份）强于认知认同（了解职业伦理、工作模式，掌握了专业技能和方法，知道自己适合社工的工作），强于行为认同（长期做社工，推荐社工毕业生做青少年事务社工，积极参加培训，有清晰的职业规划）。从认知层面看，专业方法和技能掌握不足对青少年事务社工认知层面职业认同度的影响较大；从情感层面看，青少年事务社会工作者的主观评价比较高，是三个层面认同中平均得分最高的一组；从行为层面看，认同总体水平高，维度间差异显著。得分最高的维度（如果有机会，我会积极参加针对青少年事务社工的培训）和最低的维度（我目前做了清晰的青少年事务社工职业规划）都出现在此层面，经 t 检验，两者存在显著差异（p = 0.000）。值得注意的是，青少年事务社工对"我将长期从事青少年事务社工工作"认为"比较不符合""非常不符合""不确定"的分别占 3.5%、2.1%、18.3%，可见，在接受调查的青少年事务社工中有 5.6% 的人成为"流失者"几乎可以肯定，而另外18.3%"不确定"的人亦将有可能成为"流失者"。从职业认同方面寻找可能造成青少年事务社工流失的原因，主要应该是：青少年事务社工的职业认同行为还表现在较初级的阶段，很容易因各种因素影响而发生变化；缺乏职业规划使他们只能看到现在，而看不清未来；专业方法、技巧难以掌握，缺乏"看家本领"，自然落在人之后或饭碗难保。所以，没有目标、专业能力欠缺可确认为社工流失的重要内部动因。

此外，有研究者认为，青少年事务社工的流失率居高不下的原因还有：制度建设不到位。制度建设速度缓慢的直接后果是我国专业社会工作岗位、机构和人才队伍建设总体缓慢，人才流失较多。专业社会工作制度建设滞后，导致公共财政对专业社会工作的投入不够、不稳，社会工作岗位设置数量严重不足，专业社会工作者的待遇普遍偏低，并且晋升空间不大，使得专业社会工作这一职业对有才华的年轻人吸引力不大。社工专业毕业生的就业流失率较大，已在社会工作机构和岗位上就业的人也面临就业不稳定和流失率较大的问题。[1] 机构管理方式存在问题，部分社工机构的管理方式家族化倾向严重，有的就是"夫妻店"。按照登记管理机关的要求，每个社工机构都设有理事会，但是实际上理事会形同虚设，理事不"理事"的现象比较普遍。由于社工不认同机构管理方式，故而离职。[2] 导致社工离职原因除上述方面外，亦可能还存在其他原因，如在大城市工作的社工，由于居住地与工作地距离较远而选择离居住地较近的机构工作；女性（本调查显示，女性社工占77.8%）社工因生育子女，需要投入大量时间照顾孩子；社会工作的"证照化"，使很多实际从事社会工作的基层工作者难以获得相应资格并被边缘化，[3] 等等。本调查发现，从不同收入的青少年事务社工的比较看，是否愿意长期从事青少年事务社工工作这一职业不仅仅是职业认同的问题，更是生计的问题。且收入3000～5000元的青少年事务社工群体愿意长期从事本职业的总比例高出月收入1000～3000元群体约10个百分点，但是他们非常愿意长期从业的比例反而低于收入更低的人群。这反映了他们观望的心态，即能升职获得体面的收入则留，不能实现预期则走。而收入最低的青少年事务社工的想法反而比较单纯，工作本身给他们带来的成就感是他们继续工作的重要动机。调查发现，有一部分青少年事务社工是城市本地人，对于他们来说由于住房等主要问题已经解决，工作不再是其维持生计的主要来源，是否喜爱、是否便利才是他

---

① 关信平：《论当前我国专业社会工作的制度建设》，《国家行政学院学报》2017年第5期。
② 徐道稳：《社会工作者职业认同和离职倾向研究——基于对深圳市社会工作者的调查》，《人文》2017年第6期。
③ 朱健刚、童秋婷：《反思社会工作的"证照化"》，《中国农业大学学报》（社会科学版）2017年第3期。

们考虑的主要问题。

对青少年事务社工流失的问题，结合本项目调查结果，课题组提出以下推断。

青少年事务社工虽是社工，但他们的服务对象是青少年。由于服务对象是青少年，他们在工作中的体验（职业情感）与其他类社工有所不同。本调查发现：在"青少年事务社会工作者对本职业的情感认同"中，有39.9%和42.4%的社工认为青少年事务社工工作比较多和非常多地让他们有成就感，平均分为4.17分；有40.3%和44.5%的青少年事务社工认为此项工作比较多和非常多地提升了他们的能力，平均分为4.26分；绝大多数的青少年事务社会工作者愿意告诉别人自己的职业，选择"非常愿意"的占48%，平均分为4.27分。可见，青少年事务社工对从事这项职业是比较自豪的，职业给予他们个人成长的可能。此外，"职业兴趣"重要性列居第一的结果说明，青少年事务社工工作因服务对象不同，相比其他社会工作更容易让从业者看到服务对象的成长、发展，给从业者带来快乐。因为来自职业本身的乐趣能够成为吸引青少年事务社工扎根的原动力，那么，青少年事务社会工作者的流失率或许低于其他社工。此推断须从今后的研究中寻找答案。

第二节　推进我国社会工作者队伍建设的主要路径

针对如何解决社会工作者，包括青少年事务社会工作者队伍建设中存在的问题，有大量研究给出了许多对策、建议。课题组结合本项目调查结果，以制度建设为主线就相关问题解决提出建议。

制度，一般是指要求大家共同遵守的办事规程或行动准则，也指在一定历史条件下形成的法令、礼俗等规范或一定的规格。在不同的行业、不同的部门、不同的岗位都有其具体的做事准则，目的都是使各项工作按计划按要求达到预计目标。邓小平同志曾说："制度好可以使坏人无法任意横行，制度不好可以使好人无法充分做好事，甚至会走向反面。"虽然讲话所指的是党的制度建设，但对我们讨论我国社会工作者人才队伍制度建设问题亦有指导意义。2013年，北京大学王思斌教授在对我国社会工作制度建设的分析中指出，我国的社会工作制度建设尚处于发展初期，迫切需要解决三个问题。一是制度的整体性建设问题；二是制度的协同建设问题；三是政府从即时政绩理性走向持续发展理性问题。四年过去，一些问题依然存在。比如我国专业社会工作制度建设法制化水平太低，迄今为止我国还没有社会工作的专门法律和行政法规；其次，在社会工作领域政策文件层级和力度不够。另外，许多地方政府部门及其官员对专业社会工作价值和意义的认识仍然不到位，因而导致在实际工作中对推动专业社会工作重视程度不够；我国专业社会工作的能力目前还不够强大导致其制度建设受阻；专业社会工作的制度建设目前还面临复杂的体制选择难题，主要是在国办体制和民办体制之间的选择问题；当前民办机构体制下政府购买服务对促进专业社会工作制度建设的效果仍不明显。

2016年是党的十六届六中全会做出建设宏大社会工作人才队伍决策部署的第十年。11月，民政部在广州召开全国社会工作推进会，研究明确"十三五"时期社会工作推进思路与目标任务，提出在"十三五"时期将进一步健全制度体系，加快推动社会工作立法，研究制定社会工作专业人才管理条例，将社会工作的要求纳入相关法律法规和规章，明确推进社会工作的法定职责。由此可见，我国社会工作者人才队伍制度建设已列入议事日程。俗话说"没有规矩，不成方圆"。"大规矩"是法律、法规，"小规矩"是规章、条例，明确社会工作的法定职责，是社会工作进一步发展的重要保证，对推进我国社会工作专业人才队伍建设具有重要意义。

习近平总书记在党的十九大报告中指出："新时代中国特色社会主义思想，必须坚持以人民为中心的发展思想。"他以新的高度强调了坚持以人民为中心，这既是习近平新时代中国特色社会主义思想的重要内容，也是新时代坚持和发展中国特色社会主义的基本方略。所以，健全社会工作制度体系，加快推动社会工作立法，必须以社会工作的行为者（社会工作者）为本；制定社会工作专业人才管理条例，也要以社会工作者为本；将社会工作的要求纳入相关法律法规和规章，明确推进社会工作的法定职责，亦要以社会工作者为本。社会工作者是人，他们有作为人的一般的和本质的特征。所以，制定社会工作制度、法规，一定要遵循"为政之道，以顺民心为本，以厚民生为本，以安而不扰民为本"，因为，民惟邦本，本固邦宁。

一　透过制度建设，明晰概念界定，统一概念称谓

目前，我们应清晰对社会工作、社会工作者、社会工作机构的界定，应在制定相关制度、法规时加以解决。

（一）关于"社会工作"的界定

2006 年 10 月中共中央十六届六中全会在《中共中央关于构建社会主义和谐社会若干重大问题的决定》（以下简称《重大问题的决定》）中指出，要"建设宏大的社会工作人才队伍。造就一支结构合理、素质优良的社会工作人才队伍，是构建社会主义和谐社会的迫切需要。建立健全以培养、评价、使用、激励为主要内容的政策措施和制度保障，确定职业规范和从业标准，加强专业培训，提高社会工作人员职业素质和专业水平。制定人才培养规划，加快高等院校社会工作人才培养体系建设，抓紧培养大批社会工作急需的各类专门人才。充实公共服务和社会管理部门，配备社会工作专门人员，完善社会工作岗位设置，通过多种渠道吸纳社会工作人才，提高专业化社会服务水平"[①]。结合国内外经验，有关部门指出，社会工作是社会建设的重要组成部分，它是一种体现社会主义核心价值理念，遵循专业伦理规范，坚持"助人自助"宗旨，在社会服务、社会管理领域，综合运用专业知识、技能和方法，帮助有需要的个人、家庭、群体、组织和社区，整合社会资源，协调社会关系，预防和解决社会问题，恢复和发展社会功能，促进社会和谐的职业活动。可见，这种对社会工作的界定，重在强调社会工作的职业属性。

陈良瑾教授等人认为：社会工作是一种不以营利为目的的助人自助的专业性社会服务工作，也是一门独立的学科和专门的职业，是各种有组织的做法，是提供必要的条件和运用专业的方法使受助者解决问题。

王思斌教授认为："社会工作是以利他主义为指导，以科学的知识为

---

① 《中共中央关于构建社会主义和谐社会的若干重大问题的决定》，中国网，http://www.china.com.cn/policy/txt/2006-10/18/content_7252336_8.htm，2006 年 10 月 18 日。

基础，运用科学的方法进行的助人服务活动。"社会工作本质是一种助人活动，是以科学的助人技巧为手段，以达到助人的有效性。

在我国高等院校社会工作专业的教科书中，多数将社会工作解释为"专门人员运用专业方法，解决个人、家庭和社区的问题，以恢复其社会功能"。

可见，专业理论工作者和教科书给出的定义更加注重社会工作的专业属性。

综上所述，社会工作应包含职业属性和专业属性。

有学者认为，中央立法可以借鉴地方立法，将社会工作界定为"专业性的职业活动"①。笔者认为，这种界定能够使社会工作的职业属性和专业属性相容并简单明了。中央在立法时应该参考。

（二）关于"社会工作者"的界定

对于"社会工作者"概念的界定可谓"五花八门"，莫衷一是。

从多层级、多部门单独或联合颁布的以及地方政府颁布的"规定""决定""办法""纲要""意见""规划"中，能够了解到社会工作者是"专业技术人员""社会工作人才""通过全国社会工作者职业水平评价取得《中华人民共和国社会工作者职业水平证书》的人员""社会工作专业人才""社会工作者"等。比如：

（1）原人事部颁布的《社会工作者职业水平评价暂行规定》（2006）中的提法是"专业技术人员"。

（2）中共第十六届中央委员会第六次全体会议通过的《重大问题的决定》（2006）中的提法是"社会工作人才"。

（3）民政部颁布的《社会工作者职业水平证书登记办法》（2009）中，社会工作者"是指通过全国社会工作者职业水平评价取得《中华人民共和国社会工作者职业水平证书》的人员"。

（4）中共中央、国务院印发的《国家中长期人才发展规划纲要

---

① 徐道稳：《社会工作发展依赖法律政策相互衔接的制度体系》，《国家行政学院学报》2017年第 5 期。

（2010～2020）》（2010）又提出"社会工作人才"。

（5）包括民政部在内的中央18部门印发的《关于加强社会工作专业人才队伍建设的意见》（2011）中，用的是"社会工作专业人才"。此文件是按照"全面落实《重大问题的决定》等的要求"提出的，但先发布的文件在行文中用的是"社会工作人才"，而后发布的文件用的是"社会工作专业人才"，多了"专业"二字。

（6）中央组织部等中央19部门颁布的《中长期规划》（2012）中"社会工作专业人才"是"直接提供社会服务"的专门人员，还包括社会工作服务人才、管理人才、教育和研究人才，并将"社会工作专业人才"中具有社会工作师职业水平证书或达到同等能力素质的、具有高级社会工作师职业水平证书或达到同等能力素质的分别称为"中级社会工作专业人才""高级社会工作专业人才"。其中没有明确提到具有助理社会工作师职业水平证书是何种级别的社会工作专业人才。但从通篇文字看，应该指的是文件标题中的"社会工作专业人才"，而这里的"社会工作专业人才"应该是社会工作者队伍中占比最大的工作在社会工作一线的社工。

（7）在民政部、财政部共同印发的《关于加快推进社会救助领域社会工作发展的意见》（2015）中，用的是"社会工作者"。

从以上看，确实存在概念不明晰、不统一的问题。

原国家劳动和社会保障部颁布的《社会工作者国家职业标准》（2004）将"社会工作者"列入第九批国家职业标准目录，确认了社会工作者是一种职业。既然是一种职业，从业者是否具备某种专业水平，就必须通过职业水平考试并获得相应证书予以确认。正因为如此，在职业资格中，对社工的称谓是社会工作者，在职业水平中，对社工的称谓是助理社会工作师、社会工作师。从数量关系上看，在这个群体中，社会工作者是"分母"，各级社会工作师（人才）是"分子"，前者是全体，后者包含在前者之中。所以，在各类文件中，如果用"社会工作者人才队伍建设"表述，应能够更加清晰地反映出两者之间的逻辑关系。理由如下。

第一，用"社会工作人才队伍建设"表述，会存在两种解释：一是将"社会工作人才"作为主语，队伍建设是指对这种职业活动中人才的队伍建设。这样解释虽然从逻辑上讲得通，但与我们培养人才的主旨存在偏离。因为我们针对社会工作培养人才，从来都是面对社会工作者全体。虽然人才也需要继续培养使他们成为更高级的人才，但人才毕竟是"小众"，在现今基层社会事务工作中急需社会工作者的现实面前，面对"小众"专门制定相关制度，别说是现在，以后会不会也是个未知数。二是在"社会工作人才队伍建设"中，"社会工作"是主语，人才队伍建设是指对这种职业活动的人才队伍建设，即从社会工作中培养一批人才。社会工作是一种专业性的职业活动，这种活动确实能够使社会工作者的能力得到提升，为他们成为人才创造条件。但是，人才的产生除自身努力外，培训和考证特别是考证，是人才产生的"必经之路"。而培训的直接对象不能是一种活动，考证也是如此，两者的对象必须或唯一的就是人。简言之，人才是从人群中选出来了，工作、活动做得怎样，只是我们选择人才的一个参照标准。所以，"社会工作者人才队伍建设"与"社会工作人才队伍建设"，后者的表述虽然只缺少了一个"者"字，却使"社会工作者"与"人才"的逻辑关系被拆分、割裂。用"社会工作者人才队伍建设"表述，表达的是从社会工作者群体中，培养其中的一批人成为人才。培训是使之提高理论水平、专业能力的方法，考证是确认他们是否达到某专业水平等级的手段。这里，培训针对的是社会工作者，反映出人作为被培训的主体的整体性；考证亦是面向全体社会工作者开放，其中获得证书者成为某层级社会工作师，即人才，反映出人作为被测评的主体的部分性。如此一来，形成社会工作者与各层级人才两者之间互通、整体与部分相容、"大人群"与"小人群"对应的逻辑关系。

第二，《中长期规划》就社会工作专业人才队伍建设提出了两个目标，第一个目标是"到 2015 年，社会工作专业人才总量增加到 50 万人，其中具有社会工作师职业水平证书或达到同等能力素质的中级社会工作专业人才达到 5 万人，具有高级社会工作师职业水平证书或达到同等能力素质的高级社会工作专业人才达到 1 万人"。可见该目标中，中、高级专业人才总共 6 万（目前没有高级，假设已有），这些社会工作者具有社会工作师以上职业水平证书。照此，从 50 万"社会工作专业人才总量"中减去 6 万，还有 44 万人没有获得社会工作师以上职业水平证书。那么，我们如何认识这 44 万社会工作专业人才呢？其一，既然被称为社会工作专业人才，那么他们一定具有相关职业水平证书，而具有社会工作师以上职业水平证书的社工已经包含在 6 万之中，所以，这 44 万一定具有助理社会工作师职业水平证书，否则便不能被称为社会工作专业人才。如果这样，《中长期规划》这部社会工作者人才队伍建设的"大法"就变成只针对人才"小众"群体的"大法"，而将占多数的未考取职业水平证书却具有社会工作者从业资格的社会工作者排除在外。本研究数据显示，获得职业水平证书的青少年事务社工占 43.4%，证明此类社工不占多数。所以，如果《中长期规划》是面对人才"小众"群体制定的"大法"，就会与我们培养人才的主旨存在偏离。这对政策的制定者来说，显然是不可能的。其二，《中长期规划》这部社会工作者人才队伍建设的"大法"既包含人才"小众"，又包含具有从业资格但是没有获得职业水平证书的社会工作者"大众"，即在 44 万社会工作者中，有一部分人是没有获得职业水平证书但具有从业资格的社会工作者。这样的解释体现了我们培养人才的主旨。但是，在《中长期规划》目标中，这 44 万人已被定性为"社会工作专业人才"，如果 44 万社会工作者中有一部分人没有获得职业水平证书，那么他们又怎么能被称为"社会工作专业人才"呢？本研究数据显示，未获得职业水平证书的占 56.6%。可见，没有获得职业水平证书的社会工作者占这支队伍中的大部分。《中长期规划》顾及"大众"却挑战"社会工作专业人才"的认定标准，显然也是不可能的。其三，《中长期规划》的制定者考虑到了上述问题，但在行文中忽视了"社会工作者"与"社会工作人才"的区别，如果在行文中用"社会工作者"而不用"社会工作人才"，那么，第一个目标是"到 2015 年，社会工作专业人才总量增加到 50 万人……"就变成了到 2015 年，社会工作者中人才总量增加到 50 万人……这样，除去具有社会工作师以上的职业水平证书的 6 万人，剩余的 44 万社会工作者都可以是具有助理社会工作师以上的职业水平证书的人，他们都可以被称为社会工作人才。而且，具有从业资格没有获得职业水平证书的社会工作者虽不包括在社会工作人才之中，但这些作为"分母"的"大众"亦在《中长期规划》中体现出来。据 2016 年 11 月 7 日新华社记者发自在广州举行的全国社会工作推进会议上的消息："我国社会工作专业人才队伍迅速壮大，规模总量已达 76 万人，其中持证社工近 30 万人。"① （民政部：截至 2016 年底，全国持证社会工作者共计 28.8 万人，其中社会工作师 6.9 万人，助理社会工作师 21.9 万人）②。这则消息说明：76 万人是社会工作者，是"分母"；在 76 万人中，有近 30 万人持有职业水平等级证书，这些人是社会工作人才，所以说"社会工作专业人才队伍迅速壮大"；76 万人中还有 46 万人没有获得职业水平等级证书，这些人未被包含在社会工作人才之中。记者上述表述，让读者一眼便明了社会工作者中人才的构成数量。其四，笔者在上述行文中，除了为忠实《中长期规划》原文外，均使用社会工作人才的表述，而不用"社会工作专业人才"的表述。这是因为，人才的概念已经包含了专业的概念。人才，是指具有一定的专业知识或专门技能、进行创造性劳动并对社会做出贡献的人，是人力资源中能力和素质较高的劳动者。所以，在人才前面加上"专业"二字有画蛇添足之嫌。最后，人才这种"具有一定的专业知识或专门技能"与"能力和素质较高"的人的认定本身，就具有可塑性和弹性，即对他们的知识、技能、能力、素质难以精确描述。所以，让职业回归职业，将"社会工作人才""社会工作专业人才""……人员"都称为社会工作者，再运用工具测评出专业水平，将高者谓为人才，即从一般性（普遍性）的社会工作者中"抽取出"个别性（特殊性）的人才，才是科学的。2017 年 9 月，人力资源和社会保障部发出《关于公布国家职业资格目录的通知》（以下简称《资格目录的通知》），从行政许可层面将《社会工作者职业资格》按"水平评价类"列入《国家职业资格目录》中的《专业技术人员职业资格》目录。这充分说明，社会工作者虽然列入《专业技术人员职业资格》目录，并明确归属"水平评价类"，却在名称上使用的是社会工作者，而不是社会工作人才。这充分表明，在社会工作制度建设中，社会工作者一词具有不可替代的唯一性。中国古代诡辩家公孙龙在"白马非马"诡辩中，故意夸大白马的个别性和特殊性，篡改和歪曲了白马作为马的本性，从而，否认白马作为马的共性和普遍性。显然，这是

---

① 陈寂：《我国持证社工已近 30 万人》，新华网，http://news.xinhuanet.com/local/2016-11/07/c_1119866822.htm，2016 年 11 月 7 日。
② 民政部：《2016 年社会服务发展统计公报》，人民网，http://society.people.com.cn/n1/2017/0804/c1008-29449340.html，2017 年 8 月 4 日。

十分荒谬的事情。社会工作人才的"本性"是社会工作者，在健全社会工作制度体系，加快推动社会工作立法过程中，有意让社会工作人才回归"本性"——社会工作者，就不会闹出"白马非马"笑话了。

第三，"社会工作者"是国际通行表述。因此，未来我国社会工作立法宜采用职业标准，将获得职业从业资格的人均称为"社会工作者"，并将其界定为"取得社会工作者从业资格证书，依法注册从事职业化社会工作服务的专业人员"。

（三）关于"社会工作机构"的界定

《民政部关于促进民办社会工作机构发展的通知》（2009），将民办社工机构定义为"以社会工作者为主体，运用专业方法开展服务工作的民办非企业单位"。在民政部颁布的《民办非企业单位登记管理暂行条例》（2013）中，对民办非企业单位的界定是"企业事业单位、社会团体和其他社会力量以及公民个人""利用非国有资产举办""从事非营利性社会服务活动的社会组织"。截至2015年底，在各级民政部门登记的民办非企业单位已达329122个。2016年3月，全国人大通过了《慈善法》，确定于同年9月1日起施行。《慈善法》将民办非企业单位更名为社会服务机构。2016年5月民政部发出关于《民办非企业单位登记管理暂行条例（修订草案征求意见稿）》公开征求意见的通知，将"民办非企业单位"修改为"社会服务机构"，对社会服务机构进行了重新定义。

《征求意见稿》对社会服务机构的界定是"自然人、法人或者其他组织""为了提供社会服务""主要利用非国有资产""设立的非营利性法人"，将"企业事业单位、社会团体和其他社会力量以及公民个人"修改为"自然人、法人或者其他组织"，主要考虑到这样表述更全面规范；将"利用非国有资产"修改为"主要利用非国有资产"，主要考虑到这类机构在设立过程中利用了包括国有土地在内的部分国有资产；将"从事非营利性社会服务活动的社会组织"修改为"为了提供社会服务""设立的非营利性法人"，主要考虑到非营利性活动难以界定，而非营利组织是《企业所得税法》明确的概念。《征求意见稿》调整完善了双重管理体制，统一了组织类型，对设立分支机构、年度检查亦做了重新规定。①

随着进一步完善，新的"社会服务机构管理条例"将会出台。届时，"民办非企业单位"的说法将宣告终结。

二 通过制度建设，设置合理的准入条件和水平评价体系

评价制度在社会工作者职业构建与管理中具有选择、分级、提升和保护功能。该制度能够通过各种程序和方法选择出称职的社会工作者，并确定他们的职级，从而保证服务质量，使受助者的利益最大化。这种制度将社会工作者与社会其他服务行业的从业者区分开来，确定特定的服务领域、服务内容与对象有助于建立社会工作的职业荣誉，提升社会工作者的专业权威。

现代意义上的社会工作发端于西方社会，至今已有一百多年的历史。中国的社会工作及制度，大多基于学习西方国家及我国台湾、香港地区经验并结合本体需求而构建。所以，认识当前西方发达国家以及我国台湾、香港地区社会工作者相关制度对我们推进相关制度建设具有积极意义。美国、英国，我国台湾、香港地区的相关制度，可分别综合概括为：美国既对社会工作者入门条件进行评价，也评价高级从业资格，对社会工作者职级、专业划分严格，实行全国性职业资格证照制管理。一些州采用基于学历的入门资格注册管理。英国首要评价社会工作者入门条件，对社会工作者实施资格申请注册，职业资格的确认大多基于学历、实务经验，亦有基于学历的职业等级划分。我国台湾较少限制社会工作者入门条件，资格确认大多基于学历，具备资格即可从业。对社会工作者的评价只设定单一资格，只评价高级从业资格，实行证照资格管理。我国香港仅设定了社会工作者入门条件，对社会工作者的评价只设定单一资格，具备资格即可从业。对社会工作者实施资格申请注册，职业资格的确认大多基于学历、实务经验。

我国目前对社会工作者的评价制度有两类，一是行政许可的职业资格

---

① 张雪弢：《〈社会服务机构登记管理条例〉开始征求意见》，公益时报网，http://www.gongyishibao.com/html/zhengcefagui/9826.html，2016年5月31日。

认证，构成就业准入门槛。该认证基于从业者的学历、从业年限、培训时长，设定职业准入标准和等级，定期经过鉴定考试，鉴定合格颁发《社会工作者国家职业资格证书》。此职业资格从低到高分为社会工作者四、三、二、一，四个等级，四级准入条件最低学历为中专或同等学力，但附加有年龄要求。二是非行政许可类职业资格，属于水平评价类的资格认证。该认证基于学历、任职年限、职业资格考试水平认证设定等级，参加相应等级考试合格者，颁发"社会工作者职业水平证书"。

2017 年 9 月 12 日，经国务院同意，由人力资源和社会保障部研究制定、公布了《国家职业资格目录》[①]，在"专业技术人员职业资格"类中，《社会工作者职业资格》位列其中，该资格类别属于"水平评价类"，实施部门为民政部、人力资源和社会保障部。《资格目录的通知》明确提出"国家按照规定的条件和程序将职业资格纳入国家职业资格目录，实行清单式管理，目录之外一律不得许可和认定职业资格，目录之内除准入类职业资格外一律不得与就业创业挂钩"。由于《社会工作者职业水平评价暂行规定》（以下简称《暂行规定》）是《社会工作者职业资格》"设定依据"之一，原《暂行规定》所设定的"社会工作者职业水平"评价制度或因"目录之外一律不得许可和认定职业资格"而被新的水平评价类的《社会工作者职业资格》取而代之。如果这样，我国将有两类行政许可的社会工作者职业资格认证制度，即职业准入资格制度和职业水平资格制度。从制度建设角度看，这确是一大进步。对新推出的《社会工作者职业资格》，因未见相关细则，我们只能对相关问题提出建议。但构成就业准入门槛的《社会工作者国家职业标准》[②]（以下简称《职业标准》）职业资格认证制度，由于推出时间在 2004 年，有些内容已与当前实际情况不符或已经过时。

（一）关于准入标准问题

《职业标准》在"社会工作者四级（具备以下条件之一者）"中，对

---

① 《人力资源和社会保障部关于公布国家职业资格目录的通知》，人力资源和社会保障部官网，http://www.mohrss.gov.cn/gkml/xxgk/201709/t20170915_277385.html，2017 年 9 月 12 日。
② 《社会工作者国家职业标准》（劳社厅发〔2004〕7 号），民政部官网，http://jn-jd.mca.gov.cn/article/zyjd/mzxzy/201012/20101200118427.sthml，2010 年 12 月 4 日。

准入学历（基本文化程度）设定的标准是"大专毕业或同等学力（1959年以前出生者可放宽至中专及同等学力）"。显然，这里设定的"1959年以前出生者"已到 58 岁，男性还有两年就到了退休年龄，为让更多在社会工作一线服务了"一辈子"的社会工作者在退休以前获得社会工作者身份，建议此年龄标准应向前调整。另外，为落实国家"推动大众创业、万众创新""降低就业创业门槛"要求，亦为满足社会工作一线急需，建议放宽社会工作者职业准入条件，将社会工作专业本科及以上学历的在校生列入"社会工作者四级"准入条件，对社会工作相关专业及以上学历在校生亦可参照制定准入条件，以吸引在校社会工作专业及与社会工作相关的专业本科以上学生在毕业时选择社会工作职业。本研究调查数据表明，在目前青少年事务社工队伍中，社会工作专业毕业生所占比例仅为 29.4%，社会学、心理学专业合计占 12.3%，其他专业占 64.6%（多选，包括第一、第二专业）。可见，在目前社会工作者队伍中，社会工作专业毕业生占比很低，而其他专业毕业生占绝大部分。另外，本研究数据显示，青少年事务社工中具有本科学历的青少年事务社工占 90.4%。所以，基于社会工作专业和其他相关专业本科学历学生是社会工作从业者的重要来源，建议对本科及以上在校生设置在校时就能够具有社会工作者身份的较低准入条件。这样，既能够为社会工作者队伍"储备"人力资源，又能够使他们毕业后带着职级"身份"直接就业，拓宽他们的就业渠道，可谓一举两得。

（二）关于评价标准问题

《暂行规定》设定了两个水平评价层级，即助理社会工作师和社会工作师，规定了对通过相应考试的社会工作者颁发《社会工作者职业水平证书》，即助理社会工作师和社会工作师职业水平证书。据搜索到的统计数据，2016 年社会工作者水平考试通过率为 34.84%，已达较高水平。[①] 但仍然有大批社会工作者依然未获得职业水平证书，本研究数据表明，在青

---

① 《2016 年社会工作者全国通过率为 34.84%》，搜狐网，http://www.sohu.com/a/114023444_132314，2016 年 9 月 9 日。

少年事务社工中，目前持证的青少年事务社工占比不足 50%（43.4%），可证明事实的确如此。摆在我们面前的一个不争的事实是，这些未考取职业水平证书的社会工作者绝大部分工作在社会工作一线，他们是一线社会工作的主要力量，且其中一些人长期在一线工作，特别是大量从事社区社会工作的人员，积累了丰富的工作经验并得到服务对象的认可。但是，也正是因为一线工作耗去了他们大量的时间和精力，或由于专业知识掌握不足、年龄偏大，更因为社会工作者职业水平考试的内容以理论为主，使这些具有丰富实务工作经验的社会工作者，因无法通过目前最低一级（助理社会工作师）职业水平考试，而难以获得"专业"社工的身份。一线工作当然需要理论，但理论只是"专业"的一部分，只有理论没有实务，特别是没有积累丰富的社区工作经验，就难以使社区社会工作取得良好效果。就我国目前社区工作现状看，对于处理多种社区邻里问题，化解邻里矛盾纷争，工作经验非常重要，这些经验在处理普通社会工作事务中要比小组、个案等专业社会工作方法更有作用。所以，让这些已具有社会工作者从业资格，工作在社区等一线的工作者获得相应的专业水平资格，已成为必须解决的问题。正因为如此，一些地方政府根据当地社会工作者队伍建设实际状况，已在几年前就推出了"社会工作员"专业水平职级，目前已积累大量经验。比如广东中山市，早在 2012 年，因省内高校社工系毕业生抢手、难招，逐利性导致人员流动性大，以及全国社会工作者职业水平考试难度较大，对非科班毕业但已长期并将继续从事传统社会服务的基层人员来说获得该证书非常不容易等原因，开始尝试推行"社工员"制度，通过"社工 + 社工员"机制，即对没有社工师、助理社工师资格证书的从事社会服务的人员进行培训，使众多有丰富基层经验的社区工作者得到提升转换、获得"社会工作员"证书，在提升他们专业水平的同时，其专业身份也得到政府和社会承认。这些社会工作员"虽然没有全国统考的社工师资格证，但经过专业技术培训，有部分社工的年龄较大，比年轻社工生活经验更丰富，处理家庭问题、心理问题也具有独特的优势"①。虽然这是当时"一种依据现实情况的过渡办法"，但五年过去，当时的"现实情况"

---

① 《"社工员"方兴未艾》，《南方日报》2012 年 9 月 6 日，第 4 版。

今天依然没有质的改变，社会工作专业毕业生从事社会工作的比例仍然较少，愿意从事社会工作的人员平均年龄维持在30多岁的水平。2017年11月，上海杨浦区向社会公开招聘社区中心社工，镇、街道社区工作者报名人员有检察院人民监督员、自来水公司社区网格管理、设备维护技术员等，最大的55岁，最小的21岁，平均年龄为33.7岁。一位法律专业毕业、在检察院任人民监督员的报名者报了某社区中心社工岗位。他表示，一旦录取后，希望在社区里做司法宣传。"现在社区居民法制意识比较欠缺，一旦碰到邻里纠纷，第一反应是打110。社工很多时候起到老娘舅作用，为居民提供帮助，将矛盾纠纷扑灭在萌芽中，邻里矛盾真的激化了，司法成本很高。能协商是最好的。"招聘方负责人希望有一定工作经历的人才报考，（因为他们）能和老百姓打交道，使用接地气的群众语言。[1] 其实，考取社会工作员资格亦不容易，2017年10月成都市进行了社会工作员评定考试，在1444名通过考试培训取得参考资格的考生中，只有322名考生通过考试，通过率为22.3%。[2] 社会工作员制度能够解决基层社会工作对工作者的现实需求。培训＋考试的方式，既能够让一些社会工作者获得社会工作员资格，满足身份需要，同时也能够让众多有此需要的实际社会工作者在"通过考试培训，取得参考资格"中提升专业水平。故建议基于我国基层社会工作对大量社会工作者的实际需求，从国家层面出台社会工作员制度，此制度可作为"过渡办法"，在我国社会工作者专业从业者达到理想数量后再行终止。

（三）关于注册问题

职业资格认证是劳动就业制度的一项重要内容，它具体是指按照国家或行业协会制定的任职资格条件或职业技能标准，通过政府认定的考核鉴定机构，对劳动者的技能水平或职业资格进行客观公正、科学规范评价和鉴定，对合格者授予相应的执业资格和权限。社会工作者职业资格认证是

---

[1] 范彦萍：《杨浦区下半年街道社工招录报名录取比最高竟达54∶1　报名人员平均年龄为33.7岁》，《青年报》2017年11月20日，第7版。

[2] 《2017年成都市社工员评定考试顺利结束》，社工中国网，http：//team. swchina. org/cer-tificate/2017/1101/30163. shtml，2017年11月1日。

国家对社会工作从业者的准入控制，是广大社会工作者从事社会工作的标准、依据和凭证。我国的社会工作者登记制度开始于 2011 年 9 月。民政部社会工作司在《关于正式启用社会工作者登记信息系统的公告》中要求，2010 年以前（含 2010 年）通过社会工作者职业水平考试，取得助理社会工作师、社会工作师职业水平证书的人员请务必在 2011 年 12 月 31 日前完成首次登记。社会工作者首次登记有效期为三年。① 随后，一些地方开始对取得社会工作者职业资格证书人员实施注册登记工作。目前，各地采用的方式都是由地方政府委托地方行业协会，如社会工作协会（社会工作师联合会）开展注册登记工作。2017 年 9 月，广东省社会工作管理系统正式上线，成为全国首个集社会工作者登记、职业操守评定、继续教育、社会组织信息管理等功能于一体的省级综合管理系统。凡考取全国社会工作者职业水平资格证书并在广东省内工作的社工，都可以登录广东省社会工作师联合会网站"社工师"登记系统进行实名登记，经审定通过后，获得由民政部统一印发的社工登记证书。

上文提到，我国现阶段执行的是社会工作者职业准入制度和社会工作者职业水平评价制度两者分开运行的"双评价"制度。社会工作者职业准入制度中，社会工作者的"职业定义"是"遵循助人自助的价值理念，运用个案、小组、社区、行政等专业方法，以帮助机构和他人发挥自身潜能，协调社会关系，解决和预防社会问题，促进社会公正为职业的专业工作者"。制度对职业环境、职业能力特征、从业年限、基本文化程度、培训要求、鉴定要求做了明确规定。其中对社会工作者的"鉴定方式"包括："理论知识考试和职业能力考核。理论知识考试采用闭卷笔试方式，职业能力考核采用面试和情景模拟等测试方式，并根据不同的社会工作服务领域增加专业知识考核。社会工作者一级和二级还须进行综合评审。理论知识考试和职业能力考核的合格成绩（含单项考核成绩）3 年内有效。"另外，制度还对社会工作者的职业道德、基础知识（社会工作基本理论；社会工作基本方法；社会工作实务过程；社会工作实务领域）、工作要求

---

① 《关于正式启用社会工作者登记信息系统的公告》，民政部官网，http：//www.mca.gov.cn/article/zwgk/tzl/201109/20110900184771.shtml，2011 年 9 月 19 日。

做了规定。可见，该制度对获得高级（社会工作者一、二级）职级的从业者专业水平已经规定了较高标准。但是，目前的社会工作者注册登记制度，却将社会工作者职业准入制度中获得相应职级的社会工作者排除在注册登记门外，只对社会工作者职业水平评价制度中通过考试获得助理社会工作师和社会工作师的社会工作者给予登记注册。

将两个制度中适用对象、职业能力相关规定进行对比，笔者发现：

《暂行规定》："本规定适用于在社会福利、社会救助、社会慈善、残障康复、优抚安置、卫生服务、青少年服务、司法矫治等社会服务机构中，从事专门性社会服务工作的专业技术人员。"

助理社会工作师应具备以下职业能力（第十七条）：熟悉与社会工作业务相关的法律、法规、政策和行业管理规定，掌握基本的社会工作专业知识；能够与各类服务对象建立专业服务关系，对服务对象的问题做出预估，制定服务计划和服务协议，独立接案、结案并提供跟进服务；能够根据服务计划，运用专业方法和技术协助服务对象解决问题。

《职业标准》指出"社会工作实务领域"涉及青少年社会工作、老年社会工作、残疾人社会工作、家庭社会工作、学校社会工作、医务社会工作、社区社会工作、司法社会工作等实务领域的基础知识。

其中针对社会工作者三级（3.2）规定：在职业功能——直接服务中，对接案、收集资料与预估、制订计划、实施计划、评估与结案的技能要求和相关知识都做了明确规定；在职业功能——项目开发与管理中，亦对技能要求和相关知识都做了明确规定。

对比可见，《暂行规定》中的考证对象服务领域与《职业标准》要求掌握的实务领域的基础知识没有多大出入。而前者局限于社会服务机构，后者指的是工作领域，后者比前者的范围还要大；比较《暂行规定》对助理社会工作师职业能力要求与《职业标准》对社会工作者三级职业功能要求，后者的要求内容也明显多于前者。比较考试方法和内容，助理社会工作师、社会工作师职业水平考试采用笔试，内容为助理社会工作师考试科目《社会工作综合能力（初级）》《社会工作实务（初级）》。社会工作师职业水平考试科目为《社会工作综合能力（中级）》、《社会工作实务（中级）》和《社会工作法规与政策》，以描述理论、实务为主。《职业标准》

则规定理论知识考试采用闭卷笔试方式，职业能力考核采用面试和情景模拟等测试方式，并根据不同的社会工作服务领域增加专业知识考核。显然，后者比前者增加了采用面试和情景模拟方式考核职业能力的内容。由此可见，《职业标准》在对社会工作者专业水平的要求及考核标准上并不比《暂行规定》的助理社会工作师、社会工作师职业水平考试要求及考核标准低。因此，我们不禁要问，既然《职业标准》已经规定并通过考核确认了相关职级的社会工作者具有不同层级的职业专业水平，那么，为什么还要再制定一个专业水平考试标准去评价社会工作者的职业专业水平呢？为什么国家对社会工作者职业水平的注册登记要将《职业标准》认定的具有社会工作者相关职级职业专业水平的人员排除在外呢？

为此，笔者建议：第一，按照"一个行业一个准入证书"的一般做法，应将《职业标准》规定的从业资格证书作为社会工作者就业准入的唯一标准；第二，由于新的《国家职业资格目录》颁布不久，如果对其中《社会工作者职业资格》的考评等级继续沿用《暂行规定》的助理社会工作师、社会工作师等考评方式，那么笔者建议将职业水平证书与从业资格证书"打通"，对通过相应职业水平考评的人员参照《职业标准》规定颁发相应的从业资格证书；第三，将《职业标准》中的社会工作者不同职级从业资格证书水平获得者纳入登记注册范围。

三 通过制度建设，完善薪酬福利制度

能、责、权、利的统一是自觉性的基础。社会工作者流失率高、社会工作专业学生选择非社会工作职业的比例高，主要原因之一是社会工作岗位的薪酬福利达不到他们的预期。人们对职业工作薪酬福利的预期与他们对该职业工作劳动力支出、工作的稳定程度、职业发展预期、社会认同程度以及与社会其他相关职业岗位收入的比较等相关。而其中，薪酬福利是人们对该职业满意度的重要指标，两者呈正相关关系。有研究指出，薪酬福利是影响社会工作者工作满意度的首要因素。薪酬是任何工作者生存、发展、实现其工作目标和人生理想的必不可少的先决条件。生存需要是维持人类生存生活的基础性需要；安全需要就是对安全、稳定、有保障的工作、完善的医疗和退休制度等的需求。随着社会经济的快速发展，物价水

平不断攀升，生活压力越来越大，高收入高福利才能满足生存需求和安全需求，高收入高福利自然是包括社会工作者在内的所有工作者的第一追求。① 2013 年第十八届中央委员会第三次全体会议通过《中共中央关于全面深化改革若干重大问题的决定》，首次明确规定"以促进社会公平正义、增进人民福祉为出发点和落脚点"，首次将社会保障制度纳入"社会事业"范围之中，而且与教育服务、就业服务、收入分配、医药卫生服务并列，实际上是重新界定社会事业或福利制度范围。② 习近平总书记在党的十九大报告中强调："新时代中国特色社会主义思想，必须坚持以人民为中心的发展思想""坚持人人尽责、人人享有，坚守底线、突出重点、完善制度、引导预期，完善公共服务体系，保障群众基本生活，不断满足人民日益增长的美好生活需要，不断促进社会公平正义，形成有效的社会治理、良好的社会秩序，使人民获得感、幸福感、安全感更加充实、更有保障、更可持续。"

中国在 1978～2015 年发展阶段，社会福利制度模式是"个人－社区－社会保障式福利制度"，关键词与时代特征是"中国特色、社会主义市场经济、多元主义、个人责任、社区服务、社会保障制度"。所以，采用多元化的社会工作者薪酬福利制度，按照中国发展的总体趋势，"既强调政府福利责任，又强调建设市场责任和社会责任"③ 是未来社会工作者薪酬福利制度建设的总方向。

民政部 12 部门联合印发了《关于加强社会工作专业岗位开发与人才激励保障的意见》④（民发〔2016〕186 号），（以下简称《意见》），《意见》在"加强社会工作专业岗位开发与人才激励保障的重要意义和总体要求"中提出"要坚持按需设岗、以岗定薪""要坚持分类指导、有序推进""要坚持保障基层、稳定一线"；在"加快推进社会工作专业岗位开发"中明确了对"社会工作职业任务""社会工作专业人才配备""规范

---

① 马秀玲等：《社会工作者工作满意度评估模型研究》，《湖南农业大学学报》（社会科学版）2017 年第 2 期。

② 《中国共产党第十八届中央委员会第三次全体会议文件汇编》，人民出版社，2013。

③ 刘继同：《中国现代社会福利发展阶段与制度体系研究》，《社会工作》2017 年第 5 期。

④ 《关于加强社会工作专业岗位开发与人才激励保障的意见》（民发〔2016〕186 号），民政部官网，http：//www.mca.gov.cn/article/gk/wj/201611/20161100002338.shtml，2016 年 10 月 14 日。

社会工作专业岗位聘用（任）"要求；在"切实做好社会工作专业人才激励保障工作"中，对"合理确定社会工作专业人才薪酬待遇""加大社会工作专业人才表彰奖励力度""努力提高社会工作专业人才职业地位""关心艰苦地区社会工作专业人才成长发展"提出了要求；在"进一步加强对社会工作专业岗位开发与人才激励保障工作的组织领导"中，对各地相关部门以及群团组织"落实工作职责"、对各地政府"加大资金支持"以及民政部会同相关部门、群团组织"强化督察落实"亦做了明确规定。

从《意见》印发到现在已经过去一年多时间。2016年11月北京市颁布的《"十三五"时期社会治理规划》[①]提出：进一步规范社区工作者工资待遇，按照不低于上一年度全市社会平均工资70%的标准，每年动态调整社区工作者整体待遇水平。按照2016年6月北京市统计部门公布的2015年社会平均工资7086元/月计算，北京市所有社区工作者的工资水平不应低于4960元/月。目前，北京全市16个区已经完成调整，未来每年将根据这个标准对社区工作者的工资水平进行调整。深圳市民政局2016年6月发布了《关于执行购买社会工作岗位新标准的通知》，将购买社会工作岗位整体打包标准由7.6万元/人·年提升到9.3万元/人·年标准。要求机构运营管理费的人均支出不得超出原购买标准（7.6万元/人·年）的20%，其余全部用于社工工资福利和社工业务活动经费。这意味着政府购买服务时对社工人力资源成本的认可。照此计算，去除6%的所得税和20%的运营管理费，社工每人每年的工资福利和业务活动经费可以达到72220元，月均6018元。对比北京与深圳的规定我们发现，前者属于政府行为，针对的是体制内社区工作者，后者属于政府指导行为，针对的是体制外社区工作者。北京与深圳，一个是首都，一个是改革开放的窗口城市，分别出台政策对体制内、体制外社会工作者的工资福利待遇进行调整，这是社会工作者薪酬福利制度建设的巨大进步，无疑对整个社会工作行业的发展将起到巨大的示范作用。

对于社会工作者薪酬福利制度建设，笔者提出以下建议。

---

① 《北京市"十三五"时期社会治理规划》，北京市人民政府官网，http://zhengwu.beijing.gov.cn/gh/dt/t1459653.htm，2016年11月3日。

第一，政府相关部门要加强监管，确保相关政策落实到位。特别是要对社会服务机构加大监管力度，以尽量避免一些机构因"趋利"使政策"缩水"。《民办非企业单位登记管理暂行条例》（修订草案征求意见稿）将对社会服务机构年度检查调整为年度工作报告和信息公开义务，登记管理机关随机抽查。虽然提出了将不履行年度工作报告和信息公开义务的社会服务机构列入异常名录等方式以加强监督，但如果抽查覆盖面过小，一些存在问题的社会服务机构便难以被发现，政策落实到位就会"打折扣"。

第二，以深圳为例。政府部门购买社会工作岗位属市场竞争行为，社会服务机构通过竞争所获得的项目不具有"永久性"。由于获得政府购买项目是社会服务机构资金来源的重要渠道，故对社会服务机构十分重要。为此，登记管理机关可建立履行年度工作报告和信息公开义务及随机抽查评优制度，对连续被评为优秀的社会服务机构，在再次申报、竞争政府购买项目时，给予条件等方面的优惠或其他支持，以鼓励社会服务机构按规定履行义务，同时培养社会服务机构执行政策的自觉性。

第三，相关部门要按照《意见》提出的"对以其他形式就业的社会工作专业人才，由用人单位综合职业水平等级、学历、资历、业绩、岗位等因素并参考同类人员合理确定薪酬标准，同时按照国家有关规定办理社会保险和公积金"要求，对社会服务机构加强监管，以保证体制外社会工作者的合法权益不受侵害。

第四，完善政府购买社会服务项目成本核算制度。在政府购买社会服务项目成本核算过程中，要邀请社会服务机构人员参与，给予他们话语权，以保证项目资金能够使项目顺利实施。

第五，政府在与社会服务机构签署购买合同后，项目资金及时到位是项目得以正常开展的前提。因此，政府相关部门应严格履行及时向社会服务机构拨付资金的义务。

第六，建立针对购买服务项目主体的责任监督机制。要求作为购买服务项目主体的政府相关部门践行契约精神，加强合同管理的规范性。对"当为不为"的政府工作人员进行问责。

第七，明确薪酬福利制度的操作机制，按不同领域或不同层级分类制定社会工作者薪酬指导标准；建议由政府相关部门或行业协会根据 CPI 涨幅和在岗职工平均工资水平等因素，按期公布调整薪酬指导标准。

四 通过制度建设，改革管理体制

我国现行的政府社会管理体制建立在传统的高度一元化的社会管理模式基础上。其中，对社会工作的管理采用的是"党委政府主导，社会组织运作，公众广泛参与"的模式。这种行政化模式的特征是行政化推动、行政化支持和行政化管理。① 行政化模式的优点是通过行政化推动、行政化支持，能够快速将政府颁布的政策落实到位，使社会工作得到推进和发展，如2016年11月北京市颁布的《"十三五"时期社会治理规划》提出按照不低于上一年度全市社会平均工资70%的标准规范社会工作者工资待遇后，截至2016年底，全市16个区便全部调整完成。可见在行政化推动、行政化支持下，政府所颁布的政策能够立竿见影，下级相关政府部门能够雷厉风行。另外，行政化管理亦能够充分体现"党委政府主导"在组织和政治上的优势，将社会工作规范在中国特色社会主义的旗帜之下。以上正向特征不容忽视，亦不能因为在执行过程中存在问题而被歪曲。

然而，随着社会不断发展，一些与社会发展不相适应的管理体制、制度必须按照党的十九大报告指出的"转变政府职能，深化简政放权，创新监管方式，增强政府公信力和执行力，建设人民满意的服务型政府"的要求进行改革、创新。本调查发现，从共青团干部所在辖区的青少年事务社工的招聘、薪酬、考核等日常管理情况看，管理主体多元社工事务所管理占17.8%，街道社区管理占17.3%，团委管理占24.0%，多头管理占29.8%，其他占11.1%。其中，多头管理占比最高。行政化模式中的多头管理，会产生"政出多门""多头管理""权力集中""强制行政""重心失衡""弱化专业""标准不统一""重管制轻服务，重审批轻监管"以及"效率低""一言堂"等诸多问题，这就需要透过调整行政化管理方式，对同一事务管理变"多门""多头"为"一门""一头"；变"权力集中"为简政放权；变政府"强制行政"为行政管理与行业自我管理有机结合；强化平等公正意识、服务意识、契约意识、尊重专业意识、广泛参与意识，

---

① 徐道稳：《我国社会工作立法的重点议题》，《国家行政学院学报》2017年第5期。

并通过强化制度建设予以保证。

综上所述，我国社会工作立法已被提上议事日程；许多研究者基于研究对我国社会工作立法、制度建设中存在的问题以及解决问题提出了许多切实的意见和建议。社会工作立法与制度建设需要一个从无到有、从确立到完善的过程，而具体领域的社会工作制度建设正在逐步推进。我国社会工作制度建设的战略性特点，将为我国社会工作立法和社会工作政策、制度建设和社会工作全面发展奠定基础。

第二章　关于共青团组织改革中存在的
问题与对策

在本章中，课题组将根据本项目调查数据，就共青团组织改革中存在的问题进行讨论，并提出相应对策和建议。

第一节　共青团干部中存在的"认识不到位，行动不得力，对改革研究不够，不敢啃硬骨头，重形式、轻实效，责任不落实"问题与对策

2017 年 9 月，共青团中央在北京举办了"共青团改革攻坚专题研讨班"，在研讨班上，与会团干部认真学习领会习近平总书记对群团改革工作的重要指示和群团改革工作座谈会精神，认真学习《习近平关于青少年和共青团工作论述摘编》，结合两年来的共青团改革工作实践，充分交流认识、互相启发思考，聚焦突出问题、深刻分析原因，梳理工作进展、分享经验做法。会议认为两年多来全团坚持以习近平总书记青年工作思想为指引，认真贯彻落实党中央关于群团改革特别是共青团改革的一系列重要要求，坚持问题导向，抓实改革举措，改革成效正在逐步显现，团的工作理念和工作方式正在发生变化，自我革新的意识正在增强，团干部密切联系青年的作风得到改进和加强。同时，也要清醒看到，"认识不到位，行动不得力，对改革研究不够，不敢啃硬骨头，重形式、轻实效，责任不落实"等问题在各级各地共青团组织中都不同程度存在。[①]

---

① 杜沂蒙、章正：《共青团改革攻坚专题研讨班在京举行》，《中国青年报》2017 年 9 月 18 日，第 3 版。

这些问题的存在，直接影响共青团组织改革的推进速度与实效，亦会对共青团组织的政治性、先进性、群众性产生影响。所以，我们必须寻找有针对性的方法加以解决。

一 共青团干部对一些问题的认识到位与 "认识不到位"

根据本研究调查数据，团干部对一些问题的认识到位和不到位同时存在（见图 2 - 1）。

（一）比较团干部从客体角度与青少年事务社会工作者从主体角度对某些问题的认识，团干部在一些方面认识到位

（1）团干部对青少年事务社会工作者 "爱党爱国" 问题重要性的认识到位。调查数据显示，团干部对青少年事务社工 "爱党爱国" 问题，认为 "非常重要" 和 "比较重要" 的占 96.0%，青少年事务社工对 "爱党爱国" 问题，认为 "非常重要" 和 "比较重要" 的占 89.8%，团干部比青少年事务社工高出 6.2 个百分点。可见，团干部对此问题认识更到位。

（2）团干部对青少年事务社工 "党管青年" 等五个问题重要性的认识到位。从团干部对青少年事务社工 "党管青年" "爱党爱国" "基础理论" "相关政策" "思想引领" 五个问题与青少年事务社工对这五个问题重要性认知的平均值看，团干部为 91.0%，青少年事务社工为 88.4%，团干部高出青少年事务社工 2.6 个百分点，说明团干部对青少年事务社工 "党管青年" 等五个问题重要性的认知水平总体高于青少年事务社工，即认识到位。

（二）比较团干部从客体角度与青少年事务社会工作者从主体角度对某些问题的认识，团干部在一些方面认识不到位

（1）团干部对青少年事务社工掌握 "相关政策" 等两个问题重要性的认识不到位。在青少年事务社工掌握 "相关政策"（掌握 "与社会工作、青年工作相关的政策、规划、纲要等方面的知识"）问题中，团干部认为 "非常重要" 和 "比较重要" 的比例比青少年事务社工认为 "非常重要" 和 "比较重要" 的比例低 0.9 个百分点。说明团干部对这一问题的认识存在差距。

（2）在青少年事务社工掌握"基础理论"问题中，团干部认为"非常重要"和"比较重要"合计占79.9%，青少年事务社工认为"非常重要"和"比较重要"合计占85.9%，前者比后者低6个百分点，说明团干部对青少年事务社工掌握"基础理论"重要性的认知水平明显低于青少年事务社工，即认识不到位。

（三）极个别团干部对青少年事务社工"党管青年"等五个问题重要性的认识存在严重问题

调查数据显示，分别有1.2%、1.6%、3.6%、2.0%、1.6%的团干部认为青少年事务社工"坚持党管青年""爱党爱国""基础理论""相关政策""思想引导"等"比较不重要""非常不重要"。由此可见，极个别团干部在对上述问题重要性的认识存在严重问题。

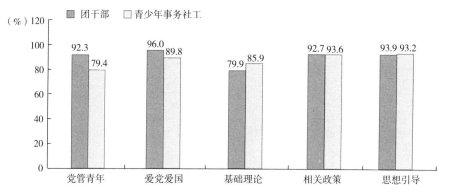

图2-1　团干部对青少年事务社工坚持党管青年等重要性与青少年事务社工对坚持党管青年等重要性的态度比较

二　推进共青团干部职业化建设是解决"认识不到位"问题的重要路径

"认识不到位"必然导致"行动不得力"，难以以问题为导向对共青团改革中存在的问题进行深入研究。思想存在问题，价值观存在偏差，不可能啃硬骨头、重实效，亦不可能把责任完全落实到位。所以，"认识不到位"问题是诸多问题中的"首要问题"，是各级各地团干部首先要解决的问题。解决"认识不到位"的问题，我们惯用的方法是要求团干部加强学习以及通过各种方式进行教育、引导，这种方法有作用，但被动学习和受教，难以达到希望达到的效果。要解决团干部"认识不到位"问题，应该在团干部"认识到位"的自觉性上下功夫。由于以能力为基础的"责、权、利"价值形式的统一是人们形成自觉性的基础和前提，所以，形成团干部"认识到位"的自觉性，仅靠团组织的要求和教育、引导是不够的，而是必须为他们构建以能力为基础的"责、权、利"价值形式统一的时空环境。在能力与"责、权、利"统一的时空环境中，团干部的能力才能够得到不断提升，团干部才能够主动担当责任，付出与"权""利"回报才能够对等，在此基础上，"认识到位"的自觉性便得以形成，"认识不到位"问题便能够得到较好解决。

为团干部构建以能力为基础的"责、权、利"价值形式统一的时空环境，推进团干部职业化及建立"问责"工作机制和"权""利"保障机制势在必行。

（一）职业化是团干部"我能"的重要条件

能力是完成工作任务的条件，条件的积累需要一定时间。通常，一个职业者的探索期为 1～5 年，建立期、学习期为 5～10 年，收获期、成就期在 10 年以后。可见，时间是每一个从业者积累条件、形成能力的重要因素，也是职业化的重要指标。本研究调查发现，在 249 名科级以上团干部中，按从事共青团工作年限人数排在前三位的是：工作 1 年 56 人，工作不到 1 年 48 人，工作 2 年 28 人，从事共青团工作时限 13 年及 13 年以上的人数只有 9 人。可见，只有较少部分团干部在共青团工作岗位一直工作到"成就期"。调查还发现，团干部从事共青团工作时间长短，与他们的认识水平相关度很高。从"团干部工作年限与相关问题认知水平平均值与标准差汇总表"中我们能够看出：团干部对"基础理论""相关政策""思想引领能力""党管青年""爱党爱国"五项重要性的认识中，工作 10 年以上的团干部对其中三项，即"基础理论""思想引领能力""爱党爱国"重要性的认知水平（平均分分别为 4.71 分、4.77 分、4.85 分）均高于工作 6～10 年（平均分分别为 4.24 分、4.70 分、4.72 分）及工作 5 年以下的团干部（平均分分别为 4.25 分、4.54 分、4.66 分），其中，"基础理

论"一项，工作 10 年以上的团干部的平均分分别比工作 6～10 年及工作 5
年以下的团干部高出 0.47 分及 0.46 分，差异最为显著。所以，从团干部
"我能"的角度看，推进团干部的职业化，能够以时间换"我能"空间是
十分必要的。团干部有了"我能"，以能力为基础的"责、权、利"价值
形式的统一就有了重要支撑，基于"责、权、利"价值形式的思想自觉、
行为自觉才能够实现。所以，推进团干部职业化，可以说是解决团干部
"认识不到位"的根本路径。有人认为，一个变动太过频繁的团干部队伍，
既很难与青年群众建立深厚的友谊，又无助于提升团组织的社会服务能力
和社会地位。应参照目前成熟的专职党务工作者（尤其是专职政工干部）
经验，加快推进团干部的职业化建设。为此，加快推进共青团干部职业化
建设应该早日提上议事日程。

表 2－1　团干部工作年限与相关问题认知水平平均值与标准差汇总

单位：分

工作时长	5 年及以下		6～10 年		10 年以上	
	平均值	标准差	平均值	标准差	平均值	标准差
1. 基础理论	4.25	0.963	4.24	0.899	4.71	0.469
2. 相关政策	4.55	0.791	4.52	0.658	4.46	0.660
3. 思想引领能力	4.54	0.755	4.70	0.553	4.77	0.439
4. 党管青年	4.53	0.756	4.63	0.610	4.62	0.650
5. 爱党爱国	4.66	0.701	4.72	0.502	4.85	0.555

（二）"问责"是"责、权、利"价值形式中责任落实的重
要保证

思想和观念的改变非一朝一夕所能实现，解决"认识不到位"问题难
以一蹴而就。但在其位必须谋其政，任其职必须尽其责却是每一个团干部
必须做到的。所以，除了要加强对团干部思想教育、价值观修正教育及提
要求、明责任外，共青团组织应建立覆盖各级团组织的"问责机制"。"承
担责任"是"责、权、利"价值形式的内容之一，也是团干部形成自觉性
的重要基础条件。"倒逼追责"是高悬在那些思想有问题、行动不得力、
责任不落实、工作不到位，"慵懒无能""当为不为"团干部头上的达摩克

利斯之剑。"动员千遍不如问责一次",建立健全"定责""明责""述责""考责""问责"工作机制,[①] 对思想自觉、行为自觉不到位的团干部进行鞭策追责,是确保在职在位团干部履责到位,淘汰"滥竽充数""鱼目混珠"者以确保共青团政治性、先进性、群众性及纯洁性的重要保证。

(三)"权""利"保障机制是"责、权、利"价值形式统一的重要基础

得到应该得到的"权"和"利"是达成以能力为基础的"责、权、利"价值形式统一的不可或缺的条件,也是团干部形成自觉性的重要基础条件。落实团干部职业化,必须将"来了就得干,干好才能提,提了继续干"落到实处。落实团干部职业化,必须突破各级团组织中团干部的任职年龄限制,突破了年龄限制,才能打造一批工作10年、15年甚至更长时间的专职团务工作者。落实团干部职业化,必须为职业化专职团干部建立"权""利"保障机制,为专职团干部提供可期的职业发展空间和稳定、合理的职级晋升和收入预期。有了"三个必须",团干部中存在的"来了就想提,提了就想走"这一导致"认识不到位"问题的主要动因就能够被削弱或消除,愿意留、留得住,愿意干、能干好,干好干长有"权"和"利"的和谐局面便得以形成。

为团干部构建以能力为基础的"责、权、利"价值形式统一的时空环境,将推进团干部职业化、建立"问责"工作机制、"权""利"保障机制落实到位,不但能够有效解决团干部"认识不到位,行动不得力,对改革研究不够,不敢啃硬骨头,重形式、轻实效,责任不落实"的问题,还能够为共青团组织在新时代开创工作新局面提供保障。

第二节 共青团基层组织中存在的 "四缺" 问题与对策

在共青团改革攻坚专题研讨班上,与会团干部以问题为导向梳理出基层

---

① 倪洋军:《多措并举推动问责制度落地生根》,人民网,http://theory.people.com.cn/n1/2017/0113/c409497-29022414.html,2017年1月13日。

"缺编制、缺经费、缺办公场所、缺工作人员"等"四缺"问题。针对上述问题，与会者建议：推进共青团改革向纵深发展，必须紧紧围绕习近平总书记提出的增强政治性、先进性、群众性的根本方向，从总书记强调最多、共青团表现最突出的问题入手，从"四化"和"四缺"问题的根源着力。

可见，寻找"四缺"问题的根源，是解决问题的关键。

一　以科学的态度，运用科学方法解决共青团基层组织"缺编制"问题

运用科学方法测算基层团组织管理幅度，以科学的数据为标准确定设定共青团基层组织直接管理工作人员的数量或机构数目，以此设定相对稳定的编制数量，能够彻底解决共青团基层组织"缺编制"的问题。

（一）基于学科理论寻找构建有效的管理幅度和组织结构模型的切入点

"金字塔"组织结构是科学、合理的结构，从其形态表象看，层级从上向下逐层横向逐渐增长，尖顶大底是其正态。基层共青团组织"缺编制"问题，虽然"根本在于共青团自身作用发挥不足，削弱了团组织的存在感和存在价值"，[①] 但是，这个"根本"之所以存在的重要原因是我们没有解决基层团组织机构数目、人员编制不合理、不科学的问题。如果我们能够依据现代管理学理论，采用科学方法构建出相关测算模型用以测算出基层团组织管理幅度指标（编制），就能够解决基层团组织"缺编制"的问题。管理幅度与管理层次是制约行政组织结构的两个相互联系的主要因素。从组织角度看，管理幅度是指组织直接管理的下属人员或机构的数目，又称控制幅度。管理层次是指组织纵向划分的管理层级的数目。在被管理对象数量确定的条件下，两者成反比关系；管理幅度越宽，需要设置的管理层次就越少；反之，管理幅度越窄，需要设置的管理层次就越多。建立层级组织的管理幅度概念，最早由现代经营管理之父亨利·法约尔

---

① 杜沂蒙、章正：《共青团改革攻坚专题研讨班在京举行》，《中国青年报》2017年9月18日，第3版。

（Henri Fayol，1841－1925）提出。目前通过实例证明，在简化组织结构基础上提出的符合组织特点的连续模型理论以及相应的组织结构函数，能够得到有效的管理幅度和组织结构。[①]

（二）借鉴相关研究结果构建相关模型

基于连续模型理论以及相应组织结构函数构建有效管理幅度和组织结构的方法，可以作为我们构建测算基层团组织管理幅度和组织结构模型的参照。如果我们能够基于学科理论和实验研究构建出相关测算模型，我们就有了验证基层团组织"缺编制"到底缺多少的工具，我们就能够通过测算确定团组织基层管理层次中管理幅度的科学指标。依据运用工具测算得出的科学数据，按照"提高党的群团工作科学化水平""切实加强和改进对党的群团工作的领导"的要求，各级团组织的领导机关向上级党政部门"伸手"要编制的"话语权"才有分量。这样，共青团基层组织"缺编制"问题才有可能得到解决。

（三）解决基层团组织"缺编制"问题对解决共青团组织其他问题具有积极作用

团中央作为共青团组织的"金字塔"尖，按照改革要求，干部队伍将缩减 1/4 左右。共青团组织"金字塔"形各管理层次中的管理幅度，应呈纵向向下、底层（基层）最大的形态。习近平总书记在中央党的群团工作会议上的讲话中指出："各级党委必须从党和国家工作大局出发，切实加强和改进对党的群团工作的领导。"他强调，要坚持眼睛向下、面向基层，改革和改进机关机构设置、管理模式、运行机制，坚持力量配备、服务资源向基层倾斜。要积极联系和引导相关社会组织，要高度注意群众的广泛性和代表性问题，更多把普通群众中的优秀人物纳入组织，明显提高基层一线人员比例。[②] 共青团改革以来，各级团组织在去"机关化""行政化"

---

① 史海霞：《关于管理幅度与管理层次的组织结构模型研究》，《西南科技大学学报》（哲学社会科学版）2008 年第 2 期。

② 《习近平出席中央党的群团工作会议》，新华网，http：//news.xinhuanet.com/politics/2015－07/07/c_1115847839.htm，2015 年 7 月 7 日。

方面做了大量工作。但是，如果共青团组织"金字塔"形管理层次中的底层（基层）管理幅度不够大，那么团干部在疲于应付各种行政事务、会议、活动中实难有大量时间精力深入基层一线开展工作。团干部不常在一线就难以和青年"手拉手、面对面、心连心、零距离"，难以成为青年的真朋友，难以"重点解决脱离群众的问题"。虽然"以推动扁平化运行、'以不同功能履行同样职能'为重点，明确不同层级团组织的核心职能"很重要，但如果没有依据科学方法测算且配备到位足够数量的基层团干部，"深入基层""接地气""全覆盖"恐难以实现，行动得力、责任落实、取得实效也难以做到，去"机关化""行政化"亦会在"一个排长没有兵"的窘态中"赖着不去"。其实，基层共青团组织"缺编制"问题不是单一的缺编问题，而是一个引发其他诸多问题的"源问题"。所以，解决这个问题，不仅仅是解决了基层团组织人员的编制问题，还能够在一定程度上对解决共青团组织"四化"问题起到积极作用。为此，解决基层团组织"四缺"问题，首先要解决的是"基层缺编制"问题。

二　通过延伸触角和项目参与以及"转借"服务等方式解决"缺经费""缺场所阵地"问题

共青团组织"手里缺钱"是长期以来存在的问题。团组织的主要经费来源于政府财政拨款，财政拨款按"人头"，"缺编制"，"人头"少，所以"缺经费"就成了必然。如果"缺编制"问题没有彻底解决，这个问题将一直存在下去。在共青团改革攻坚专题研讨班上，参会团干部提出"缺经费"问题的根本在于团的工作与党政需要、青年需求结合不够紧密，不能够引起足够重视。"缺场所阵地"问题，根本在于习惯将"阵地"狭隘地理解为共青团专有专用的物理空间，忽略了已经比较完善的各类党群活动阵地和近乎零成本使用的网络阵地。沿着这一思路，笔者认为解决"缺经费""缺场所阵地"问题应从以下三方面入手。

（一）改变"找钱"思维定式，将主要精力放在将触手延伸到找"有钱的地方"上

团干部应心中装着党的要求和青年的需要，采用横向视角搜索并定睛

于"有钱的地方",如金融、电力、烟草等行业,让共青团的各种活动借助这些"有钱的地方"的资源得以推展。这样,便能部分解决"缺经费""缺场所阵地"问题。

(二)改变"官本位"思维定式,放下身价参与各类青少年服务项目

习近平总书记在同团中央新一届领导班子成员集体谈话中强调,团的干部必须心系广大青年,坚持以青年为本,深深植根青年、充分依靠青年、一切为了青年,做青年友,不做青年"官",努力增强党对青年的凝聚力和青年对党的向心力。团的干部必须提高工作能力,勤奋学习,向书本学习,向实践学习,向青年学习,在同广大青年的密切交往中提高工作本领,在同他们打成一片中找到做好青年工作的有效办法。在共青团改革攻坚专题研讨班上,与会同志认为,产生"四化"问题的共同根源在于,部分团干部不同程度地存在"官本位"思想,偏离了群团组织初心和群众工作本质,必须认真对照"四化"问题查病灶、去病根,真正在思想和灵魂深处来一次彻底的大扫除。的确,团干部只有彻底摒弃"官本位"思想,放下身价去与青年交友,不做青年"官",去主动申报和参与政府购买项目,才能主动发现场所和阵地,才能进入阵地、建立阵地,才能在一定程度上解决"缺经费""缺场所阵地"问题。

(三)改变"主导"思维定式,通过"转借"服务连接服务对象和服务机构,实现共青团"牵线搭桥"功能

在共青团参与社会治理过程中,向有特殊需要的青少年提供专业服务是其重要的工作内容。站在高地做"工程""计划"对共青团组织来说已很"专业"。但在服务有特殊需要的青少年工作中,专业机构和专业人士比团组织和团干部更加"专业"。共青团激活自身"牵线搭桥"功能,主动帮助有特殊需要的青少年与专业服务机构建立连接,发挥专业服务机构中专业人士的作用,也能在一定程度上解决"缺经费""缺场所阵地"等问题。

三　通过全面、扎实推进"建设'团干部＋社工＋青年志愿者'队伍，充实基层工作力量"，解决"缺工作人员"问题

在共青团改革攻坚专题研讨班上，与会同志认为"缺工作人员"问题的根本在于"把工作对象变为工作力量"落实不够充分，没有很好挖掘基层团委委员、兼职团干部等重要队伍的潜力。其实，解决"缺工作人员"问题就是解决找到"工作人员"的问题。笔者认为，除了"把工作对象变为工作力量"，挖掘基层团委委员、兼职团干部外，我们还应将《改革方案》提出的"3＋"队伍中的青少年事务社工和青年志愿者列入"工作人员"挖掘对象。这两类"工作人员"就在团组织身边，且数量巨大，能力很强。基层团组织只要有效吸纳他们投入基层共青团工作，"缺工作人员"的问题就能够在一定程度上得到解决。在落实"3＋"队伍建设中，一些地区的基层团组织已经先试、先行并取得经验，团组织应抓住典型案例宣传、推广，经过复制、借鉴定能逐渐取得成效。

通过科学方法测算团组织各管理层次的管理幅度指标，以科学的数据为标准确定设定共青团各级组织直接管理的编制数量或机构数目；通过延伸触手和项目参与以及"转借"服务等方式；通过全面、扎实推进"建设'3＋'队伍，充实基层工作力量"等，"以用好用足党政资源、大力开发社会资源、深度盘活组织内生资源为路径，改革创新共青团资源整合方式""以继续深耕青年工作学习空间、积极介入青年生活居住空间、大力覆盖青年社会交往空间为目标，改革创新团的基层组织设置方式"等才能得以较好落实。

第三节　共青团组织改革中"团干部＋社工＋青年志愿者"模式中存在的问题与对策

在上文中，笔者就青少年事务社工对"3＋"模式中团干部、社工、青年志愿者三类主体的角色看法进行过分析。其中，青少年事务社工对"3＋"模式中"社工"角色认知更为一致，与预设的主体角色也更加相近。他们对"3＋"模式中"社工"角色看法与预设角色一致性最高的前

三名都是社工的角色，青少年事务社工对志愿者角色的看法也符合预设且比较一致，但他们对团干部的看法与预设角色一致性最低。此外，除"团干部起到思想引领的作用"外，角色看法的平均数与标准差排序惊人的一致，这说明青少年事务社工高度接受了自己被预设的角色，但是他们对于"3＋"模式中团干部应当承担何种责任并不如对自己的角色定位那么清楚，他们中有些人对团干部的角色了解程度高一些，但另一些就比较低。此外，值得注意的是，虽然青少年事务社工对自己在"3＋"模式中的定位最为清晰，但一旦涉及社工与团干部之间的关系，其中的一致性和符合性就变得模糊。这证明青少年事务社工对共青团角色不够了解。

一 "团干部＋社工＋青年志愿者"模式中，青少年事务社会工作者的角色定位问题

在上文中，课题组结合调查数据，针对不同群体青少年事务社会工作者对"3＋"模式的态度与认知进行了方差分析。分析发现，在了解《改革方案》中"3＋"模式的程度上，督导岗位社工要显著强于一线社工。相比一线社工，督导岗位社工或者从业时间更长、经验更丰富、积累更多，或者是行业内的学者，紧跟政策，因而在知识方面领先于一线社工；督导岗位社工对于基层团干部给予的支持认可度低于一线社工和管理岗位社工；在"3＋"模式的角色认同上，督导岗位社工在8个方面中的"团干部起到思想引领作用""团干部起到监督作用""团干部负责争取政府、社会资源""社工在'3＋'模式中起到承上启下的作用"的角色认同上都显著弱于一线社工和（或）管理岗位社工。一线岗位和管理岗位是青少年事务社工的专门性岗位，因而这些岗位的社工有更多机会接触"3＋"模式，但督导岗位社工不一定是青少年事务社工的专门性督导，他们在社会工作领域可能更加专业，但是在了解青少年事务社工的政策方面却明显落后。可见，督导岗位社工在对"3＋"模式角色的认识上是与模式预设差距最大的一类社工。督导岗位社工对社工起到知识技能传递、情感支持和一定的管理作用，对青少年事务社工的思想行动都有影响。如果督导岗位社工对"3＋"模式的理解还不如一线社工，我们有理由担忧，青少年事务社工将来对此模式的认识可能会跑偏。此外，调查还发现，青少年事务社工对"3＋"

模式的了解程度不高，对该模式目前的评价也不高。在对"3＋"模式的了解上，其得分显著低于其他项目，仅有 3.03 分，换算成百分制属于及格水平。他们认为，在基层"3＋"模式的作用不太明显。由此可见，对"3＋"模式中青少年事务社工的角色进行定位，对青少年事务社工明确或修正自身的角色是十分重要的。

青少年事务社工是社工整体中的一部分，从专业角度看，他们与普通社工一样，应该具有普通社工的专业能力和价值观。但他们又不同于普通社工，因为从服务对象看，他们服务的青少年是社工服务对象中的一个特殊群体。另外，"3＋"模式是《改革方案》针对加强共青团基层组织建设而提出的模式，这就注定了这个模式带有共青团的"烙印"，所以，这个模式中的青少年事务社工亦具有共青团的"烙印"，不同于其他群体或组织中的社工。因此，我们必须基于"3＋"模式来认识、定位他们的角色。

（一）"团干部＋社工＋青年志愿者"模式中青少年事务社会工作者的专业角色

青少年事务社工是社工的一部分，这就决定了对社工的专业性要求也同样适用所有青少年事务社工。所以，青少年事务社工专业角色是他们得以胜任青少年事务社工工作的重要能力角色，对青少年事务社工服务青少年的质量具有重要作用。笔者认为，这种角色主要包括以下三种。[①]

1. 使能者角色

使能者角色是指青少年事务社工在服务青少年事务社工工作中，利用自己的知识、经验和技巧，透过引导和服务对象个人努力，促使青少年发挥他们自身的能力，掌握自我解决问题和自我发展的方法，帮助青少年确定目标、达到目标并满足需要。使能者角色重在使青少年"我能"，即通过青少年事务社工的"支持、服务、辅助、协调"，使他们能够自我认识、自我增强、自我改变、自我发展、自我达成。

人的社会化过程必然经历从"他助－我能"到"自助－我能"的发展

---

① 丁少华：《高校学生深度辅导工作指导者角色定位》，《中国青年政治学院学报》2010 年第 5 期。

过程，"他助－我能"是通过较多外在支持、辅助，使自我改变、提高的发展模式，是自我发展的初级阶段；"自助－我能"则是在经历阶段性的"他助－我能"过程以后，在逐渐自我丰富的基础上，使个体能够少借助或不借助外在支持、辅助便能够达到自我改变和自我提高的发展模式，是自我发展的高级阶段。如果说个体在儿童、少年期通常处于"他助－我能"阶段的话，那么，青年时期便是由"他助－我能"到"自助－我能"的过渡期和"自助－我能"的形成期。而实现青少年由"他助－我能"到"自助－我能"阶段性跨越的重要条件之一，便是高质量地向青少年提供专业社会工作事务服务，亦唯有让青少年事务社工在社会工作中充分扮演好使能者角色，方能够使青少年在儿童期、少年期、青年期不同阶段接受与他们身心发展规律相适应的专业服务，使他们最终从"他助－我能"逐渐达成"自助－我能"。

青少年事务社工工作实践证明，使能者角色最主要的工作是青少年事务社工在与服务对象的沟通中尽可能地让他们表达自己的思想感情、需要、价值观以及对社工的要求和意见，注意知晓服务对象想要在学习和发展过程中完成什么事情、达到何种目标，并协助他们选择有效方法逐步达成目标；使能者角色最重要的功能是在青少年事务社工与青少年、青少年与青少年之间建立相互信赖和依存的良性人际关系循环模式。青少年事务社工与青少年、青少年与青少年之间建立相互信赖的关系是依靠"同年龄者群团"互助以协助青少年在团队中发展的重要因素，而除去个案方法外，提高小组、社区专业方法和协助青少年融入相互信赖的发展型团队则是实现青少年从"他助－我能"到"自助－我能"的重要途径。为此，青少年事务社工应将培养服务对象之间相互信赖的关系作为开展活动和社会工作的首要任务，要完成这一任务，青少年事务社工必须具有丰富的情感智能，并在社会工作过程中把握好"七个向度"：一是青少年事务社工要使自己成为一个专心的聆听者，让服务对象时刻感受到他们的表达和心声能够得到关注，从而使他们获得来自于青少年事务社工对其同理心关怀的内心体验。二是青少年事务社工要使自己成为一个热心的关怀者，并通过社会工作中的表现使服务对象感悟到自己的积极态度，不断再现这种具有"感染性"的态度能够在强化中使服务对象统一、认同，在潜移默化中使他们内化，由此便能够"自然"地使自己与服务对象以及服务对象与服务对象相互连接起来建立信赖关系。三是青少年事务社工要使自己成为一个情感投入者和控制者，即当服务对象遇到困难、矛盾、挫折时表露出"感同身受"的感情，但不随意妄加判断或提供一些不切实际的解决方法。同时，可对服务对象的表达进行适度澄清但不加干预，以使他们能够倾诉心中的困扰，并在获得同情中形成安全感。四是青少年事务社工要使自己成为一个接纳者，即对服务对象表现出充分的尊重，能够虚心听取和尊重他们的意见和建议，对不宜接受的意见或建议给予详细的解释。五是青少年事务社工要使自己成为一个真诚的自我剖析者，应根据需要进行真诚的自我剖析，在面对一些具有争议的事件时，要诚实地将自己的想法表达出来，做到心口如一。六是青少年事务社工要使自己成为一个有力的推动者，对所有活动参与者持有"尽力做了就是成功"的价值观，鼓励服务对象大胆地尝试和练习，特别要关注和支持那些在操作技能方面欠缺的服务对象，帮助他们在不断获得鼓励和支持的过程中获得成功。可以放手让服务对象特别是青年处理自己的各种事务，由他们自己制定发展计划和实施程序，其间，青少年事务社工是服务对象的顾问，对服务对象遇到的一些问题提供咨询和参考意见。七是青少年事务社工要使自己成为一个巩固者，即通过不同的途径和方式，让服务对象尝试运用他们学习到的东西，进一步巩固他们学习到的成果。鼓励服务对象尽量发挥其所学的知识和技能以及继续挖掘其的潜能，克服内在和外在困难，以达到自我进一步成长的目的。

使能者角色功能的实现，要求青少年事务社工应具有全面、综合及较高水平的专业能力。故这一角色的达成，能够使青少年事务社工的服务质量产生较高的信度和效度。

2. 治疗者角色

治疗者角色是青少年事务社工在社工工作中运用一些技巧和方法，帮助青少年解决心理和行为问题，并对青少年一些突发行为（事件）进行危机处理。

许多关于青少年心理问题的调查报告表明，有一定比例的青少年存在心理和行为问题，因研究角度、样本等的不同，各种调查给出的数据亦有所不同，比例在 20%~45%。可见，一定比例的青少年存在心理和行为问题是不争的事实。

共青团中央六部门在《关于加强青少年事务社会工作专业人才队伍建设的意见》中提出：青少年事务社工要积极开展针对青少年心理疏导服务，包括缓解或消除青少年的心理问题，帮助青少年提高情绪自我管控能力，促进健康人格的形成；青少年事务社工要积极开展针对青少年临界预防，关注普通青少年向有不良行为青少年转化的边界；青少年事务社工要积极开展针对青少年的行为矫治，对有不良行为或有严重不良行为青少年，通过进驻社区、学校、戒毒所、拘留所、看守所等工作项目，加强制度规则意识教育和法制底线教育，纠正和改变不良行为习惯。

由此不难看出，作为青少年事务社工，其工作内容除了帮助广大学生形成健康心理、行为之外，还应在社会工作中运用一些专业技巧对有心理和行为问题的青少年进行心理干预，解决他们的心理和行为问题。面对此类青少年，青少年事务社工在服务中可有针对性地运用"诱导宣泄""认知再造"帮助他们宣泄情感，提高自我认知，或学习新方法和技巧以解决其问题及适应日常生活。青少年事务社工还可以利用支援、澄清（clarifying）、对质（confrontation）、转移（transference）、多重转移（multiple transference）、反转移（countertransference）、阐释（interpretation）等技巧解决他们的心理、行为问题。另外，运用"行为修改模式"改变"问题青少年"的思想和行为，也是十分有效的方法之一。行为修改理论认为，人们通过团体互动和自我行为修正，能够修复缺失的正向行为，同时能够形成新的有效行为。行为修改模式作为一种行为修正和形成新行为的方法，在实践中已被确认有效。它能够"清除个人一些不被接受或不适当的行为"；能够"学习新行为以及通过练习使新学习的行为得到巩固"[1]。行为修改模式立足于人类行为的再造。通过目标互动活动过程，人们能够从中学习到新的行为，并且以新的、良好的行为取代旧有的、不良的行为，同时，还能够使人们已有的良好行为得到巩固和增强。对治疗者角色而言，

---

① 吴梦珍主编《小组工作》，香港社会工作人员协会，1992，第33页。

针对青少年心理、行为方面存在的问题，可采用科学、有效的团体程序活动设计与训练对其心理、行为进行修正，以使问题得到解决。

3. 评估者角色

评估者角色是指青少年事务社工在青少年事务社工工作中，对青少年当前问题、改变状况、目标达成水平以及青少年事务社工所运用的方法、技巧的针对性、有效性和自我运用方法、技巧的能力、水平等进行评价。对服务对象进行评估，是青少年事务社工工作的重要内容之一，主要包括"问题评估""效果评估""方法评估"等。"问题评估"旨在精确定位青少年的问题所在，以使青少年事务社工选择有效方法和技巧"对症下药"，以达至"药到病除"。"效果评估"主要包括两个层面，一个层面是对服务对象发展进步水平和目标达成程度的评估，主要评价他们思想观念、各种能力以及正向积极行为的绩效水平，以便根据服务对象实际和需求，帮助他们确定未来方向、制订发展计划，并给予他们更多支持，进一步促其发展；另一个层面则是评估服务对象问题解决的质量和水平以及他们行为改变的成效，以便调整工作方法或继续跟进。"方法评估"是指青少年事务社工对自己所采用的各种服务方法的针对性和有效性，以及自我在服务过程中运用方法、技巧的步骤、水平和质量进行评估，该评估结果能够帮助青少年事务社工对辅导方法、技巧的有效性、某些特定介入方法的实施效果以及自我运用方法、技巧的能力形成客观认知，以便青少年事务社工发现自我存在的问题和不足，进行自我调整和改变或进一步自我增强。在"方法评估"中提高自我认知水平，最为有效的方法是毫不留情地开展自我批评，青少年事务社工唯有在遇到问题时进行经常、必要的"我未能""我没有"等自我批评式的否定，才能促使自我不断改变和提升。

在青少年事务社工工作中，评估所包括的范围和内容十分广泛，各种评估不分先后，评估的设计和方法也有所不同，但必须将其视为青少年事务工作不可或缺的重要内容适时开展。青少年事务社工唯有较好地扮演评估者角色和实施评估任务，科学准确地对服务对象和各项服务工作进行评估，才能使青少年事务社工工作更加具有信度和效度。

（二）"团干部＋社工＋青年志愿者"模式中青少年事务社会工作者的思想引领者角色

上文"社工对思想引领内容的认识"中，青少年事务社工对思想引导的理解数据显示：认为思想引导是引导青少年热爱祖国的占88.0%；认为是激发青少年民族自豪感的占81.6%；认为是促进青少年了解和热爱中国优秀传统文化的占86.7%；认为是坚定青少年对中国特色社会主义道路信念的占79.1%；认为是引导青少年听党话跟党走的占63.9%；认为是引导青少年积极面对人生的占87.1%；认为是引导青少年树立社会主义核心价值观的占83.6%；认为是引导青少年遵纪守法的占77.8%；认为是引导青少年遵守公序良俗的占69.2%。可见，青少年事务社工在"对思想引领内容的认识"方面，对引导青少年听党话跟党走、引导青少年遵守公序良俗以及引导青少年遵纪守法、坚定青少年对中国特色社会主义道路信念的认同欠佳。

另外，青少年事务社工对代表性党团基础知识的掌握情况不佳。如对"据您所知，共青团有哪些基本职能"问题，能够正确选择全部选项的青少年事务社工仅占30.1%；对"据您所知，共青团与共产党的关系是怎样的"问题，仅有31.5%的社工能正确选择全部选项。

在对共青团基本职能的认知方面，比例超过5%的情况分别是：多选了监督青年（47.1%），正确回答（30.1%），少选了维护青少年权益（8.5%）。

在对党团关系的认知方面，比例超过5%的情况分别是：正确回答（31.5%），多选了团是党的政府部门（27.4%），少选了团是党领导下的群众组织（12.6%），少选了团是青年学习中国特色社会主义和共产主义的学校（11%），少选了团是党领导下的群众组织和团是青年学习中国特色社会主义和共产主义的学校（5%）。

青少年事务社工对党团认识方面的误区可能会影响他们对青少年思想的引领。本调查发现，青少年事务社工一个明显的错误认识是团是政府部门而不是青年群众组织，团是在监督青年而不是与青年血肉相连。这种认识一旦构建在青少年事务社工的意识之中，会直接影响他们将错误的信息传递给青年，亦会使他们在进行思想引领时容易从外部角度切入，用局外人的思维进行引导。

调查发现，虽然社工对自己在"3＋"模式中的定位最为清晰，但一旦涉及社工与团干部之间的关系，例如"社工按照共青团的要求带领志愿者开展活动"，他们角色认知的一致性和符合性就会下降。

对思想引领内容认识上的不足、对党团认识方面的误区以及对自身角色认知的一致性和符合性存在问题，都将对青少年事务社工扮演好思想引领者角色产生影响。所以，我们必须明确定位青少年事务社工的思想引领者角色，帮助青少年事务社工在青少年事务社工工作中准确把握，以使他们的事务工作取得党团所期望的绩效。笔者认为，青少年事务社工的思想引领者角色应定位于以下三种基本角色。

1. 教育者角色

教育是指教育者根据一定社会或阶级的要求，有目的、有计划、有组织地对受教育者身心施加影响，使他们成为一定社会或阶级所需要的人的活动。在青少年事务社工工作中，青少年事务社工会经常扮演教育者的角色，但这种角色与其他教育领域教育者的角色有所不同，是运用个案、小组、社区等社会工作专业方法、技巧，通过各种事务工作形式，通过与青少年个别或群体沟通过程，就价值观澄清、行为修改引导、掌握解决问题方法等与青少年个人成长和发展相关的问题向他们提供一些新的资讯或培养他们掌握一些方法使青少年能够处理和解决自己所面对的问题。此角色具有引导和示范两大特征，即通过引导和示范帮助青少年在潜移默化中接受和改变并获得自主解决问题的方法。

引导不是教导，也不是说教，不是对青少年的价值观、行为、解决问题的方法直接进行肯定或否定判断，也不是对某些需要解决的问题事先给出方法和结论。而是由协助青少年梳理需要解决的问题开始切入，首先帮助他们理清解决问题的思路，采用"系统脱敏"方法，诱导青少年充分发挥其主观能动性，通过青少年自身努力去认识、分析，逐渐找到问题存在的非利诱因，进而帮助他们找到排除这些诱因的方法。换句话说，方法绝不是青少年事务社工在与青少年沟通之始就给予他们的，结论也不是青少年事务社工直接给青少年下的，而是在沟通中通过指导者循循善诱，逐渐使青少年以自我认知明晰事实，由他们自己找到解决问题的方法并得出结论。青少年事务社工直接给出方法和结论与引导青少年通过自身努力找到解决问题的方法和结论相比，前者简单后者复杂，前者方便快捷有效率，而后者需要指导者投入较多的时间、花费较大精力，效率也较低。但就效果而言，后者更扎实、更有效、更巩固。现代管理学认为："管理的有效不仅涉及效率，也涉及效果——需要考虑计划是否奏效，目标是否明确……"①。笔者认为，就青少年事务社工工作而言，效率与效果两者，效果最为重要，高效率而无好效果，乃徒劳无功，效率较低但效果良好，也是能够为我们所接受的。

示范是青少年事务社工教育者角色的另一个重要特征。在开展社会工作的全过程中，青少年事务社工应始终是一个示范者，在沟通过程中青少年事务社工以良好的价值观、正向行为和有效方法示范于青少年，能够对青少年起到潜移默化的影响作用，这种非说教的示范比语言引导更容易被青少年接受，内化后也会较好地巩固下来，而这些内化在青少年意识中的良好价值观、习惯性的正向行为以及解决问题的有效方法，必将对他们未来的成长起到积极作用。

在扮演教育者角色的过程中，青少年事务社工会为青少年在自己的影响下获得成长和进步感到欣慰，也是他们最愿意看到的成果。本调查结果证实青少年事务社工对由服务对象成长而产生驱动力给予较高认同。但是，他们也会因为在与个别青少年沟通中存在交流障碍，改变困难或产生误会、矛盾、冲突而出现阶段性怀疑、困惑、不安、痛苦等不良情绪反应。他们可能因为青少年改变后重新出现原有问题而怀疑其行为改变是否能够恒久保持；他们可能会因为自己知识、能力不足使青少年改变困难而产生困惑；他们可能会认为自己没能够在青少年事务社工工作中为青少年提供最好的服务和最有效的协助而感到不安和自责；他们也可能会因为自己拳拳之心不被青少年理解、循循善诱却被拒绝而痛苦。面对这些可能存在的不良情绪反应，青少年事务社工应借助自我情绪调节加以解决。首先，他们应勇敢地面对及接纳自己的情绪反应，因为人们在遇到困难、矛

---

① 〔英〕Karen Holems、Corinne Leech：《个人与团队管理》，清华大学出版社，2003，第74页。

盾、挫折时都会出现这些情绪反应，自己是人不是神，自然如此；其次，对工作中存在的问题以及自身的不足不持逃避的态度，积极面对并寻找其他有效方法；最后，摒弃"我能否""我想要"的思维定式，坚持将"一定要"牢固印刻在自我意识之中。另外，青少年事务社工在对青少年进行辅导过程中，也会经常遇到一些青少年存在上述不良情绪反应，此时应该切记，在协助青少年处理和舒缓不良情绪反应中，无论青少年事务社工自己是否同样存在相似的不良情绪，都不能在情绪上与青少年趋同，否则可能导致青少年出现更加强烈的情绪反应并难以控制。青少年事务社工应在对这些不良情绪反应保持开放、理解和接纳态度的同时，协助青少年处理和缓解这些不良情绪。较为有效的方法是青少年事务社工适度保持静默，待青少年不良情绪得到释放后，再针对他们所存在的问题适时介入。此外，青少年事务社工在处理青少年不良情绪反应时还应注意，不能一味鼓励他们依赖青少年事务社工，而是要支持他们学会自我调节情绪，掌握自我控制不良情绪的方法。

本研究对青少年事务社工在对青少年进行思想引导时所采用的方式进行了调查，调查发现：青少年事务社工和青少年交流时直接说服教育的占到被试的36.6%；使用板报等传统媒体进行思想宣传的占45.1%；提出主题，组织思想讨论活动的占70.8%；组织参观等思想教育类活动的占74.3%；在活动中安排思想教育专题环节的占66.5%；在活动中隐含思想教育内容的占61.7%；定期推送思想教育信息的占36.1%；不定期推送思想教育信息的占33.3%；其他方式极少，仅占0.4%。青少年事务社工在对青少年进行思想引导工作中采取了直接与间接相结合、说教与参与体验相结合、线上和线下相结合的多样化引导方式，他们工作技巧多样，技能水平高。但是，体验类和间接类的引导方式比例明显低于非体验和直接类的引导方式，存在有技巧但疏于使用技巧的问题。

调查发现，青少年事务社工有比较强烈的意愿在工作中对青少年进行思想引领，体现在他们比较多地在活动设计中加入思想引领的元素。有19.3%的青少年事务社工反馈他们每次活动设计中都会加入思想引领的元素，而经常会在设计中加入思想引领元素的青少年事务社工也占到了47.1%。按照5级量表计算得分，活动设计中加入思想引领元素的平均分为 3.82。

调查发现，青少年事务社工在活动中真正对青少年进行思想引导的比例有所下降，包含思想引领的活动设计因为各种因素的限制，并没有完全落实到最终的活动中去。按照 5 级量表计算得分，该项调查得分为 3.79。

由此可见，青少年事务社工对青少年思想引领工作有认识、有投入，也有亮点，但在活动中专业方法、技巧的运用不够，在活动中具体实施的力度也未达到预期。所以，应要求青少年事务社工在工作中，就青少年思想引领工作活动设计、元素融入、专业方法运用以及实施落实效果等方面寻找差距、补齐短板，努力推进。这样，才能不辜负"3 +"模式中党团对青少年事务社工在思想引领方面的希望，才能将教育、引领青少年跟党走，将青少年培养成为新时代中国特色社会主义事业的接班人的思想引领角色的核心功能体现出来。

2. 倡导者角色

倡导者角色是青少年事务社工通过倡导、诱发、暗示、激励，在青少年事务社工工作中帮助青少年建立和优化世界观、人生观、价值观，树立远大理想和形成社会责任感。

青少年事务社工作为通过运用科学的方法和技艺手段帮助青少年解决各种成长问题的社会工作者，引导青少年形成社会主义建设者所应该具有的世界观、人生观、价值观，树立远大理想和形成社会责任感，特别是帮助青少年培育和践行社会主义核心价值观，是他们义不容辞的责任和义务。但是，面对今天的青少年，采用说教的方式"传道、授业、解惑"，无论是信度还是效度，都难以获得令人满意的结果。而通过倡议、引导，辅助青少年从"最低纲领"起步，通过青少年统一、认同的"自知"过程，诱发出他们达成某项目标的内在原动力（动机），进而逐渐将"最高纲领"内化，将理想、信念巩固于他们的意识之中，才是有效的途径和方法。

心理学研究证明，需要是动机的前提，人们为满足需要方能产生完成"某项工作任务"的内在原动力（动机）。在青少年事务社工工作中，当青少年事务社工将倡议、期待传递给青少年后，作为被期待者的青少年，会为满足青少年事务社工希望他们达成的某个目标的需要，而产生较强的动力并创造条件达到目标。在此过程中，期待与诱发呈正相关，即青少年事务社工对符合青少年客观条件的期待水平越高，青少年为满足青少年事务社工需要而产生的动机就越强烈。社会心理学诸多研究结果表明，如果人们期待别人对他们形成好的印象，他们就会认真地表现良好行为。这种现象被称为"比马龙"效应（亦称皮格马利翁效应），从字面可理解为，如他人将你比做龙，你就会像龙一样表现，反之，被比做马，亦会像马一样反应。换句话说，高期待就有高表现，低期待会有低成就。亦即他人重视我，我就会"自重"，他人爱我，我就会"自爱"；他人给我们"自由""机会""改变"，我就会"负责""尊重""向善"。正因为如此，青少年事务社工的倡导者角色对青少年"自重""自爱""向善"具有较强的暗示和激励功能。所以，青少年事务社工以倡导者角色服务青少年，能够对他们形成新时代中国特色社会主义建设所需要的"三观"产生积极作用。

3. 联结者角色

联结者角色是指青少年事务社工利用自己社工（学校社工）的身份，根据学校要求、学生需求，建立学生与学校及其他社会服务机构之间、青少年事务社工与青少年事务社工之间、学生与教师之间、学生与学生之间的有效联结，通过沟通寻求诸多方面广泛支持，以使青少年事务社工工作在得到更多有效资源的基础上更加顺利地开展和实施。

学校事务社工不是传统意义上的教育工作者，但由于他们的工作岗位在学校，因此他们了解所在学校的人才培养目标和学校及其他社会服务机构对学生的要求。作为学校社工，他们直接面对的服务对象是在校学生，他们能够获得有关学生需求和现实状况的第一手资料。所以，在开展青少年学生事务社会工作中，他们有能力建立学生与学校及其他社会服务机构之间的有效连接，即当学校事务社会工作需要利用学校及其他相关社会服务机构的资源或希望学校及其他社会服务机构改进其服务或规则时，他们应代表学生向学校及其他社会服务机构申明和争取，同时，他们也必须将学校及其他社会服务机构的希望和要求回馈给学生。

学校事务社会工作贯穿学生学习、生活全过程，该过程也是学生不断自我提升、需求不断变化的过程。虽然学生在不同成长阶段需求有所不同，青少年事务社工所提供的相应服务内容、方法也不尽一致，但服务全过程必须连续而不间断。为此，必须保持过程之中不同服务阶段的联结，即必须做到阶段与阶段之间的服务内容、方法的有效跟进。在小学、中学的学习、生活中，每一个学生在不同学习阶段可能遇到不同的青少年事务社工向他们提供服务，为保证青少年事务社工服务学生的连续性，唯有建立青少年事务社工相互之间的有效联结，做到终始联结、"以终为始"，才能保证服务工作的有效延续，才能取得良好效果。

学习活动是在校学生主要的社会活动，教学活动是学校教师的主要社会活动，前者学生是主体，后者的主体是教师，两者活动相对独立又相互联系、互为条件。对学生来说，学习活动的结果是学生学习效果最重要的评价指标，而这一结果的绩效水平如何，与任课教师课堂教学水平有较高相关性。无论学生或任课教师主动或被动，两者就课堂教学内容中的一些问题，通常能够通过课堂或课后沟通得到解决。但除此之外的一些问题，诸如教学或学习态度问题、行为及方法等问题，任课教师通常能够面对面直接向学生单向表达要求、希望或肯定、否定评价，而学生却因其"受教育者"身份和"弱势心理"影响，常将自己对任课教师的意见"内隐"，这些意见不断堆积便会产生不满，不满堆积便会产生对立甚至对抗，如此必将影响学生学习绩效和师生关系。一旦矛盾激化，还可能引发群体事件或极端伤害事件。因此，青少年事务社工必须充当任课教师和学生的联结者，在两者之间架起沟通的桥梁，建立两类人群之间间接或直接的沟通，以使问题或矛盾较早得到解决。即使有些问题仅靠沟通难以解决，但沟通能够增进问题双方相互了解，从而避免因问题产生矛盾或矛盾激化。

在学校学生学习或日常生活中，"同年龄者社会"对每一个学生都会起到巨大的影响作用。青少年事务社工以自己社工的特殊身份，能够对学生采用"一对一""一对多""多对一"的形式，有目的地引导、促进、强化学生之间相互正向影响和相互支持，使学生之间建立互帮互助、互惠共赢的人际关系。实践证明，青少年事务社工利用"同年龄者社会"高水平接纳，有目的地安排一些"先知"的学生去帮助一些"后知"的学生，推进学生间开放和坦诚的沟通，能够促进学生之间彼此回馈，帮助学生在比较中全面了解和认识自我，在相互分享中获得正向经验和自我提升。建立学生和其家长之间的联结，亦是青少年事务社工在青少年事务社工工作中可采用的方法之一。由于一些学生与其父母之间存在单向或双向沟通障碍，使学生在学校的真实状况难以让家长完全获知，为此，青少年事务社工可以鼓励学生与家长沟通，而在学生遇到个人情感问题或家庭关系问题时，青少年事务社工更应及时与学生和家长沟通，并建立两者之间的联结以解决问题。

除以上方面外，面对学生升学压力问题，青少年事务社工可以建立升学辅导机构及具有学科专长的义工与学生之间的联结，通过此类机构的学科教师或义工向学生提供课程辅导服务；特殊学校的学生，高中毕业后可能直接进入社会，针对这类学生，青少年事务社工可以建立一些临时用人机构与学生之间的联结，帮助学生获得临时工作岗位，或向职业培训机构寻求培训支持，亦可向用人单位推荐学生参加岗前培训，为他们的就业创造条件。

（三）"团干部＋社工＋青年志愿者"模式中青少年事务社会工作者的伙伴角色

"3＋"模式是共青团加强基层组织建设、增强基层团组织工作活力的创新方法。对于一个全新的模式，理清"3＋"模式中不同人员之间的相互关系，才能在相互配合中各司其职、各显其能，进而取得"1＋1＋1＞3"的工作绩效。就青少年事务社工来说，准确认知"3＋"模式中自身与团组织、团干部的关系，对青少年事务社工完成工作任务十分必要。本调查发现，对青少年事务社工与共青团关系，有38.2%的青少年事务社工认为共青团是我的上级组织；有10.4%的认为共青团是服务项目出资方；有12.9%的认为共青团为我寻找资源；有30.1%的认为共青团是我的事业伙伴；有13.5%的认为共青团是我目前职业的开创者；只有1.4%的认为共青团和我没有关系。由上述可见，在青少年事务社工的观念里，对共青团和青少年事务社工间的紧密关系尚未达成高度认同，而对于两者关系的理解也停留在表层，最多的是把共青团看成上级组织，而将共青团与职业、事业联系起来的人数比例不高。

笔者认为，在"3＋"模式中团干部与青少年事务社工的关系应该是工作伙伴关系。理由是：团干部与青少年事务社工隶属于不同机构。团干部隶属共青团组织，绝大部分青少年事务社工隶属社会服务机构（除很少一部分青少年事务社工隶属共青团组织）。虽然在服务青少年事务社工工作中，共青团组织会对直接指导机构（如青年汇）以及其他社会服务机构的工作进行指导，但他们不属于上下级的领导与被领导的关系。即便社会服务机构所实施的项目是来自于共青团组织的购买项目，团干部对这类项目的实施有更多的话语权，但也不存在领导与被领导的关系。所以，作为青少年事务社工工作的共同推动者和参与者，团干部与青少年事务社工的关系是伙伴关系，他们按照各系隶属机构的要求，针对同样的被服务群体，采用相同或不同的工作方法，携手共谋青少年社会服务工作。这种伙伴关系虽然存在指导与被指导的关系，但他们终究是工作中的伙伴。正因为如此，才有30.1%的青少年事务社工认为共青团是我的事业伙伴。然而，有38.2%的青少年事务社工认为共青团是我的上级组织，这种认知的存在或因为团干部在工作指导中指导到位，有较好的解决问题的能力，而对青少年事务社工形成较大的影响力，使他们愿意接受团干部的"领导"，故将他们视为上级。另外，共青团组织是青少年事务社工的"发起人"之一，团组织在青少年事务社会工作者人才队伍建设中起到了巨大的推动作用，这种巨大的来自共青团组织的支持和关怀，让青少年事务社工将团组织视为上级。还有一种可能是，团干部在工作中的行为表现让青少年事务社工感觉他们像上级。共青团改革中始终强调去"四化"，其中的行政化表现就是一些团组织在工作中像政府部门一样"发号施令"，一些团干部在工作中像政府行政人员一样以命令的方式或口吻对待青少年事务社工，从而形成了青少年事务社工在意识中将团干部认知为领导者，将共青团组织认知为上级领导的观念。如果原因确实如此，就应当引起团干部的注意。

二 "团干部+社工+青年志愿者"模式中青少年事务社会工作者的政治性和专业性问题

笔者专门将青少年事务社工专业性和政治性的问题拿出来进行讨论，是因为一些青少年事务社工对自身政治性的认识不够明确。由于青少年事务社工的特殊社工身份以及他们服务对象的特殊性，明确其作为青少年事务社工的政治性，对他们在青少年事务社工工作中有目的地开展包含思想引领的活动具有十分重要的意义。

（一）青少年事务社会工作者必须坚守政治性

从上文团干部与青少年事务社工对五个问题重要性认识的比较看，青少年事务社工基于本体角度在对"基础理论""相关政策"重要性的认识上均高于团干部的客体认识。这说明，青少年事务社工对政治思想理论和知识重要性的认同程度已经达到较高水平。但是，调查还发现，不同服务类型的青少年事务社工对"基础理论"与"相关政策"重要性的认识有显著差异。如在"基础理论"方面，预防型青少年事务社工与发展型青少年事务社工的看法不同，预防型青少年事务社工认为基础理论更重要，均值差异为 0.232（sig ＝ 0.026）；在"相关政策"方面，预防型青少年事务社工与发展型青少年事务社工的认识也存在不同，预防型青少年事务社工认为相关政策知识更重要，均值差异为 0.265（sig ＝ 0.001），预防型青少年事务社工与治疗型青少年事务社工的认识亦存在不同，均值差异为 0.371（sig ＝ 0.028）。由此看来，青少年事务社工对政治性重要作用认识不到位，不同类型的青少年事务社工对政治性重要作用的认识存在差异或在认识上存在差距。所以，统一并强化各类青少年事务社工对政治性重要作用的认识是很有必要的。

1. 讲政治是青少年事务社会工作者在工作中的基本遵循

中国共产党第十九次全国代表大会通过了关于《中国共产党章程（修正案）》的决议，"党领导一切"的政治原则被写入党章。在此之前，"党管青年原则"作为青年发展的根本原则亦明确了所有工作必须坚持中国共产党的领导。中国的社会工作是按照党和政府的要求参与社会治理、帮扶各类服务对象的工作，青少年事务社工工作是其中的一部分，无论他们的服务对象是谁，都不能将中国共产党所要求的讲政治的思想教育的核心内容抛在一边。党和政府希望中国社会各类人群能够团结在党的周围，成为党的执政基础中的一砖一瓦，所以，这样的政治是所有青少年事务社工开展工作的基本遵循。

2. 讲政治是将青少年培养成为社会主义事业接班人的基本要求

习近平新时代中国特色社会主义思想开创了社会主义事业的新纪元。

在实现两个一百年奋斗目标，实现中华民族伟大复兴中国梦的征程中，培养青少年成为社会主义事业的建设者和接班人，是所有教育者的第一要务。习近平总书记在党的十九大报告中深情寄语年轻一代："青年兴则国家兴，青年强则国家强。青年一代有理想、有本领、有担当，国家就有前途，民族就有希望。中国梦是历史的、现实的，也是未来的；是我们这一代的，更是青年一代的。中华民族伟大复兴的中国梦终将在一代代青年的接力奋斗中变为现实。"[①] 习近平总书记对青年的寄语告诉我们，新时代中国特色社会主义建设需要青年按照党的要求去担当，需要青年成为社会主义事业的建设者和接班人。为此，作为专门服务于青少年群体的青少年事务社工，必须承担起为中国特色社会主义事业培养建设者和接班人的重任，而讲政治正是将青少年培养成为中国特色社会主义事业建设者和接班人的基本要求。

3. 讲政治是青少年事务社工作为"团干部 + 社工 + 青年志愿者"模式中重要主体之一的基本任务

"3 +"模式是共青团组织为加强基层团组织队伍建设所提出的创新工作模式，旨在通过团干部和青少年事务社工以及志愿者的合作，开创基层共青团工作的新局面，取得工作成效。共青团是党的助手和后备军，政治性、先进性、群众性决定了共青团组织首先要讲政治，要坚定不移跟党走，要带领广大团员、青年跟党走。在"3 +"模式里，团干部在开展工作中讲政治，是他们作为党的助手和后备军的责任和义务。所以，团干部不会因为在此模式中青少年事务社工和青年志愿者是其工作中的合作者而放弃对自己和他们讲政治的要求。青少年事务社工作为"3 +"模式的主体之一，他们不再是传统意义上的社工，因为"3 +"模式已经为他们打上了政治的烙印，这个烙印就是共青团组织讲政治的烙印，这个烙印也是作为与团干部合作工作讲政治的烙印。这也决定了青少年事务社工开展青少年事务社工工作，讲政治不是可有可无，而必须成为他们完成的各种工作任务中的基本任务。

---

① 卢义杰等：《新时代，青年生活如何更美好》，中青在线网，http://news.cyol.com/content/2017 - 10/23/content_ 16609605. htm，2017 年 10 月 23 日。

（二）青少年事务社会工作者必须具有专业性

在本次调查中课题组发现，事务社工对专业能力重要性的认知达到较高水平。这一结果与我们的预判完全一致。既然是社会工作者，无论服务的对象是谁，掌握必需的社会工作专业技能、技巧，都是衡量他们作为专业社工的唯一能力标准。只有具有职业标准以及职业资格水平的社工，才能配得上专业社会工作者的称谓。所以，青少年事务社工必须具有专业性。本次调查中课题组发现，在全部45项能力中，专业价值观的重要程度排名在中位以上，其中助人自助、尊重接纳和平等爱心分别居第4位、第5位和第7位，人道人本居第15位，公平正义居第23位。可见，青少年事务社工对社会工作专业价值观重要性的认同亦达到较高水平。这一结果也与笔者的预判完全一致。青少年事务社工进入该职业以前无论学习的是什么专业，入职后，他们都会受到来自社会工作领域各类专业社工对专业价值观认同与坚守的影响，他们也会受到社会工作所宣扬的专业价值观是一切社会工作理论技巧产生和发展的根本出发点观念的影响，他们还会接受社会工作专业教育以及专业培训中老师对他们不断进行专业价值观灌输的影响。我们必须承认，青少年事务社会工作者具有社会工作专业价值观，具备社会工作专业能力，对提高青少年服务的专业水平具有重要价值，对青少年社会事务工作的专业化具有积极作用。

（三）青少年事务社工工作必须坚持政治性与专业性的有机统一

在本次调查中笔者发现，在知识技能大类方面，青少年事务社工认为最重要的三项技能按重要性递减分别是沟通能力、实践知识以及专业技能。他们认为最不重要的三项按重要性递减分别是思想引领能力、基础理论（政治理论）和传统文化。可见，在青少年事务社工看来，为了胜任目前的青少年事务社工工作，专业的知识和技能要比思想政治素质和中国本土传统文化更为重要。

青少年事务社工轻思想政治、重专业知识技能的现状并不令我们意外。因为专业社会工作是西方国家的一个舶来品，所有社会工作专业学科出身的社工，在学校学习社工专业时都会接受传统社会工作价值观以及专业方法、技能的教育，教育灌输与潜移默化，都使他们建立了专业第一重要的价值观。对另外占多数的非学校科班出身的社工来说，入职后的专业培训也会使他们逐渐接受专业第一重要性的价值观。所以，本次调查所呈现的结果是很容易被理解的。然而，课题组所讨论的青少年事务社工工作不是普通的社会工作，也不是社会工作分支下的某个特殊群体的社会工作，更不是西方的青少年事务社工工作。我们的青少年事务社工工作是"3+"模式中的社会工作，是共青团所推展的青少年事务社工工作，是新时代中国特色社会主义的青少年事务社工工作。所以，这种事务工作可以讲专业，但必须讲政治。我们的青少年事务社工工作应该是"中学为体，西学为用"，即以新时代中国特色社会主义特殊政治历史使命为体，以传统专业社会工作知识、技能为用的青少年事务社工工作，社会工作的专业价值观应融合在社会主义核心价值观之中。

其实，我们所倡导的青少年事务社工工作的政治性，并不是要求青少年事务社会工作政治化，而是希望青少年事务社工在工作中加强对青少年的思想引领。本次调查发现，青少年事务社会工作者对自己在思想引领工作方面的自我评估尚可，其中 90~100 分的占 21.3%，80~89 分的占 36.9%。这就说明，青少年事务社工并不抵触思想引领工作。但是，调查还发现，青少年事务社工对思想引领相关实施因素的排序是"设计 > 实际实施 > 自评 > 效果"，即在思想引领四个相关因素中，从设计最好到效果最差。这种结果自然会对青少年事务社工开展思想引领活动产生负面影响。这一点在本次调查中也能够得到证实：青少年事务社会工作者反馈，思想引领最大的障碍来自他们担心参加活动的青年反感从而影响活动的效果（60.9%），其次是认为自己缺乏思想引导的技能（49.2%）。另外，调查发现，青少年事务社工认为在思想引领工作中，社工没有思想引领意识的占 22.4%、社工要求价值中立占 29%、社工对思想引导工作不感兴趣的占 20.5%、挤占有限的活动时间占 26.0%，挤占有限的资金等资源的占 21.6%。

对青少年进行思想引领是青少年事务社会工作者讲政治的重要抓手。本调查发现，青少年事务社工进行思想引领的障碍主要来自引领对象和技巧工具，而不是来源于工作主体。目前青少年事务社工思想引领工作的瓶颈不在社工内心的价值冲突，而是外部条件不够成熟。基于以上理由，笔者就青少年事务社工开展青少年思想引领工作，给出了如下建议。

第一，共青团组织应旗帜鲜明地对青少年事务社会工作者坚持政治性与专业性的问题给出答案，并在青少年事务社工界进行广泛的宣传。

第二，青少年事务社会工作者思想引领工作成效不高是不争的事实，这种现状会影响青少年事务社工开展思想引领工作的信心，如不及时给予强有力的支持，会使思想引领工作陷入"效果差－没信心－不开展"的恶性循环。所以，团干部和社工督导需要及时给予支持，提升他们的信心。

第三，青少年对思想引领工作反感，但反感的对象并非青少年事务社工工作也不是思想政治工作本身。他们反感的是在思想政治工作中没有话语权或传统的工作方式。青少年事务社工可以通过选择关切他们利益的议题或者易于激发爱国热情的国际议题作为活动的主题开展活动。可以从设计活动之初就引入他们参与，鼓励他们提出活动主题。在对活动信息的报道中，要契合青年"刷脸"的需要，通过"露脸"让他们获得存在感，即以参与培养主动性，以存在感增强自信，以思想引领内容改变、丰富思想。这样重复就形成了良性循环，工作就会取得更好的绩效。

第四，有一定数量的青少年事务社工没有思想引领意识、要求价值中立、对思想引导不感兴趣或认为思想引领工作挤占了有限的活动时间、挤占了有限的资金等资源。直观这些问题，或会让我们多少有点悲观。但从主动的角度出发，解决这些问题恰恰能够增加青少年事务社工开展思想引领工作的力量。对此，通过"责、权、利"价值形式的统一方法或许同样能够解决这些青少年事务社工思想和行为方面的问题。如果能，自然会极大增加我们解决问题的信心，也为我们推进青少年事务社工思想引领工作找到了"金钥匙"。

第五，其实，在社会工作领域，政治性与专业性的冲突更有人为地强行将两者割裂之嫌。笔者从来不反对青少年事务社工对青少年进行个人品质、健全人格方面的引导，相反，笔者认为对青少年进行品行教育和健康人格的培养十分重要，这恰恰是青少年培育和践行社会主义核心价值观工作的一部分。所以，不能一谈到社会主义核心价值观就马上认为与社会工作专业的价值观存在冲突。但是即便如此，现实中的一些青少年事务社工并未将跟党走、讲道德、守法律作为思想引领的优先内容，在思想引领的侧重点上避重就轻。他们或许认为，西方传统社工多"不问政治"，他们就可以不讲政治。在中国，青少年事务社工必须问政治、讲政治，因为青少年事务社工所在的队伍是为我们的事业培育有公民意识的建设者和可靠接班人的队伍。这一点，青少年事务社工必须认识清楚。追责是在教育、引导等思想工作都不起作用后可用的有效方法，对于有意不承担思想引领责任的青少年事务社工同样适用。

第六，专业能力和技巧是青少年事务社工的看家本领，对于每一个经过专业训练的青少年事务社工来说，其开展青少年事务社工工作的能力我们从不怀疑，但是，要想使思想引领工作取得较高成效，仅依靠专业方法和能力是不够的。青少年事务社工思想引领工作取得成效的重要前提是，他们必须做到对"基础理论""相关政策""传统文化"心知肚明，在此基础上将"最高指示"与青少年需求、专业技能结合在一起，这样他们才能把思想引领工作做好。本调查结果显示，青少年事务社工的党团基础知识掌握情况一般，对思想引领工作内容的理解片面，重点存在偏差。所以，青少年事务社工必须加强对上述相关内容的学习，共青团组织必须在这方面加强对青少年事务社工的教育。这样，青少年思想引领工作的新局面才能被打开。

三 "团干部+社工+青年志愿者"模式中，青少年事务社会工作者既要"被党管"，又要"助党管"的问题

在上文中我们曾提到，党的十九大报告提出的新时代坚持和发展中国特色社会主义的十四条基本方略，以"坚持党对一切工作的领导"列首位。但是，在社会工作领域，却常有一些人以社会工作需要坚守其专业价值观为理由，将党的要求置于社会工作之外，将为党培养、引领青少年与专业社会工作割裂开来。虽然青少年事务社工是共青团基层组织建设"3+"模式中的主体之一，但作为社工，他们难免受到"社工只问专业不问政治"的影响。所以，我们必须对这种观念予以澄清。

笔者认为，基于青少年事务社工作为"3+"模式中的主体之一这一特殊身份，他们具有"被党管"和"助党管"的"双重"角色，理由有

如下几个方面。

第一，基于青少年事务社工是共青团基层组织建设"3＋"模式中的主体之一，是团干部教育青年、引领青年的工作伙伴，从客观上看，"被党管"是他们的本分。从主观角度看，习近平总书记在党的十九大报告中指出，我们既要全面建成小康社会、实现第一个百年奋斗目标，又要乘势而上开启全面建设社会主义现代化国家新征程，向第二个百年奋斗目标进军。习近平在党的十九大报告中强调，要永远与人民同呼吸、共命运、心连心，永远把人民对美好生活的向往作为奋斗目标，以永不懈怠的精神状态和一往无前的奋斗姿态，继续朝着实现中华民族伟大复兴的宏伟目标奋勇前进。党的十九大报告3万余字的篇幅，13个部分的叙述，200多次"人民"的表达，无不体现了习近平总书记以人民为中心的发展思想，更昭示了中国特色社会主义迈入新时代，中国共产党人永远不变的初心与使命——"为中国人民谋幸福，为中华民族谋复兴"。青少年事务社工作为人民的一部分，当其与其他人共同享受小康社会和国家现代化所带来的红利时，是不是应该对共产党对人民的爱抱有感恩之心。良知是具有正常认知的人的基本特征，追随给予自己利益的人和群体是正常人的一般行为方式，遵从是当人们的利益目标与为自己获得利益的人所追求的目标完全一致时而在意识上"发自内心的愿意"。为此，面对将自己幸福作为其追求的党，青少年事务社工对这个党的遵从应该是一种必然。

青少年是祖国的未来和希望，在青少年发展过程中，青少年事务社工作为"3＋"模式中的一个主体，按照党和共青团的要求，协助党教育青年、引领青年是他们应尽的责任和义务。

所以，青少年事务社工既是遵从党、被党管的一方，又是协助党、共青团引领青少年跟党走的有生力量。

第二，本调查数据表明，青少年事务社工绝大部分年龄在23～35岁。按照《青年发展规划》对青年的年龄划定，"14～35岁"被视为青年。可见，绝大部分青少年事务社工在青年之列，既然是青年，按照《青年发展规划》提出的"坚持党管青年原则"，他们自然是党管的对象。在服务这些青少年的过程中，他们应该肩负起协助党管好这些青少年的责任。所以，青少年事务社工既是"党管"的对象，也是"助党管"的力量。

第三，习近平总书记指出："当前，世界范围内各种思潮交流交融交锋，国内各种矛盾和热点问题叠加出现，境内外敌对势力对我国实施西化、分化战略一刻也没有放松，这些都对青年的世界观、人生观、价值观产生着潜移默化的影响。综合看，当代青年面对着深刻变化的社会、丰富多样的生活、形形色色的思潮，更需要在理想信念上进行有力引导。"[①] 所以，青少年事务社工唯有扮演好"被党管"和"助党管"这一"双重"角色，才能在引领青少年跟党走中发挥积极作用。但是，在社会工作领域，总有一些人会说，青少年事务社工是社工，不是团干部，是社工就应该坚守社工的"专业伦理价值观"。此外，也有一些人将倡导与政府较多合作称为"保守主义"，在讨论政府治理时将政府与社会工作割裂开来等等。这些观点均与本文观点相悖。笔者认为，在青少年事务社工中可以有一部分人是"有必要和政府保持距离，有必要保持清醒、理性的批评姿态"的理论上的"专业社工"，但他们也不能将批评他人养成为习惯，不能成为"愤青"。一个社工的真正良知，不只是心怀悲悯，针砭时弊；还要心存感念，歌唱祖国。

本项目所研究的青少年事务社工，是共青团"3＋"基层队伍中的社工。笔者认为，青少年事务社工虽然不是团干部，却是"3＋"队伍中的主体之一，作为这支队伍中的成员，他们必然有义务按照共产党、共青团的要求，在服务、教育青少年的各类活动中，将党的要求融入其中，也自然必须担负协助共青团为党管好青少年的责任。

解决青少年事务社工"被党管""助党管"的问题，首先要解决的是"被管好"的问题。为此，我们必须在教育、培训青少年事务社工的工作中"坚持党管青年原则"，加大青少年事务社工"基础理论"学习、巩固力度，在"落实、落小、落细"上下功夫。只有先将青少年事务社工管好，才能使他们在工作和活动中协助共青团把"坚持党管青年原则"坚守住、落实好。为此，笔者有如下建议。

[①] 习近平：《习近平关于青少年和共青团工作论述摘编》，中央文献出版社，2017，第23页。

（一）将"党管青年"作为教育、培训青少年事务社工的重要内容列入青少年事务社工各类专业培训必备课程，加大相关内容强化力度

上文提到，本研究中的"党青价值观"是从价值观中分离出来的一类特殊价值观，反映青少年事务社工对党和青年关系的最基本态度以及他们对这种态度影响工作效果强度的看法。探索性因子分析将"党青价值观"从一般性价值观中剥离开来，说明在青少年事务社工心中，"党青价值观"的影响力与专业价值观是完全不同的。

此次调查中，在青少年事务社工看来，"党青价值观"也是重要的，但坚持爱党爱国的价值比坚持"党管青年"的价值在做好青少年事务社工工作方面更加重要。究其原因应该是，青少年事务社工直接面对的是青少年，青少年性格活泼，不愿受拘束，对处在"独立期"的青少年，如果青少年事务社工常将"管"字放在嘴边，很容易招致青年的反感，也不利于他们与青少年建立良好的人际关系，因而，青少年事务社工做出这样的选择是可以理解的。但是，不将"管"字挂在嘴边不等于意识中可以没有"党管青年"的观念。所以，在对青少年事务社工的教育、培训中，既要通过设置相关"坚持党管青年原则"培训课程，不断强化青少年事务社工对"坚持党管青年原则"重要性的认识，还应该教授他们将"管"字融在青少年喜闻乐见的活动之中。这样，基于"坚持党管青年原则"的思想引领工作才能真正落实在青少年事务社工工作中。

（二）将"党管青年"相关内容列入社会工作者职业资格认证考试必考范围，将其作为考核社工职业水平的标准之一

本调查发现，没有获得资格认证的青少年事务社工与获得资格认证的青少年事务社工对思想引领认知的现状有所不同。没有获取资格认证的青少年事务社工在思想引领的开放性、思想引领的价值导向、满足外部要求等方面都强于获得资格认证的青少年事务社工。从开放性上讲，暂未备考的青少年事务社工在"引导青年热爱祖国"（91.9%）、"激发青年民族自豪感"（87.2%）、"引导青年听党话跟党走"（68.6%）、"引导青年树立

社会主义核心价值观"（87.2%）等四个方面均高于其他组别群体，在"促进青年了解和热爱中国优秀传统文化"（87.2%）、"坚定青年对中国特色社会主义道路的信念"（81.4%）、"引导青年遵纪守法"（76.7%）方面也排名第二。他们对于何谓思想引领不受太多的限制，无论是青年的思想健康、道德高尚或是政治正确，都可以成为思想引领的主题，有没有专业价值冲突不会成为影响他们选择主题的障碍。

此外，在迎合各方需求添加思想引领元素上，暂未备考的青少年事务社工相比其他组别更加重视团组织、青年人、政府的要求，更认同思想引领对青年人成长的必要，也更易受到各种激励的影响。而获得资格认证的社工师在进行思想引领时的出发点则更多考虑自己的工作职责。这一表现在青少年事务社工对导致思想引领不足的因素进行判断时也得到了证明，相对其他组别，获得资格认证的社工师更倾向于将导致思想引领不足的原因归结为"没有对青少年事务社工做思想引领工作方面的强制性要求"（25.2%）。

由上述可见，获得职业资格认证的社工师与暂未备考的青少年事务社工（未获得资格认证的社工）相比，后者在思想引领的开放性、思想引领的价值导向、满足外部要求等方面都强于前者。这一结果不能不让我们怀疑社工职业资格认证培训内容是不是包含有"党管青年"以及思想引领的内容。如果有，是不是在培训中对相关内容的强化力度不够大，以及"党管青年"、思想引领相关内容是不是在社工职业资格认证考试中每考必有。

无论如何，这一调查结果都应该引起相关部门的高度重视。如果通过我们自己组织的类似于"国考"的职业资格认证的社工师，在对思想引领重要性的认知上还不如暂未备考的青少年事务社工，那么，这一定是我们的教育、培训、考试以及再教育、再培训出现了问题。所以，相关部门必须加强对社工职业资格认证的指导、监督、管理。必须对考前培训、考试内容，获得认证资格后的再培训提出"讲政治"的明确要求。

（三）将组织、开展"党管青年"相关活动及效果纳入青少年事务社工职称考核标准，作为评价他们工作是否称职的主要标准之一

对青少年事务社工进行职务胜任考核，是衡量他们从事社会工作是否

称职的重要方法。上文提到，青少年事务社工能够较好地设计含有思想引领内容的活动，但效果却不够理想。虽然从总体上看，社工的专业水平不够高，但本调查显示，青少年事务社工并不缺乏必要的专业工作方法。有较好的设计，有一定的专业工作能力，但最终的活动、工作结果却不尽如人意。其中有方法问题，但意识上存在的问题应该更大。笔者在前文分析、探讨团干部"认识不到位"的问题时，对解决认识不到位的方法已经做了较多的阐述。以能力为基础的"责、权、利"价值形式统一解决认识不到位问题的路径，同样适用于青少年事务社工。如果我们在对青少年事务社工考核的"责"中加入"党管青年"相关活动和思想引领相关内容以及获得效果，应该能够对青少年事务社工起到一定的鞭策作用。

本次调查中，青少年事务社工对为何在活动中加入青年思想引导元素的回答较为集中，回答人数比例最高且过半数的三项原因分别是青少年事务社工的职责所在（74.7%）、青年的需求（64.7%）以及团组织的需求（52.1%）。其后根据选择人数比例递增顺序依次为党政机关激励性措施（19.8%）、政府的要求（27.8%），以及团组织的激励措施（28.8%）、事务所的要求（32.1%）和街道或社区党组织的要求（36.1%）。所以，在青少年事务社工回答"职责所在""青年需求""团组织需求"的基础上，提出称职考核标准的要求，一定能够对青少年事务社工开展思想引领活动的效果有所提升。当然，一味以"责"去"逼迫"青少年事务社工开展思想引领活动并非万全之策，而实属权宜之计。调查显示，青少年事务社工认为外在激励无论是来自党政机关还是团组织，都不是他们开展思想引领的最主要原因。相关激励对青少年事务社工难以产生作用，可能更多是由于相关部门对青少年事务社工思想引领活动的激励投入较少，从"名利"方面起不到对青少年事务社工激励的作用。所以，相关部门加大激励力度，也是促进青少年事务社工投入思想引领工作的重要方法。

（四）将"党管青年"相关活动项目列入政府向社会购买服务项目清单

在2017年10月召开的社会工作与基层民政能力建设座谈会上，民政部相关部门领导提出："社会工作应当聚焦党和政府关心、人民群众期盼、

既该做且能做的事情"。① 为此，各级政府组织在政府向社会购买服务项目
清单中，应将"党管青年"相关活动项目列入其中，以加大贯彻落实"党
管青年"的覆盖面和强度。其实，无论是社会工作的专业伦理价值观，还
是社工专业方法的具体价值观，归根结底都是为人民服务，这根本就与中
国共产党的宗旨完全一致。在中国，社会组织不与政府合作就不会得到健
康发展，"3＋"基层队伍中的社工不听党的话就不能胜任青少年事务社工
工作。

---

① 《社会工作与基层民政能力建设座谈会在京召开》，民政部官网，http：//www. mca. gov. cn/
article/zwgk/gzdt/201710/20171000006232. shtml，2017 年 10 月 12 日。

参考文献

习近平：《习近平关于青少年和共青团工作论述摘编》，中央文献出版社，2017。

习近平：《摆脱贫困》，福建人民出版社，1992。

《毛泽东选集》第四卷，人民出版社，1991。

《中国共产主义青年团章程》，中国法制出版社，2017。

徐复观：《中国思想史论集续编》，上海书店出版社，2004。

余英时：《中国知识人之史的考察》，广西师范大学出版社，2004。

徐复观：《中国人的生命精神》，华东师范大学出版社，2004。

郝大维、安乐哲：《通过孔子而思》，北京大学出版社，2005。

徐复观：《中国思想史论集》，上海书店出版社，2004。

杨雪：《员工胜任》，人民邮电出版社，2016。

丁少华：《小组工作》，社会科学文献出版社，2003。

《中国共产党第十八届中央委员会第三次全体会议文件汇编》，人民出版社，2013。

吴梦珍主编《小组工作》，香港社会工作人员协会，1992。

〔英〕Karen Holems、Corinne Leech：《个人与团队管理》，清华大学出版社，2003。

后　记

　　青少年事务社会工作者是社会工作人才队伍中的重要力量，十几年来，在共青团组织和社会各界的大力支持下，这支队伍为我国青少年事务社会工作的推展做出了重要贡献。

　　2017年是共青团中央等部门提出开展青少年事务社会工作人才队伍建设试点工作后的第十个年头，在这一时间节点，我们基于共青团改革中所提出的"3＋"模式，就团干部对青少年事务社工胜任力等问题以及青少年事务社工对青少年事务社工本体的胜任力的看法以及与青少年事务社工有关的一些问题进行了调查研究。从2016年末确定调查研究主题到2017年初开始对整个研究项目运作实施，直到今天完成本调查研究报告，整整用了一年时间。在这个过程中，本研究团队的全体成员为项目的实施及最终取得成果付出了巨大努力。在此，课题组对他们卓有成效的工作表示感谢。

　　本项目在讨论、确定研究主题、研究架构过程中，得到了共青团中央社会联络部、统战部领导和联络部分管部门领导的大力支持，在此深表感谢。在本项目调研、访谈、问卷调查过程中，得到了团中央社会联络部领导、团中央组织部干部教育处领导，特别是联络部田小飞同志给予的大力支持，北京市团市委以及东城区、西城区、海淀区、房山区团区委，对项目访谈工作给予了大力支持，在此深表感谢。共青团福建省泉州市委书记杨凤翔、共青团河北省石家庄市委书记蒋文冬、共青团辽宁省鞍山市委书记杨永峰、共青团海南省海口市委书记郭政、共青团广东省深圳市委书记方琳、共青团四川省宜宾市委书记谢飞等同志对我们的问卷调查工作给予了大力支持，在此深表感谢。

　　本项目的实施得到北京博华教育集团、西安思源学院董事长周延波先生的鼎力支持，在此表示衷心感谢。

在项目调查问卷设计过程中，中国青年政治学院陆士桢教授、徐明教授、许莉娅教授、童小军教授、周军老师对问卷相关内容的确定提出了许多宝贵意见，在此深表感谢。在本研究项目问卷调查过程中，中央团校教育培训学院萨仁高娃老师，中央团校教育培训学院轮训部贾哲威、郭荔、岳强、刘牧歌老师等，中国青年政治学院继续教育学院杨鹏、黄国芬、徐春生老师，陕西省团校培训部领导等，对我们的问卷调查工作给予了大力支持，在此深表感谢。

中国青年政治学院青少年研究院的张率老师参加了本项目选题确定、问卷设计、调研访谈、问卷回收整理等工作，中国青年政治学院信息化办公室杨璐老师为访谈工作开展做了大量联络、组织工作，并独立承担、完成了网络问卷发放、回收、数据采集等工作，在此对他们在本研究项目实施过程中所做的大量基础工作表示衷心感谢。

本研究报告由丁少华、马灿、韩永涛、丛培影、陈爽撰写完成，每位作者撰写的内容如下。

丁少华：

第二部分　研究对象的基本状况

第一章　青少年事务社会工作者的基本信息

第二章　共青团干部的基本信息

第三部分　研究的主要发现

第二章　共青团干部角度的青少年事务社会工作者发展状况

第一节　共青团干部对青少年事务社会工作者胜任能力的看法

第四节　共青团干部对"团干部＋社工＋青年志愿者"模式的态度与认知

第四部分　问题与对策

第一章　关于社会工作者发展中存在的问题与对策

第一节　我国社会工作者人才队伍的现状和问题

第二节　推进我国社会工作者队伍建设的主要路径

第二章　关于共青团组织改革中存在的问题与对策

第一节　共青团干部中存在的"认识不到位，行动不得力，对改革研

究不够，不敢啃硬骨头，重形式、轻实效，责任不落实"问题与对策

第二节　共青团基层组织中存在的"四缺"问题与对策

第三节　共青团组织改革中"团干部＋社工＋青年志愿者"模式中存在的问题与对策

马　灿（中国社会科学院大学）：

第三部分　研究的主要发现

第一章　本体角度的青少年事务社会工作者发展状况

第一节　青少年事务社会工作者对本职业胜任能力的看法

第二节　青少年事务社会工作者的职业认同状况

第五节　青少年事务社会工作者对"团干部＋社工＋青年志愿者"的态度与认知

第六节　青少年事务社会工作者思想引领现状

韩永涛：

第三部分　研究的主要发现

第二章　共青团干部角度的青少年事务社会工作者发展状况

第五节　共青团干部对青少年事务社会工作者思想引领的态度和认知

丛培影：

第三部分　研究的主要发现

第二章　共青团干部角度的青少年事务社会工作者发展状况

第二节　共青团干部对青少年事务社会工作者职业困惑的看法

第三节　共青团干部对青少年事务社会工作者职业需求的看法

陈　爽（中国社会科学院大学）：

第一部分　调研基本情况

第三部分　研究的主要发现

第一章　本体角度的青少年事务社会工作者发展状况

第三节　青少年事务社会工作者职业困惑状况

第四节　青少年事务社会工作者的职业需求状况

由丁少华完成了本报告的统稿工作。

因本报告由多位作者基于本项目调查结果撰写完成，在行文中各具特色但难免存在对同一问题的不同表述或对其中个别问题的认识不尽相同，

分析不尽一致。遵循文责自负原则，如本报告某些部分的观点存在问题，将由相关部分的写作者负责。虽然本报告作者为报告的完成付出了很大努力，但不足之处在所难免，望读者批评指正。

本报告的出版得到了社会科学文献出版社的大力支持，在此表示衷心感谢。

作　者

2017 年 12 月 22 日于北京

图书在版编目（CIP）数据

中国青少年事务社会工作者研究报告. 2017 / 丁少
华等著. -- 北京：社会科学文献出版社，2018.4
ISBN 978 - 7 - 5201 - 2292 - 4

Ⅰ. ①中… Ⅱ. ①丁… Ⅲ. ①青少年 – 社会工作 – 研
究报告 – 中国 – 2017 Ⅳ. ①D432.6

中国版本图书馆 CIP 数据核字（2018）第 033530 号

中国青少年事务社会工作者研究报告（2017）

著　　者 / 丁少华 等

出 版 人 / 谢寿光
项目统筹 / 丁　凡
责任编辑 / 丁　凡

出　　版 / 社会科学文献出版社·区域发展出版中心（010）59367143
　　　　　　 地址：北京市北三环中路甲 29 号院华龙大厦　邮编：100029
　　　　　　 网址：www. ssap. com. cn
发　　行 / 市场营销中心（010）59367081　59367018
印　　装 / 三河市尚艺印装有限公司

规　　格 / 开　本：787mm × 1092mm　1/16
　　　　　　 印　张：24.75　字　数：348 千字
版　　次 / 2018 年 4 月第 1 版　2018 年 4 月第 1 次印刷
书　　号 / ISBN 978 - 7 - 5201 - 2292 - 4
定　　价 / 78.00 元